高等院校经济管理类专业应用型本科系列教材

商业伦理与社会责任

戚啸艳　杨兴月　主编

东南大学出版社
SOUTHEAST UNIVERSITY PRESS
·南京·

内 容 提 要

本书基于企业视角,系统介绍了商业伦理和社会责任的相关内容,注重理论阐述与案例分析。学习本书,有助于帮助读者识别伦理问题、思考伦理选择、考虑决策后果,促进个人践行职业道德、推动企业践行社会责任。本书以"基本理论—理论应用—问题治理"的思路构建,主要内容包括商业活动中的道德标准与伦理分析框架、企业战略管理中的商业伦理、企业人力资源管理中的商业伦理、企业营销管理中的商业伦理、企业财务活动中的商业伦理、商业伦理前沿和企业社会责任。

本书是为应用型本科院校管理类、经济类等专业本科生编写的教材,也可以作为关注商业伦理和社会责任问题的其他校内外学习者的参考书籍。

图书在版编目(CIP)数据

商业伦理与社会责任/戚啸艳,杨兴月主编. —南京:
东南大学出版社,2021.10
　ISBN 978-7-5641-9710-0

　Ⅰ. ①商…　Ⅱ. ①戚…②杨…　Ⅲ. ①商业道德
Ⅳ. ①F718

中国版本图书馆 CIP 数据核字(2021)第 201801 号

商业伦理与社会责任
SHANGYE LUNLI YU SHEHUI ZEREN

出版发行:	东南大学出版社
社　　址:	南京市四牌楼 2 号　邮编:210096
出 版 人:	江建中
网　　址:	http://www.seupress.com
经　　销:	全国各地新华书店
印　　刷:	南京京新印刷有限公司
开　　本:	787 mm×1092 mm　1/16
印　　张:	14.5
字　　数:	344 千字
版　　次:	2021 年 10 月第 1 版
印　　次:	2021 年 10 月第 1 次印刷
书　　号:	ISBN 978-7-5641-9710-0
定　　价:	39.00 元

本社图书若有印装质量问题,请直接与营销部联系。电话(传真):025-83791830

前　言

在国家治理中,法律和道德都具有规范社会行为、调节社会关系、维护社会秩序的作用,道德可以支持法律的有效实施。我国《国民经济和社会发展第十四个五年规划和2035年远景目标纲要》强调要"推进公民道德建设,大力开展社会公德、职业道德、家庭美德、个人品德建设",这对高校经管类人才培养提出新的要求。高校经管类人才培养要服务于国家战略需求,关注科技发展动态和经济社会发展趋势,强化价值引领。

顺应当前经济社会环境对人才培养的新要求,经济管理类专业人才培养中应当包含伦理教育的元素。经济学曾被认为是伦理学的一个分支,商业活动中也存在大量的利益相关者之间的冲突。而商业伦理正是着眼于研究对经济制度、商业行为和个人行为的道德评价,所以,有必要加强商业伦理、社会责任及职业道德相关教育,帮助学生在未来的职业生涯中当面对利益冲突或伦理冲突时能够做出理性选择,帮助学生成为德才兼备的社会主义事业建设者。

本书立足中国特色,着眼于后疫情时代中国企业面临的新问题,重视道德标准理论的内涵阐释和不同道德标准的比较,对战略管理、营销管理、人力资源管理、财务活动等企业具体业务领域的伦理问题和伦理要求进行探讨。因此,一方面继承、借鉴中国优秀文化中蕴含的商业伦理思想,例如诚信、人本、义利统一、艰苦奋斗、勤俭节约、劳动创造幸福等内容,体现中国优秀文化在破解现代商业伦理困境中的积极作用;另一方面着眼于伦理应用场景的变化,体现时代特色,当今世界面临百年未有之大变局,面向充满不确定性的未来,面对数字经济环境下商业活动中可能出现的伦理冲突和道德困境,突出中国特色社会主义伦理思想在经济发展中的新内涵和积极作用。通过理论阐释和案例分析,帮助学生在比较和思考中增强善恶判断、是非判断能力,树立正确的世界观、人生观、价值观,增强中国特色社会主义道路自信、理论自信、制度自信和文化自信。

本书尽量做到框架清晰、信息丰富,尝试兼顾案例的成熟度和新颖度。在内容构成上,尽量平衡商业伦理、企业社会责任和个人职业道德有关的内容。因此,本书介绍了商业伦理与社会责任领域的基本概念、基本理论,分析了企业战略管理、营销管理、人力资源管理和财务活动等领域的商业伦理问题和伦理要求,探讨了技术变革带来的商业伦理困境和相应的伦理原则,阐释了社会责任的系列标准和实践,帮助学生正确识别经济活动及科技变革中的伦理冲突,认识企业的社会责任,理解职业道德规范在商业伦理抉择中的意义。

为了方便教学,本书精心设计了教材的结构和内容。每一章是相对独立的专题,由本章提要、本章结构与内容示意图、引例、正文内容、本章小结、关键词、练习题等部分组成。本章提要、本章结构与内容示意图分别以文字和框架图的形式呈现本章的主要内容及其逻辑关系,引例部分以具体的案例引出正文内容,本章小结对本章主要内容进行概括,关键词强调每一章的核心专业词汇,练习题包括判断题、思考题和案例讨论等多种形式,涉及每一章的基本概念和基础知识。

本书第 1 章是导言,介绍伦理学、商业伦理和社会责任有关的基本概念,以及本书的框架和学习方法等;第 2 章是基本理论,介绍商业活动中主要的道德标准和伦理分析框架;第 3 章至第 6 章分别从战略管理、人力资源管理、营销管理和财务活动领域探讨企业面临的伦理问题和伦理要求;第 7 章讨论商业伦理前沿,涉及人工智能伦理、大数据伦理和数字医疗伦理等内容;第 8 章介绍企业社会责任倡议和标准,探讨企业社会责任实践、报告和面临的新挑战。

本书共分八章,主要由东南大学成贤学院的教师完成编写。戚啸艳提供全书的结构设计,杨兴月负责全书的统稿,大家分工合作:戚啸艳负责第 1 章和第 8 章,杨兴月负责第 2 章至第 4 章、第 7 章,彭迅一和董忱忱负责第 5 章和第 6 章,胡明(南京金陵饭店集团有限公司)和陈荣(南京审计大学)负责部分企业案例。

东南大学出版社的编辑们为本书的策划、编辑和出版付出了许多时间和精力,在此表示诚挚的谢意。在写作过程中,我们参考和引用了国内外专家、学者的研究成果,并尽可能在参考文献中列示,对于文中用到的案例尽量在文后列明出处,在此对有关作者表示感谢。

我们认真地对待本书的编写,但是编写过程中由于学识、水平有限,加上编写时间较为紧迫,难免出现错误和不足之处,我们对此表示深深的歉意,也非常欢迎各位专家、学者和广大读者不吝赐教,及时批评指正,读者可发邮件到 3564224734@qq.com 与我们联系,我们将在本书修订时进一步完善。

编者

2021.9.

目 录

第1章 导言 ... 1
1.1 伦理学要义 ... 2
1.1.1 主要概念 ... 2
1.1.2 相关类型 ... 10
1.2 商业伦理与社会责任的研究对象与内容 ... 13
1.2.1 研究对象 ... 13
1.2.2 研究内容 ... 15
1.3 本书的逻辑框架 ... 16
1.4 学习本书的意义与方法 ... 18
1.4.1 学习本书的意义 ... 18
1.4.2 学习本书的方法 ... 18
本章小结 ... 21
关键词 ... 22
练习题 ... 22

第2章 商业活动中的道德标准与伦理分析框架 ... 25
2.1 道德标准 ... 27
2.1.1 功利主义 ... 27
2.1.2 权利与义务 ... 32
2.1.3 正义与公平 ... 38
2.1.4 关怀伦理 ... 44
2.1.5 美德伦理 ... 47
2.1.6 道德标准的比较 ... 51
2.2 伦理分析框架 ... 51
2.2.1 伦理分析框架构成 ... 51
2.2.2 主要影响因素 ... 52
2.2.3 伦理分析框架的应用 ... 56
本章小结 ... 57
关键词 ... 57
练习题 ... 57

第3章 企业战略管理中的商业伦理 ··· 60
3.1 战略与战略管理 ··· 62
3.1.1 战略的内涵与特征 ··· 62
3.1.2 战略管理的内涵、要素与关键环节 ··· 64
3.1.3 商业伦理融入战略管理的必要性 ··· 65
3.2 战略管理中常见的伦理问题 ··· 67
3.2.1 战略制定阶段的伦理问题 ··· 67
3.2.2 战略实施阶段的伦理问题 ··· 70
3.3 战略管理中的伦理要求 ··· 73
3.3.1 树立注重商业道德的战略管理理念 ··· 73
3.3.2 制定融入伦理道德因素的战略目标 ··· 74
3.3.3 提升领导者与员工的道德境界 ··· 76
3.3.4 构建有助于战略实施的企业文化 ··· 78
本章小结 ··· 80
关键词 ··· 81
练习题 ··· 81

第4章 企业人力资源管理中的商业伦理 ··· 83
4.1 人力资源与人力资源管理 ··· 84
4.1.1 人力资源的内涵与特性 ··· 84
4.1.2 人力资源管理的内涵与主要内容 ··· 85
4.1.3 商业伦理融入人力资源管理的必要性 ··· 86
4.2 人力资源管理中常见的伦理问题 ··· 87
4.2.1 劳动关系中的伦理问题 ··· 87
4.2.2 激励体系中的伦理问题 ··· 92
4.2.3 特殊员工群体管理的伦理问题 ··· 93
4.3 人力资源管理中的伦理要求 ··· 96
4.3.1 企业主导塑造良好劳资关系 ··· 96
4.3.2 员工尽心尽力认真履责 ··· 99
本章小结 ··· 101
关键词 ··· 101
练习题 ··· 101

第5章 企业营销管理中的商业伦理 ··· 104
5.1 营销与营销管理 ··· 105
5.1.1 营销的内涵与特征 ··· 105
5.1.2 营销管理的内涵与主要内容 ··· 106

5.1.3　商业伦理融入营销管理的必要性 ………………………………… 107
　5.2　营销管理中常见的伦理问题 ………………………………………………… 108
　　5.2.1　产品的伦理问题 …………………………………………………… 108
　　5.2.2　定价中的伦理问题 ………………………………………………… 111
　　5.2.3　渠道中的伦理问题 ………………………………………………… 114
　　5.2.4　广告的伦理问题 …………………………………………………… 118
　　5.2.5　营销竞争中的伦理问题 …………………………………………… 121
　　5.2.6　数字时代营销领域新伦理问题 …………………………………… 124
　5.3　营销管理中的伦理要求 ……………………………………………………… 128
　　5.3.1　企业树立诚信的营销理念 ………………………………………… 128
　　5.3.2　消费者树立正确的消费观念 ……………………………………… 129
　本章小结 …………………………………………………………………………… 129
　关键词 ……………………………………………………………………………… 130
　练习题 ……………………………………………………………………………… 130

第6章　企业财务活动中的商业伦理 ……………………………………………… 134
　6.1　财务与财务活动 ……………………………………………………………… 135
　　6.1.1　财务的内涵与特征 ………………………………………………… 135
　　6.1.2　财务活动的内涵与主要内容 ……………………………………… 136
　　6.1.3　商业伦理融入财务活动的必要性 ………………………………… 138
　6.2　财务活动中常见的伦理问题 ………………………………………………… 142
　　6.2.1　筹资活动的伦理问题 ……………………………………………… 142
　　6.2.2　投资活动的伦理问题 ……………………………………………… 144
　　6.2.3　营运活动的伦理问题 ……………………………………………… 145
　　6.2.4　会计活动的伦理问题 ……………………………………………… 146
　6.3　财务活动中的伦理要求 ……………………………………………………… 149
　　6.3.1　提升会计职业道德意识 …………………………………………… 149
　　6.3.2　遵循会计职业道德规范 …………………………………………… 150
　　6.3.3　完善内部控制机制 ………………………………………………… 155
　　6.3.4　提升管理层道德水准 ……………………………………………… 156
　本章小结 …………………………………………………………………………… 156
　关键词 ……………………………………………………………………………… 157
　练习题 ……………………………………………………………………………… 157

第7章　商业伦理前沿 ……………………………………………………………… 164
　7.1　人工智能伦理 ………………………………………………………………… 165
　　7.1.1　人工智能概述 ……………………………………………………… 165

7.1.2　人工智能伦理困境 ·· 169
　　7.1.3　人工智能的伦理原则 ·· 171
7.2　大数据伦理 ··· 174
　　7.2.1　大数据概述 ·· 174
　　7.2.2　大数据伦理困境 ·· 177
　　7.2.3　大数据的伦理原则 ·· 184
7.3　数字医疗伦理 ··· 186
　　7.3.1　数字医疗概述 ·· 186
　　7.3.2　数字医疗伦理问题 ·· 187
　　7.3.3　数字医疗伦理原则 ·· 189
本章小结 ··· 189
关键词 ··· 190
练习题 ··· 190

第8章　企业社会责任 ··· 193
8.1　社会责任要义 ··· 194
　　8.1.1　内涵与特征 ·· 194
　　8.1.2　由来与发展 ·· 197
　　8.1.3　核心理念 ·· 199
8.2　社会责任倡议与标准 ··· 199
　　8.2.1　国际的倡议与标准 ·· 199
　　8.2.2　国内的倡议与标准 ·· 209
8.3　社会责任实践、报告与新挑战 ··· 210
　　8.3.1　社会责任实践 ·· 210
　　8.3.2　社会责任报告 ·· 211
　　8.3.3　社会责任实践的新挑战 ·· 213
本章小结 ··· 214
关键词 ··· 215
练习题 ··· 215

参考文献 ··· 220

第 1 章 导　言

本章提要

本章首先介绍伦理学的相关概念和分类,包括阐释道德、伦理、法律等相关概念以及伦理学的分类,然后介绍商业伦理与社会责任的研究对象、研究内容,并对本书的主要内容进行概括性说明,最后简述学习本书的意义和学习方法。

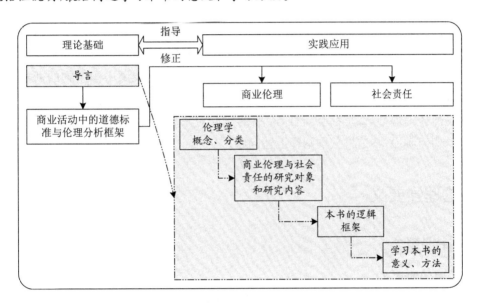

图 1.1　本章结构与内容示意图

引例

美国一药企斥资千万美元贿赂医生

近年来,美国阿片类药物滥用成灾,每年数万人因成瘾性药品滥用而死,这一社会弊端日益引发公众担忧。美国政府部门的统计显示,过去 20 年间,美国已有将近 40 万人死于阿片类药物过量,其中不但有从街头买到的海洛因等毒品,而且还充斥着大量从药房流出的处方类镇痛药。

2018 年初,美国纽约市市长白思豪宣布,以制造公共妨害和过失罪,将 8 家美国制药商和分销商告上曼哈顿法庭,要求他们承担 5 亿美元的抗击阿片类药物流行病补偿。

2019 年,一桩制药公司贿赂医生乱开药的案件引发全美各大媒体关注。一个联邦陪审团 5 月宣读裁决,裁定该制药公司创始人以及其他 4 名高管诈骗阴谋罪名成立。

调查显示，这家药企在短短几年间向美国各地医生行贿，贿金总额超过1 000万美元，换取他们大量给患者开强效镇痛药Subsys芬太尼喷雾剂。这款药剂具有成瘾性，原本只能用于癌症晚期患者缓解剧烈疼痛，但是不少医生却轻易开给非癌症患者，且过量开药。

此外，涉案人员被控用欺诈手段骗取保险公司为患者所购芬太尼喷雾剂提供报销，从而使得这款药剂的"销售流程更加畅通无阻"。

相关案情曝光后，美国舆论普遍愤慨，强烈要求问责制药公司及其高管人员。观察人士注意到，这家制药公司的芬太尼喷雾剂销售收入惊人，仅2015年销售额就高达3.295亿美元，令人更加担忧美国阿片类药物的泛滥情况。

资料来源：http://www.ccdi.gov.cn/lswh/hwgc/201906/t20190624_196038.html（特约记者：慕溪，文中内容有缩写）

该制药公司高管的做法让舆论愤慨、公众哗然，就是因为其行为反映了该制药公司为了赚取利润违反了商业伦理。反观新冠疫情暴发后，我国科研机构多维度、多层次展开科研攻关工作，以前所未有的速度抓紧研发疫苗投入使用，国药集团中国生物的新冠病毒灭活疫苗获国家药监局批准附条件上市为全民免费提供，彰显企业对社会责任的担当。那么，什么是商业伦理，什么是社会责任，它们的研究对象和研究内容是什么，为什么要学习这些内容，如何学习，本节将分别阐释上述问题。

1.1 伦理学要义

1.1.1 主要概念

1) 伦理学的含义

伦理学(ethics)是对道德现象的系统研究，也称道德哲学。在系统反思人类道德生活的基础上，伦理学逐渐形成了一套关于善恶、义务、行为准则、价值等范畴和概念的体系，实现了对道德观的理论化和系统化。

伦理学作为一个学科，最早创设于公元前4世纪的西方。古希腊哲学家亚里士多德(Aristotle,前384—前322)命名了"伦理学"，将伦理学视为一门关于人的道德品性的学问，在《尼各马可伦理学》中系统阐述了"德性在于合乎理性的活动""至善就是幸福"等观点。中国的伦理学研究，在先秦诸子百家时期已有展开。如果将记录孔子（前551—前479）及其弟子语录的《论语》作为标志，距今已有两千五百多年的历史，尽管当时的研究并不是以伦理学学科的名义展开的。伦理学的历史悠久，人们关于伦理学的研究对象和定义因时代和认识的差异而形成各种不同的看法，但是伦理学界总体上还是把伦理学理解为研究道德的学问。马克思主义伦理学也将道德作为伦理学的研究对象，把伦理学界定为研究道德的学问。

2) 道德与伦理

(1) 道德与伦理词义辨析

从词源学的角度看,"伦理""道德"两个概念的含义大体相近相通,在一定程度上可以相互替代。在西方,"伦理"及"伦理学"的概念最初是由亚里士多德通过改造古希腊语中的"风俗"(ethos)一词所创立的。对于"道德"一词,古罗马思想家马尔库斯·图利乌斯·西塞罗(Marcus Tullius Cicero,前106—前43)将亚里士多德著作中的"风俗"(ethos)翻译成了拉丁语的形容词,用以表示国家生活的道德风俗与人们的道德品性。在中国,古代没有"伦理学"的概念,但是出现有"伦理"和"道德"的概念,而且两者的意思大体相通。就"伦"而言,在东汉许慎的《说文解字》中训为"辈",意为人与人之间的辈分次第关系。在此基础上引申出"类""比""序""等"等含义。就"理"而言,一般是指事物和行为当然的律则和道理。于是"伦""理"二字合起来组成的"伦理"一词,就意指处理人伦关系的道德或规则。"道"原意是指由此达彼的道路,由此逐渐引申出正确规则的含义。"德"字的含义很多,其中有正直的行为、正直的心性的意思,由于正直的行为就是合乎人道的行为,正直的心性就是合乎人道的心性,于是引申出"德行""德性"等含义,而商周时期,"德""得"两字相通,故可以看出"德"与"道"之间存在密切的关系,由此二字组成的"道德"一词含有双重含义,一是"德行和德性的规范",二是"符合规范的德行和德性"。由此可见,在东西方语境下,"伦理"和"道德"意思大体相通。

但是在哲学界,也有观点认为伦理范畴侧重于反映人伦关系以及维持人伦关系所必须遵循的规则,道德范畴侧重于反映道德活动和道德活动主体自身行为之应当,而伦理内化为人的操守就是道德。黑格尔(G. W. F. Hegel,1770—1831)在《哲学史讲演录》中提出,伦理是社会行为规范,包括风俗习惯等,而道德主要是指个人的内在操守,"道德主要环节是我的见识、我的意图……伦理之为伦理,更在于这个自在自为的善为人所认识、为人所实行……道德将反思与伦理结合,它要去认识这是善的,那是不善的。伦理是朴素的,与反思相结合的伦理才是道德"。

黑格尔　　　　　　　　卡尔·马克思

(2) 道德的起源和基本范畴

① 道德起源

马克思主义从经济基础与上层建筑的关系以及道德作为社会意识出发,认为道德是由经济基础所决定,以善恶、正当与不正当为评价标准,依靠社会舆论、传统习俗和内心信念来维系,调整人与人、人与自然关系的原则规范,以及相关的观念品质、行为活动的总和。道德贯穿于社会生活的各个层面,如社会公德、家庭美德、职业道德等。

人们在讨论道德的起源时,有不同的见解。基于马克思主义唯物史观,"物质生活的生产方式制约着整个社会生活、政治生活和精神生活的过程"。因此,研究道德的起源,要结合人们的生产方式、生活方式,以及人们在其中形成的社会关系去思索和判断。

马克思主义认为道德是在劳动、社会关系和自觉意识等因素的交互融合和交互作用中产生的。由于道德起源于劳动,劳动形成的同时也产生了人的意识,意识在道德形成过程中发挥了关键的作用,所以劳动、道德、意识三者是密切相关的。人从自然界动物界分离出来之后,不仅"意识到了活动的环境和对象,而且给活动注入了一种意图和目的,给活动的节奏与秩序,加入了自觉自为的成分。人开始支配自身的活动,开始形成以人为主的主体意识和发展自己的强烈愿望"。这种愿望包含着对老人的尊敬,对图腾的崇拜,对同类的互助,对生活目标的追求,对恶行的憎恶,等等。尤其是在人类社会早期,由于社会劳动生产力极其落后,人们在将自然界作为活动对象的时候,往往在种种自然灾害面前无能为力,因此人类在产生恐惧感的同时,试图以善良的言行来规避灾害,来约束自己的社会活动。因此道德是在劳动、社会关系和自觉意识等因素的交互融合和交互作用中产生的。

② 道德范畴

而道德范畴是反映道德本质属性的基本概念,道德的基本范畴是反映道德本质的、具有普遍意义的、最一般的道德范畴。由于道德的本质属性是社会意识,因此不同时代、不同阶级、不同学派,对道德范畴的理解和把握是有所不同的。

不同的伦理学家对道德的基本范畴有不同的看法,但是,善恶、义务、良心、荣辱、幸福等是比较公认的道德基本范畴。

善恶是道德范畴中的一对核心范畴。善恶表示行为、品质、人格等在道德意义上的性质。人们对善恶的一般看法构成道德判断、评价的最一般标准和进行道德指导的最一般依据。伦理学通常被看作道德的学问,伦理学的主要任务之一就是要提供一般的善恶道德标准,并根据这种一般标准提供不同方面的具体善恶标准,例如品质的好与坏标准、行为的正当与不正当标准、人格的高尚与不高尚标准以及生活的幸福与不幸福标准等。

道德义务是指人们从所处的社会关系中产生的对社会和他人应尽的道德责任,是社会对人们的道德要求。人作为一定的社会成员,在社会生活中,享有社会和他人应当尊重的道德权利和利益的同时,也应当对社会和他人承担应尽的道德义务和责任。社会为了调整人们之间的关系而维护社会利益,也必然提出一定的道德要求,要求其成员履行。因此,道德义务既表明个人对他人和社会承担的责任,也表明社会和他人对个人行为的要求。道德义务具有层次性,公正、不伤害、忠实履行承诺、慷慨、仁慈、无私都属于道德义务,但是公正、不伤害、忠实履行承诺等基本道德义务对于维持社会的道德秩序和社会秩序本身都是必需的,具有较强的约束力,慷慨、仁慈、无私等道德义务则有助于提高社会生活质量和促进社会和谐,并非强制性,允许个人自由选择。

良心通常等同于好心、善心,是指人们在道德实践中形成义务感、责任感、善恶感、荣辱感等彼此融合统一的道德情感,这种道德情感能够对个体的行为及其动机做出道德评价,能够对个人的认识、情感、意志、行为产生道德调控作用。通常所说的"对得起良心""良心会痛"就是个体主观的道德感受,有良心的人在做出正当的行为后,会感到满意和欣慰,在做出违背自己信念的行为后会感到强烈不安甚至痛苦。

荣誉一般是指社会对人们履行了某种义务行为所给予的肯定性的确认和赞赏性的评价,行为者由此会产生价值认同和情感满足。道德耻辱就是社会对有害于社会或他人的行为所给予的道德否定或贬斥,以及行为者由此所产生的自责的态度和羞耻感。因此,荣誉和耻辱是社会对人们的行为做出的道德褒奖或贬斥,也是个人对自己的行为所做出的道德肯定或道德否定。荣誉和耻辱归根到底是社会和个人的一种与褒贬相联系的道德评价形式。

幸福有着丰富的内涵。康德曾经说过:"幸福的概念是如此模糊,以至于虽然人人都在想得到他,但是,谁也不能对自己所决意追求或选择的东西,说得清楚明白、条理一贯。"苏格拉底认为幸福的人之所以幸福,就在于他们拥有善。柏拉图提出,真正有德性的人才是最适宜过上富裕、光荣的幸福生活的。斯多葛学派认为节制、忍耐、宽恕是获得幸福的方法。道家认为幸福是个体体悟大道的逍遥境界。墨家认为幸福是倡导兴天下之利,除天下之害。儒家将德性的完善和满足置于幸福的首要地位。马克思主义伦理学认为幸福是人们在劳动和创造的社会实践中,实现了自己预定的目标和理想时产生的满足状态和愉悦状态。

> **链接**
>
> ### 幸福都是奋斗出来的
>
> 一般而言,幸福是一个人对自己生活状态持续感觉满意的心理感受,既与资源占有、物欲满足相关,也与主观感知、心理体验相关。心理学研究表明,拥有积极向上的生活目标并为之奋斗前进是体验和感知幸福的先决条件。幸福观是关于幸福的根本看法和态度,是个人对何为美好人生的情感体验、心理感受、认知评价,包含与此相关的信念目标、价值取向、行为意向、人生追求。党的十八大以来,习近平总书记多次论述"幸福不会从天而降""新时代是奋斗者的时代""奋斗本身就是一种幸福"等重要观点,强调"幸福都是奋斗出来的",深刻指出了幸福的来源和真谛。
>
> 资料来源:http://theory.people.com.cn/n1/2018/1224/c40531-30483315.html(作者:徐川,蒲清平)

(3) 道德的功能

道德是人类的社会生活发展到一定阶段的必然产物,它源于人的社会生活需要又服务于人的社会生活需要。正是由于有了道德等社会性的因素,人才超越于动物,成为真正具有理性的存在,以及真正成为人。因此,道德在人类社会中具有特别重要的功能。

道德的功能是多元化的,同时也是多层次的,包括调节功能、认识功能、导向功能、激励功能等。

调节功能。所谓调节功能,是指道德可以调节人与人、人与自然、人与自身之间的关系。在人类社会早期,道德是主要的社会调节手段。随着阶级社会的出现,人类的社会关系日趋复杂,社会调节手段也日益多样化,但是,这种状况并没有削弱道德的调节功能。由于道德强调理性自觉,强调自律,因此道德的调节功能不仅依然存在,而且渗透于其他调节手段之中,能够使其他调节手段取得更为良好的效果。

认识功能。所谓认识功能,是指道德作为人类认识世界的一种特殊方式,运用善恶、荣辱、义务、良心、责任等道德范畴,反映人类的道德实践活动和道德关系,从而揭示社会道德文明发展的趋势,为人们的行为选择提供指南和参考。道德对于社会生活的认识,主要侧重于从个人与社会、个人与个人之间的利益关系,特别是个人对社会整体利益和他人利益的态度这一角度,为人们把握世界、认识自己提供知识和价值的支撑。在道德认识的过程当中,人们获得了观察、分析、评判社会现象的能力,提高了行为的主动性、自觉性,从现有的现实状况中深刻把握应有的历史必然性,促进个人道德的进步和社会道德的发展。

激励功能。所谓激励功能,是指道德能够为人们的行为提供一种正当性、正义性、应当性的支撑,成为一种激励性的强大精神力量,鼓舞人们敢于冲破各种艰难险阻,去追求理想的目标。道德的激励功能与认识功能紧密相连,正是因为道德是对"应当"的一种理想性追求,所以道德就成为激励人们改造客观世界和主观世界的一种精神力量,成为个体自我肯定、自我发展的一种必要形式。正因为道德能够调节各种利益关系,因此道德认识也就成为人们相互沟通、达成共识的重要手段和途径。所以,道德能够成为人们获得自我激励的重要力量,成为人们相互沟通的重要精神渠道。

导向功能。导向功能是指道德从现实的社会道德水平出发,指向更高的道德理想,将人们的行为不断引导到一个更高的水平。从一定意义上说,道德的导向功能也就是道德的教育功能,在褒扬善行、贬斥恶行的同时,也教育了全体社会成员,是人们在典型的示范影响下,自觉接受道德教化,并在此基础上进一步确证和巩固一定社会的道德原则、规范体系,维护该道德的必然性、合理性、正义性。

道德的功能离不开现实的社会历史条件,以社会发展的客观规律为基础,受到现实社会历史条件的制约。

(4) 道德的社会作用

马克思主义认为,如果一种道德反映的经济基础适应社会生产力的发展,那么这种道德对社会发展就会起到促进作用,能够为与其相适应的社会经济政治法律等的发展,提供强大的精神支撑与价值引领。

道德对经济的主要作用。道德可以为经济发展提供精神动力,道德可以为经济主体提供内在活力,道德可以为经济组织提供整体合力,道德可以为经济活动提供道德上的价值。同时道德使人性趋于崇高和升华,因此道德作为一种精神追求,在经济活动中注重其建设,可以使经济活动摆脱庸俗的功利境界,升华为一种高层次的道德境界,从而满足人们的精神需求。

道德对政治有独特的作用。一般来说道德与政治是两种不同的意识形式,但是作为社会意识形式的有机组成部分,道德和政治又存在着密切的联系。道德可以对政治产生积极的影响,能够为相应的政治服务,维持其正义性与合理性,同时排斥性质与之完全不同的政治制度,使社会形成一个共同的思想理念、基本的行为准则和道德评价标准,成为大多数社会成员行为自律的准绳,从而在社会成员同心同德的基础上,实现社会局面的安定团结和社会秩序的稳定。

道德对精神文化的发展也有重要作用。首先,道德是文化的内在精神或价值内核,先进的道德不仅表达文化发展的诉求和价值目标,而且能够推动文化发展,推动文化创新和繁荣。其次,道德通过协调人际关系,促进形成良好的社会风尚,例如道德作为调节人们行为的一种社会规范,通过教育、示范、激励、指导、沟通和社会舆论评价,为人们提供"应当"和"不应当"的模式和标准,以此来规范约束协调个人与社会、个人与他人的关系和交往中的行为,调节人们的行为目标,使人们化解矛盾、彼此沟通、相互理解。最后,道德为人格的发展提供了至善的标准,使人们的人格发展有了努力的方向和内心的信念,促进人们完善自我人格。

此外,道德作为调节人与人之间关系的主要方式,对于促进人与人之间和谐相处,推动社会进步,调整人与自然之间的关系,调整人与社会之间的关系,都有独特的作用。

3) 法律与伦理

"法律"的词源在中西方存在差异。在西方,"法"一词来源于拉丁文,含有权利、正义、公平或规律、规则等内涵。西方"法律"保护人们的正当权利,也惩治人们的不当行为。春秋时期《管子·七臣七主》:"法律政令者,吏民规矩绳墨也。"此句提到了"法律"一词,意思是说法律政令,是官吏和民众都必须遵循的规矩和准绳。在中国,"法"是最早明文记载表示法律含义的字之一。古汉语中"法"主要有三重含义:一是象征正直、公正、普遍、统一,是一种规范、规则、秩序;二是具有公平的意义,是公平断讼的标准;三是刑,即惩罚、刑罚。而"律"原为音乐的音律之意,意即音乐只有遵守音律才能和谐,否则会杂乱无章,后来"律"引申为规范所有人及其行为的准则。秦朝以后,"律"字得到广泛使用。

链接

《唐律疏议》

《唐律疏议》又称《永徽律疏》,是唐高宗永徽年间完成的一部极为重要的法典。高宗永徽二年(651),长孙无忌、李勣等在《贞观律》基础上修订,如将原《贞观律》名例篇中的"言理切害",更为"情理切害",并作郑重说明:"旧律云言理切害,今改为情理切害者,盖欲原其本情,广恩慎罚故也。"最终,奏上新撰律12卷,是为《永徽律》。

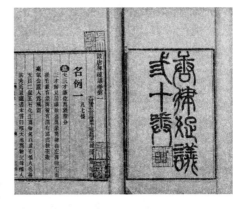

鉴于当时中央、地方在审判中对法律条文理解不一,每年科举考试中明法科考试也无统一的权威标准的情况,唐高宗在永徽三年(652)下令召集律学通才和一些重要臣僚对《永徽律》进行逐条逐句的解释,"条义疏奏以闻",继承汉晋以来,特别是晋代张斐、杜预注释律文的已有成果,历时1年,撰《律疏》30卷奏上,与《永徽律》合

编在一起,于永徽四年(653)十月经高宗批准,将疏议分附于律文之后颁行。计分12篇,共30卷,称为《永徽律疏》(表1.1)。

表1.1 《唐律疏议》的主要内容

序号	篇名	内容
第一篇	《名例律》	相当于现代刑法总则,主要规定了刑罚制度和基本原则
第二篇	《卫禁律》	主要是关于保护皇帝人身安全、国家主权与边境安全
第三篇	《职制律》	主要是关于国家机关官员的设置、选任、职守以及惩治贪官枉法等
第四篇	《户婚律》	主要是关于户籍、土地、赋役、婚姻、家庭等,以保证国家赋役来源和维护封建婚姻家庭关系
第五篇	《厩库律》	主要是关于饲养牲畜、库藏管理,保护官有资财不受侵犯
第六篇	《擅兴律》	主要是关于兵士征集、军队调动、将帅职守、军需供应、擅自兴建和征发徭役等,以确保军权掌握在皇帝手中,并控制劳役征发,缓和社会矛盾
第七篇	《贼盗律》	主要是关于严刑镇压蓄意推翻封建政权,打击其他严重犯罪,保护公私财产不受侵犯
第八篇	《斗讼律》	主要是关于惩治斗殴和维护封建的诉讼制度
第九篇	《诈伪律》	主要是关于打击欺诈、骗人的犯罪行为,维护封建社会秩序
第十篇	《杂律》	凡不属于其他"分则"篇的都在此规定
第十一篇	《捕亡律》	主要是关于追捕逃犯和兵士、丁役、官奴婢逃亡,以保证封建国家兵役、徭役征发和社会安全
第十二篇	《断狱律》	主要是关于审讯、判决、执行和监狱管理

该法典至元代后,人们以疏文皆以"议律"字始,故又称为《唐律疏议》。由于疏议对全篇律文所作权威性的统一法律解释,给实际司法审判带来便利,以致《旧唐书·刑法志》说当时的"断狱者,皆引疏分析之"。疏议的作用至重,学者杨鸿烈在《中国法律发达史》一书中认为,"这部《永徽律》全得疏议才流传至今"。

资料来源:百度百科。

现在一般认为法律是社会规则的一种,通常是指由社会认可,国家确认立法部门制定规范的行为准则,并由国家强制力,包括军队、警察、法庭、监狱等保证实施,以规定当事人权利和义务为内容的,具有普遍约束力的一种特殊行为规范。

法律和伦理之间存在密切关系。一方面,法律的制定和执行有其伦理基础,法律的制定和完善必须依据社会的伦理理念;另一方面,法律也是维系伦理的有力工具,一些基本的、普遍性的伦理规范依靠法律手段使之制度化、强制化。但是伦理和法律不可相互替代,不是所有的伦理规范都应当或已经列入法律的范畴,法律规定也不可能覆盖所有的伦理规范要求。例如,如果考虑公序良俗,失主应给予拾得者一定的报酬以表达感激之情,而根据《民法典》的规定,拾得遗失物应当交给失主或公安等部门,失主有支付保管遗失物的必要费用的义务,但是没有支付报酬的义务。

有的学者认为,对于什么是符合伦理道德的行为,法律方面的指导远远不够完善,因为有些事情可能是合法的但却不合乎道德,或者是合乎道德的但是却不合法。比如,无缘无故或者找个借口解雇一名已在公司工作25年、年满47岁的员工可能是不道德的,但却仍然是合法的。再如,生活之树长青,而法律常常滞后,由于法律条文的制定存在滞后性,也会导致出现行为违反伦理道德,但是不违反法律的情形。

链接

最高人民法院推进社会主义核心价值观融入裁判文书释法说理

2021年2月,为深入贯彻落实中共中央关于进一步把社会主义核心价值观融入法治建设的工作要求,正确贯彻实施《民法典》,充分发挥司法裁判在国家治理、社会治理中的规则引领和价值导向作用,进一步增强司法裁判的公信力和权威性,努力实现富强、民主、文明、和谐的价值目标,努力追求自由、平等、公正、法治的价值取向,努力践行爱国、敬业、诚信、友善的价值准则,结合审判工作实际,最高人民法院印发《关于深入推进社会主义核心价值观融入裁判文书释法说理的指导意见》。

一、深入推进社会主义核心价值观融入裁判文书释法说理,应当坚持以下基本原则:

(一)法治与德治相结合。以习近平新时代中国特色社会主义思想为指导,贯彻落实习近平法治思想,忠于宪法法律,将法律评价与道德评价有机结合,深入阐释法律法规所体现的国家价值目标、社会价值取向和公民价值准则,实现法治和德治相辅相成、相得益彰。

(二)以人民为中心。裁判文书释法说理应积极回应人民群众对公正司法的新要求和新期待,准确阐明事理,详细释明法理,积极讲明情理,力求讲究文理,不断提升人民群众对司法裁判的满意度,以司法公正引领社会公平正义。

(三)政治效果、法律效果和社会效果的有机统一。立足时代、国情、文化,综合考量法、理、情等因素,加强社会主义核心价值观的导向作用,不断提升司法裁判的法律认同、社会认同和情理认同。

二、各级人民法院应当深入推进社会主义核心价值观融入裁判文书释法说理,将社会主义核心价值观作为理解立法目的和法律原则的重要指引,作为检验自由裁量权是否合理行使的重要标准,确保准确认定事实,正确适用法律。对于裁判结果有价值引领导向、行为规范意义的案件,法官应当强化运用社会主义核心价值观释法说理,切实发挥司法裁判在国家治理、社会治理中的规范、评价、教育、引领等功能,以公正裁判树立行为规则,培育和弘扬社会主义核心价值观。

三、各级人民法院应当坚持以事实为根据,以法律为准绳。在释法说理时,应当针对争议焦点,根据庭审举证、质证、法庭辩论以及法律调查等情况,结合社会主义核心价值观,重点说明裁判事实认定和法律适用的过程和理由。

四、下列案件的裁判文书,应当强化运用社会主义核心价值观释法说理:

(一)涉及国家利益、重大公共利益,社会广泛关注的案件;

(二)涉及疫情防控、抢险救灾、英烈保护、见义勇为、正当防卫、紧急避险、助人为乐等,可能引发社会道德评价的案件;

(三)涉及老年人、妇女、儿童、残疾人等弱势群体以及特殊群体保护,诉讼各方存在较大争议且可能引发社会广泛关注的案件;

（四）涉及公序良俗、风俗习惯、权利平等、民族宗教等，诉讼各方存在较大争议且可能引发社会广泛关注的案件；

（五）涉及新情况、新问题，需要对法律规定、司法政策等进行深入阐释，引领社会风尚、树立价值导向的案件；

（六）其他应当强化运用社会主义核心价值观释法说理的案件。

五、有规范性法律文件作为裁判依据的，法官应当结合案情，先行释明规范性法律文件的相关规定，再结合法律原意，运用社会主义核心价值观进一步明晰法律内涵、阐明立法目的、论述裁判理由。

六、民商事案件无规范性法律文件作为裁判直接依据的，除了可以适用习惯以外，法官还应当以社会主义核心价值观为指引，以最相类似的法律规定作为裁判依据；如无最相类似的法律规定，法官应当根据立法精神、立法目的和法律原则等做出司法裁判，并在裁判文书中充分运用社会主义核心价值观阐述裁判依据和裁判理由。

七、案件涉及多种价值取向的，法官应当依据立法精神、法律原则、法律规定以及社会主义核心价值观进行判断、权衡和选择，确定适用于个案的价值取向，并在裁判文书中详细阐明依据及其理由。

资料来源：http://rmfyb.chinacourt.org/paper/html/2021-02/18/content_201202.htm

从法律和伦理的功能上看，都能够调节人与人、人与社会、人与自然之间的关系。但是，法律调节是以"必须怎样"为尺度进行的调节，具有强制性，而伦理调节则是以"应当怎样"为尺度进行调节，所以伦理调节具有非强制性、多层次性和很强的弹性，从底线道德到道德理想之间有很大的空间，从而能够发挥更加灵活的调节作用。同时伦理调节还可以弥补法律调节的缺失与不足，强化人的责任感、是非感、荣誉感等，使人正确对待各种利益矛盾，促进社会秩序的良性发展。伦理和法律作为两种主要的社会调节手段，相辅相成，相互促进。离开了伦理调节，而仅仅依靠法律调节，难以构建秩序井然并长治久安的社会。

1.1.2 相关类型

由于伦理学是研究道德的学问，基于道德的内涵，伦理学对道德的研究一般涉及三部分的内容，一是道德的基本理论，包括道德的起源与发展规律，道德的本质、结构与功能等；二是道德规范体系，包括道德原则、道德规范等；三是道德实践或活动，包括道德心理、道德行为、道德选择、道德评价、道德建设等方面。因为运用不同的研究方法、研究道德的不同内容，伦理学可以分为四种类型，即描述伦理学（Descriptive Ethics）、元伦理学（Meta-ethics）、规范伦理学（Normative Ethics）和应用伦理学（Applied Ethics）。其中，描述伦理学和元伦理学研究不采取特定的道德立场，因而被称为"非规范方式"，而规范伦理学和应用伦理学都选择一定的道德立场，因而被称为"规范方式"。

1）描述伦理学

描述伦理学是基于经验事实观察，对道德行为、道德信仰和人的本性加以如实的描述和再现。描述伦理学研究的目的，在于描述或解释道德现象，或提出与伦理问题有关系的人的本性的相关理论。人类学家、历史学家、心理学家和社会学家也常用到这种研究方式。

描述伦理学考察个人与个人之间、社会与社会之间在道德态度、道德规范和道德信仰方面的区别。描述伦理学的作用在于为伦理学研究提供鲜活的经验材料和课题，对规范伦理学提出的道德原则或规范的合理性进行实践的检验与印证，提高规范伦理学干预生活的能力。

2) 元伦理学

元伦理学是运用逻辑和语言学的方法分析道德概念、判断的性质和意义的一种道德哲学理论。它集中于对道德语言进行分析，即对人的行为、思想和语言中规范的道德成分的意义和性质进行分析。一方面，元伦理学对道德语言的逻辑分析，有助于伦理道德分析的概念严密与认识深化。另一方面，元伦理学只局限于道德语言的逻辑分析，专注于解释道德术语、判断的意义，主张对任何道德信念和道德规范保持中立，不能指导人们应当如何行动和生活，使其脱离道德实践。

3) 规范伦理学

自中国的孔子、孟子以及西方的苏格拉底、柏拉图、亚里士多德研究道德哲学以来，规范伦理学是中外伦理思想发展的主流。规范伦理学是伦理学中最重要的形式之一。它研究道德上是非善恶的标准，确立道德规范和论证道德判断，探讨道德规范和判断对人类的行为、品质、制度和生活方式的直接影响。

孔子

孟子

苏格拉底

亚里士多德

规范伦理学的核心问题在于明确行为在道德上对错的标准，涉及美德与恶习的问题，道德与社会活动、社会制度的关系问题，人的道德行为的内在价值问题等。例如，怎样的品质是善，怎样的品质是恶？再如，人的道德行为的内在价值是快乐幸福，还是也应当包括权力、美、知识、友谊、爱情的价值，怎样的人生才是有价值的，等等。

规范伦理学大致可以分为两派，即目的论（teleology）和义务论（deontology）。目的论以道德行为的目的性意义和可能产生的或者已经产生的实质性价值或效果作为道德评价标准。义务论以行为或行为准则自身的特点和内在价值作为行为或行为准则的道德评价标准。

可以看出，目的论涉及价值上的考虑，而义务论更强调人履行道德义务的至上性。例如，目的论的理论主张人做某事是为了得到某事的结果，义务论的理论主张人做某事是根据某种原理，或者因为某事本身是正当的。再如，目的论讲实质的标准，如快乐和幸福，而义务论讲形式的标准，如平等或公正。目的论包括快乐主义、幸福主义、利己主义、功利主义等多个流派，其中杰里米·边沁（Jeremy Bentham，1748—1832）和约翰·斯图尔特·密尔（John Stuart Mill，1806—1873）的功利主义理论，是目的论的代表。功利主义理论认为，每一个人的行为或遵循的道德规范应该为每一个有关者带来最大的好处或幸福。他们追求的是"最大多数人的最大幸福"。义务论包括道义论、正义论等不同的流派，其中康德的道义论（也称为道德形而上学体系）是义务论的代表，他把"可普遍化"作为道德判断的原则，还把各种经过普遍化后而不会自相矛盾的道德规范和规则视为"至上律令"，即一切有理性者必须遵循的规范。

规范伦理学的目的是找到和明确地表述出一种合理的道德规范体系，以指导人类的道德生活实践。20世纪90年代，也有学者认为规范伦理学可以分为目的论、义务论、德性论三类，其中德性论是指以个人内在德性完善为价值尺度或评价标准的道德观念体系，德性论的主要代表包括亚里士多德、美国哲学家阿拉斯戴尔·麦金泰尔（Alasdair MacIntyre）的美德思想和中国儒家传统的伦理思想，德性论认为人们普遍认可的美德有善良、宽容、礼貌、谦逊、虚心、忠诚、公正、同情、友爱、仁慈、慷慨、怜悯、感恩、自重、羞耻、勇敢、坚韧、节制、负责、关心别人、平等待人、有奉献精神等。

杰里米·边沁

约翰·斯图尔特·密尔

4）应用伦理学

应用伦理学，就是把规范伦理学应用于实际的道德问题的学问。一般认为，"应用伦理学是将伦理学理论应用于解决当代社会的重大问题，如生态环境、计算机网络、生命科学，以及政治、经济、文化、社会等现实道德问题的学问"。[①] 一般来说，应用伦理学是将伦理学理论应用于解决当代社会的重大问题，如生态环境、计算机网络、生命科学以及政治、经济、文化、社会等现实道德问题的学问。它既是人类道德智慧在解决现实道德困境中的合乎情理的应用，也是人们道德理论和智慧在新时代道德实践中的创新。应用伦理学是人类伦理学思想发展的一个新方式、新阶段，体现了伦理学从经验哲学走向实践哲学的转换。

由于应用伦理学本质上是人类已有的道德哲学的现代实践与发展，因此应用伦理学离不开传统伦理学，尤其是规范伦理学的理论支撑和指导。由于规范伦理学的不同流派判断是非善恶的标准不同、所支持的道德立场不同，分为了不同的理论，其中比较重要的理论有以下五种，分别是功利主义、道义论、权利论、正义论、美德论。这些理论成为应用伦理学重要的理论基础。

自1972年R. M. 黑尔出版《道德哲学的应用》强调对现实道德问题的关注，至1979年

---

① 王正平. 应用伦理学[M]. 上海：上海人民出版社，2013.

其弟子彼得·辛格(P. A. D. Singer,1946—)出版《实践伦理学》(*Practical Ethics*)将其研究内容拓展到动物权利、胎儿生命的价值、安乐死、民主平等、环境等不同领域,巩固了应用伦理学的存在基础。随着时间推移以及经济技术发展,由于应用伦理学关注现实道德问题,因此在社会实践中表现出强大的生命力,发展出商业伦理学、医学伦理学、环境伦理学、工程伦理学、网络伦理学、法律伦理学、政治伦理学等诸多分支。

1.2 商业伦理与社会责任的研究对象与内容

社会责任与商业伦理密切相关。丹尼尔·A.雷恩曾指出,商业伦理与企业的社会责任之间的界限并不见得总是很明确。① 商业伦理以企业中的雇员以及企业自身作为规范对象,目的在于通过内约和自律的方式来弥补法律未加以规范而又与社会的伦理和文化相冲突的一些商业行为,让员工行为和企业行为合乎社会伦理和价值规范;而企业的社会责任就是指企业在追求其基本经济目标的同时,对于利益相关方承担义务。某种意义上,可以将企业承担社会责任视为遵守商业伦理的必然结果。② 无论是商业伦理还是企业社会责任,对于企业发展都具有十分重要的意义,表现为促进企业创新经营管理理念、营造良好的企业精神、维护企业同各方的理解与信任关系、实现企业的可持续发展等。

1.2.1 研究对象

1) 商业伦理的研究对象

商业伦理(business ethics)是一种重要的应用伦理分支,一般认为来源于英语 business ethics,在翻译和使用过程中曾与公司伦理、企业伦理、经济伦理、工商伦理、商务伦理等词互相替代使用。曼纽尔·贝拉斯克斯(Manuel G. Velasquez)认为,商业伦理是关于道德对错的专门研究,关注商业制度、组织和活动。

关于商业伦理的研究对象,学者有不同的观点。曼纽尔·贝拉斯克斯认为商业伦理研究道德标准,以及这些道德标准如何应用于现代社会生产,如何应用于分配产品、服务的社会制度和组织,如何应用于这些组织中的员工活动。

有的学者认为应当研究"社会经济领域经济行为主体的道德现象及其伦理问题"。有的学者认为应当研究"经济领域中的道德现象,包括宏观经济制度、中观经济组织和微观经济关系承担者个人这三大行动层次上一切同道德有关的问题"。有的学者认为应当研究经济制度和经济行为两个方面,其中经济制度的伦理研究重点在于什么样的所有制和分配制度是公正的,经济行为的伦理研究主要解决生产、交换、分配、消费行为的道德性问题。

总体上看,商业伦理学属于应用伦理学的分支,因此研究对象聚焦商业行为的"好坏""善恶"标准。在经济生活中,宏观制度层面、中观组织层面和微观个人层面所有的道德现象和伦理问题都可以成为商业伦理的研究对象。具体来说,商业伦理的研究对象是商业制

---

① 丹尼尔·雷恩.管理思想的演变[M].孙耀君,等译.北京:中国社会科学出版社,1997.
② 史永展,沈建.商业伦理与企业的社会责任:历史考察与比较分析[J].山西青年管理干部学院学报,2008,21(1):77-79.

度、组织和活动的道德对错。如果站在企业的角度，商业伦理研究道德标准，研究这些道德标准如何应用于现代社会生产、如何应用于分配产品和服务的制度及组织、如何应用于这些组织的员工活动。所以，商业伦理不仅分析研究道德标准和价值观，而且研究将这些结论应用于商业制度、商业组织和个人的商业活动。

> **链接**
>
> ### 商业伦理涉及问题的类型
>
> 商业伦理涉及的问题包含着种类繁多的主题。当研究由一个具体的情景或者案例所提出的伦理问题时，可以将这些问题分为三类：制度伦理问题、组织伦理问题和个人伦理问题。
>
> 商业伦理中的制度问题，是关于企业经营所在大环境的经济、政治、法律和其他企业的问题，包括有关资本主义道德的问题，以及有关企业运营所处环境的法律、法规、工业结构和社会实践道德的问题。例如新冠肺炎疫情期间，美国和欧洲部分国家的政府关于非药物手段控制疫情的态度所涉及的道德问题，政府的这些作为或不作为对于受到新冠病毒影响的人来说公平、正当吗？
>
> 商业伦理中的组织问题是关于特定组织（或企业）的伦理问题，包括关于活动、政策、实践，或将企业视作整体时的组织结构问题。例如，部分互联网大厂的"996"问题，这里"996"是指每天早上9点到晚上9点上班，每周工作6天，企业支持"996"文化对相关员工的权利会产生什么影响？
>
> 商业伦理中的个人问题是与企业中特定个人及其行为、决定有关的伦理问题，包括决定、行为与个性等的伦理问题。例如，Subsys芬太尼喷雾剂案件中有关医生给非癌症患者、过量开药的行为在道德上是否正当。
>
> 资料来源：曼纽尔·贝拉斯克斯. 商业伦理：概念与案例[M]. 刘刚，张泠然，程熙镕，译. 8版. 北京：中国人民大学出版社，2020.

商业伦理在避免企业因做出"坏"的决策而蒙受的损失方面存在价值。商业伦理学能为企业的利益相关者、相关政策制定者、教育工作者和学生提供可资使用的框架，帮助他们发现、分析并解决企业中的伦理问题。同时，它有助于培育一个人的道德品质、信念与情感，提升一个人的道德境界与道德修养，使其坚守做人的原则和美德，自觉履行道德义务和专业职责。

2) 社会责任的研究对象

社会责任（Corporate Social Responsibility，CSR），通常又称为企业社会责任。美国商业与社会责任协会认为企业是通过遵从伦理价值以及尊重人、社区和自然环境，实现商业的成功。

企业社会责任（CSR）自被提出以来一直备受学术界和商界的关注，关注点由最初的"企业是否应该履行社会责任"逐渐拓展到"企业应该如何履行社会责任""企业应该履行哪些社会责任"。

企业的社会责任到底是什么？通常有两种观点，即所有者观和利益相关者观。根据经济学家米尔顿·弗里德曼（Milton Friedman，1912—2006）的所有者理论，他认为公司的唯一责任就是合法并且有道德地为所有者尽可能地赚钱,也就是最大化股东回报。需要强调的是,所有者观明确地强调了经理必须遵守"社会的基本规范",包括法律和伦理习俗。根据爱德华·弗里曼(Edward Freeman)和大卫·里德(David Reed)的利益相关者理论,企业应该为了所有利益相关者经营,这里的利益相关者是"能够影响组织实现目标,或被组织实现目标所影响的任何可辨识的团体或个人",例如政府、顾客、员工、社区、股东、债权人、供应商等。需要强调的是,利益相关者观认为经理应该为所有者提供公平利润,但是前提在于允许其他的利益相关者参与分配并得到应得的利润,例如为员工改善工作环境、为社区提供服务、为顾客提供质量更好的产品,即使这些做法会减少所有者的利润。根据利益相关者观,企业在运营过程中,不仅要考虑自身发展,还要考虑对利益相关方例如客户、供应商、社区等的责任和义务,因此企业需要承担经济责任、法律责任、伦理责任、关爱责任等。目前,许多学界和商界人士接受利益相关者观。

需要说明的是,关于商业伦理与社会责任的关系,学者们都认同两者之间存在着密切的联系。但是,两者之间关系究竟如何,不同学者的观点存在一定的差异,有的学者认为企业社会责任是商业伦理学的核心内容与管理手段,有的学者认为可以将企业承担社会责任视为遵守商业伦理的必然结果,有的学者认为两者侧重点不同,商业伦理关注具体的道德情景的识别和道德问题的解决,社会责任侧重探讨企业作为一个整体所负担的责任和义务,所以对企业社会责任的认知,是商业伦理决策的重要理论基础和指导。

综上,可以认为,商业伦理与社会责任之间存在密切的联系,一方面,企业应承担的社会责任包含了伦理责任,因为企业社会责任包括经济、法律、伦理等责任;另一方面,企业商业伦理要求企业承担社会责任,因为不管是认为企业只对所有者负有义务,还是企业对所有利益相关者都负有义务,都是伦理学上的争论,权利、义务等伦理学概念要求企业应当履行社会责任。所以,商业伦理不仅是企业社会责任的一部分,也是企业应当承担社会责任的根源或者原因。

1.2.2 研究内容

1) 商业伦理的研究内容

商业伦理研究的是社会中与经济生活有关的道德问题。但是具体来说,不同的学者对商业伦理的研究内容的认识存在差异。有的学者认为商业伦理具体研究商业购销、宣传、储存、流通等商业活动中的道德现象,以及商业会计、统计人员的道德规范。还有的学者认为商业伦理具体要研究企业内部人员之间的伦理工作关系,企业与社会及外部利益相关者的伦理关系,涉及基本的道德原则和具体的道德要求,企业中管理人员的伦理素质以及在商业活动中的管理行为和道德控制,企业员工的健康和安全、人格和性别平等、跳槽和忠于职守以及隐私权问题,保护社会及消费者利益的道德责任,如企业广告的道德约束、企业产品的产权可靠性、企业产品给消费者造成损害的责任等。

我们认为,从企业应用的角度来讲,商业伦理的研究内容主要包括:商业伦理的基本理论,包括商业中的伦理道德标准和伦理分析框架等;商业伦理基本理论在企业重要管理领域的应用,即与重要管理领域相关的伦理问题和具体伦理要求,包括战略管理、人力资源管理、营销管理、财务管理等领域常见的伦理问题、伦理要求,以及会计等与利益相关者关系密切的岗位的职业道德规范等。

2) 社会责任的研究内容

对企业社会责任(CSR)的研究,站在企业视角,一般围绕"企业应该履行哪些社会责任""企业应该如何履行社会责任"两大主题展开。具体来说,企业社会责任的研究内容非常广泛。有的研究企业社会责任的边界或议题管理,例如包括企业外部视野、守法合规、社会与环境风险防范、综合价值创造、透明运营、利益相关方参与和合作、社会资源整合与优化配置、健康生态圈和可持续发展九大理念的含义及其在社会责任中的应用。有的研究社会责任的理论基础,主要包括社会规范理论、利益相关者理论、高阶梯队理论、社会认同理论、心理契约理论和归因理论等。有的研究企业社会责任的内涵,例如基于内容维度,Carroll 的金字塔模型将企业社会责任划分为经济责任、法律责任、伦理责任和慈善责任四个维度,再如基于利益相关者维度,将企业社会责任具体到对股东、员工、消费者、政府、社区、环境等利益相关者的责任。有的研究企业社会责任的测量方法,例如声誉指数,对企业在八个方面的表现进行声誉评估并进行加总,再如 KLD 指数,测量企业在社区、员工和环境等多个方面的社会责任表现。有的研究企业社会责任的影响因素,例如宏观层面主要通过 PEST 分析,包含政治、经济、社会文化和科技四个方面,微观层面主要包含企业自身、行业环境和消费者三个方面。有的研究企业社会责任的后果影响,例如在组织层面包含对于企业财务绩效、企业创新以及品牌形象的影响,在个体层面主要包含对于企业员工和消费者的影响等。有的研究企业层面不同管理领域与社会责任的交叉融合,例如人力资源管理领域的社会责任、技术创新与社会责任、企业文化建设与社会责任、财务绩效与社会责任等。总的来说,针对 CSR 的研究,视角涉及经济、管理、法学、伦理道德、技术标准等方面,内容涵盖 CSR 的内涵、实质、实践标准、履行 CSR 对绩效的影响以及企业履行 CSR 的发展阶段等,相对完整的研究体系基本形成。从现有的成果看,从利益相关者出发探讨企业如何在创造利润的同时履行对员工、供应商、消费者、社区和环境责任的成果颇丰,从企业内部微观视角讨论 CSR 与经营过程融合的研究较少。

中国企业社会责任经过 40 年发展,环境和使命在不断变化,在未来一个时期,在创新驱动发展战略以及新一轮工业革命的演进下,围绕中国继续扩大开放、构建双循环新发展格局的战略部署,基于创新、协调、绿色、开放、共享的"五大发展理念"以及实现经济与社会的高质量发展的要求,在企业社会责任认知、企业社会责任管理能力、企业社会责任异化行为治理三大层面,要进一步聚焦研究企业社会责任的认知理念创新、制度创新、实践范式创新,以提升中国企业社会责任管理与实践能力,推动未来中国企业社会责任的发展。

1.3 本书的逻辑框架

本书围绕"基本理论—理论应用—问题治理"的思路构建,全书共分为 8 章。

第 1 章是导言,主要介绍伦理学的内涵和分类、商业伦理与社会责任的研究对象和学习方法等内容,帮助读者理解与商业伦理、社会责任有关的概念。

第 2 章是伦理理论,主要介绍重要的伦理原则,包括功利论、道义论、关怀论、正义论、德性论等主要的伦理标准,以及典型的伦理分析框架等内容,为读者分析、评价具体的商业伦理问题提供道德标准和分析工具。

第3章至第6章介绍四个重点管理领域的商业伦理,主要涉及企业的战略管理、人力资源管理、营销管理和财务活动四个重点领域,对于每一个具体领域,先介绍该领域相关的基础知识,然后介绍该管理领域商业实践中的常见的伦理问题,帮助读者识别伦理困境、思考运用伦理分析工具进行伦理判断,最后介绍解决该领域伦理问题的伦理要求。

第7章介绍商业伦理相关的前沿问题,例如人工智能伦理、大数据伦理、数字医疗伦理等。

第8章介绍企业的社会责任。企业社会责任是与商业伦理密切相关的议题。企业在创造经济利润、对股东承担责任的同时要承担起对员工、社区、消费者、政府和环境等利益相关方的责任。本书从利益相关者的角度出发,介绍企业的社会责任的内涵,国内外有关的标准或倡议,社会责任报告的编制和实践。

本书主要立足于企业,从伦理角度深入探讨企业主要管理领域中的伦理问题,运用主要的伦理道德标准和伦理分析工具,帮助读者辨识伦理问题,思考伦理选择,进而从企业可持续发展角度出发,推动企业践行社会责任。

本书框架结构图如图1.2所示。

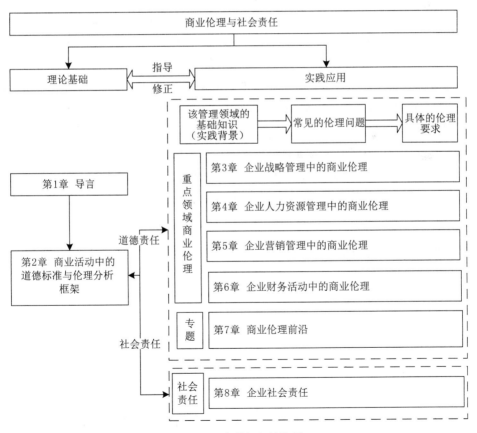

图 1.2 本书框架结构图

1.4 学习本书的意义与方法

1.4.1 学习本书的意义

通过学习商业伦理与社会责任的有关内容，帮助读者增强伦理意识，理解商业伦理和社会责任知识，辩证思考和认识商业伦理困境，提高伦理道德分析、评价能力和选择、判断能力，能为从事商业活动实践、服务社会做好准备。

首先，有助于加深对社会和商业活动的认识与把握，为改革社会、完善社会提供价值观指导。人们生活在社会中，商业活动是现代社会经济生活的重要组成部分，需要人们正确认识和科学评价。对于商业主体的关系或行为中的价值问题，需要用商业伦理的原则和方法去评判。商业伦理和社会责任的重要意义就在于，能对现实的企业及其商业活动中的关系和行为的性质做出善恶判断，有助于人们对各种道德原则的理解和正确把握，提高自身的道德识别能力和判断能力。在具体的商业活动中，到底适用哪些道德规范，有赖于商业伦理学提供的原理和方法来帮助明辨善恶是非，做出合理的评价和选择。

其次，有助于确立正确的世界观和价值观，促进个人成长。商业活动中有众多积极正面的榜样，也有众多负面形象，于是就有"什么是善的商业行为""善的关系或行为的表现是什么""怎样判断商业行为的善恶""应当遵循什么样的职业道德规范"等问题。对于这些问题，可以通过对商业伦理和社会责任的学习来获得正确答案，从而帮助人们正确认识社会，形成正确的世界观和价值观，帮助人们深刻理解、反思并批判性认识中华传统文化及其中的优秀思想，树立文化自信。

最后，有助于经济管理相关专业课程的学习。商业伦理与社会责任作为经济管理类的基础课程，有助于更深入地理解经济管理活动。商业伦理与战略管理、财务管理、市场营销管理、人力资源管理等密切相关，学习商业伦理有助于更好地理解和评价企业有关管理或决策活动的道德问题。

1.4.2 学习本书的方法

在社会主义市场经济条件下，作为一门实践性很强的课程，学习商业伦理与社会责任需要掌握以下方法。

第一，自觉融合社会主义核心价值观与中国优秀传统道德，加强道德自律。

在理解商业伦理和社会责任的同时，自觉融合社会主义核心价值观与中国优秀传统道德。中国是礼仪之邦，中华文化中存在丰富的传统道德资源。中国传统道德在长期的发展过程中经历了肯定、否定、否定之否定三个主要的阶段。20世纪80年代以后，中国优秀传统道德得到了重新肯定，表现出顽强的现实生命力，这种现实生命力主要体现在社会主义核心价值观与中国优秀传统道德的接合点上，比如和谐、爱国、诚信等。其深层的原因是中国的崛起和中国优秀传统道德的内在生命活力。学习商业伦理与社会责任，不应当脱离中华文化的本源和实际，应当在学习商业伦理、社会责任和职业道德规范的过程中,自觉融入中国优秀传统道德,融入社会主义核心价值观,结合实践树立"文化自信"。

链接

"天行健,君子以自强不息;地势坤,君子以厚德载物。"(《周易·象传》)

"吾日三省吾身:为人谋而不忠乎?与朋友交而不信乎?传不习乎?"(《论语·学而》)

"士不可以不弘毅,任重而道远。仁以为己任,不亦重乎?死而后已,不亦远乎?"(《论语·泰伯》)

"己所不欲,勿施于人。"(《论语·颜渊》)

"失诸正鹄,反求诸其身。"(《礼记·中庸》)

"仓廪实则知礼节,衣食足则知荣辱。"(《管子·牧民》)

"然后知生于忧患而死于安乐也。"(《孟子·告子下》)

"心之良知是谓圣。"(《王阳明全集》)

"静处体悟,事上磨炼,省察克治,贵于改过。"(《王阳明全集》)

第二,理解基本的伦理标准,掌握伦理分析工具,培养伦理意识和伦理问题分析判断能力。

以伦理标准为出发点"自上而下"展开学习。通过商业伦理基础理论的学习,熟悉并理解商业中用于道德判断的重要原则和标准,掌握伦理分析框架和工具,理解主要的道德标准的侧重点和复杂情境下不同视角对伦理标准的差异化选择,进而通过自主演绎和推理,运用商业伦理理论和原则分析并解决商业伦理问题和道德困境,理解如何选择符合伦理要求的商业行为方案,从伦理视角对自己的行为进行评价和反思,提升伦理分析能力、伦理选择能力、道德评价能力等。

需要强调的是,在学习和理解主要的伦理标准的时候,要批判性地学习其中有益的成分,由于商业伦理与所在国家或地区的历史文化、经济社会发展水平、伦理道德判断标准都有关系,而古今中外不同的伦理学说和道德标准,不同程度影响了一定时期一定地域的商业文化和商业伦理的形成,需要我们辩证地、批判性地学习和汲取。

第三,把握商业中企业重要管理领域的基础知识,结合实践理解具体商业管理领域的伦理要求。

以商业实践为出发点"自下而上"展开学习。商业活动人与环境具有不确定性,加上"经济人"与"道德人"两重属性中存在的潜在价值冲突,商业活动中不断涌现大量的道德冲突和两难困境。对现实商业活动中的道德行为和道德问题进行分析、讨论,从而探讨具体的伦理道德规范以指导或改进实践。例如,信息技术变革催生平台经济,而平台经济下互联网企业实践中产生新的伦理道德问题,而这些实践中出现的问题先于理论和法律规定,典型如平台企业的垄断性、平台去劳动关系化用工、人脸识别带来的用户生物信息等个人信息保护带来的伦理问题等。

> **链接**

平台去劳动关系化用工，如何保护骑手利益

2020年12月，一名43岁的蜂鸟众包骑手在配送当天第34笔订单中猝死，平台最初以双方并非雇佣关系为由，拒绝承担雇主责任，后迫于舆论压力把原本3万元的意外保险金额提高到60万元。2021年1月，一名48岁的饿了么专送骑手，因服务费与用工平台产生矛盾，后在蜂鸟配送站门店外以自焚的极端方式讨薪，被送至医院救治。

学者认为，平台经济出现新的雇佣形式，但用工性质并未改变，骑手与平台之间仍然是一种从属性的雇佣劳动。他认为："平台拒绝承认雇佣关系，是试图用所谓平等合作关系来替代劳动关系（雇佣关系），即去劳动关系化用工。"进而，平台通过去劳动关系化用工以规避自身的雇主义务，以减少雇佣成本，降低雇佣关系的风险。具体有两种模式：众包模式和"个体工商户"模式。众包模式下，骑手不与平台直接签订劳动合同，而与外包公司签订劳动合同或者劳务协议，骑手形式上的雇主是外包公司，平台形式上不是骑手的雇主。外包公司成为平台的劳动人事部门。在"个体工商户"模式下，骑手在用工平台上注册为个体工商户，将骑手与众包公司和平台之间的用工关系变成形式上的合作关系。

专家认为，在平台与骑手的雇佣关系中，外包公司取代平台的劳动人力部门，成为形式雇主；平台作为实质雇主只从事业务管理，遮蔽了平台实质雇主的身份。但平台与外包公司都同属平台，实则骑手只有平台一个雇主。"两种模式背后是骑手与多雇主共存的困境""解决多雇主困境需明确平台实质雇主身份"。

资料来源：http://opinion.caixin.com/2021-02-09/101662482.html（作者：樊盛涛，文中内容有缩写）

此外，学习商业伦理和社会责任应当与学习经济管理专业知识结合起来。商业伦理学涉及面广、实践性强，所涉及的内容往往涵盖资本市场监管、企业组织行为、信息披露、财务管理、营销管理、人力资源管理等方面的内容，如果不学习并掌握具体的经济管理专业知识，对有关的知识和案例的深入理解会比较困难。

> **链接**

电影中的道德困境

2018年上映的电影《我不是药神》，讲述了小店老板程勇从一个交不起房租的小商贩，一跃成为印度仿制药"格列宁"独家代理商的故事。程勇日子过得窝囊，店里没生意，生活不如意。一日，店里来了一个白血病患者，求他从印度带回一批仿制的特效药，好让买不起天价正版药的患者保住一线生机。百般不愿却走投无路的程勇，因此意外翻身，平价特效药救人无数，让他被病患封为"药神"，但是这些仿制特效药不仅给他带来利益，也将他和贫穷病患一并卷入与药企、警察的多方拉锯战。

本片最大的冲突可谓情与法的较量。于法而言，电影主人公带回并销售仿制药盈利绝对是应该被禁止的，如果任其泛滥，没有药企会投入人力物力研制新药，缺乏利润的药企也

不能保证企业有充足的资金继续进行研发。于情而言,高昂的药价是很多普通百姓根本负担不起的,这也让药企研发救命药的初衷难以实现。当一个人挣扎在生死的边缘,你再对他进行任何法律上的说教都是毫无意义的。对他们来说,活着就是一切,如果法律不能保护一个普通守法公民的生命安全,那么它是不完善的。

2018年4月和6月,李克强两次主持召开国务院常务会议,决定对进口抗癌药实施零关税并鼓励创新药进口,加快已在境外上市新药在境内的审批、落实抗癌药降价措施、强化短缺药供应保障。在电影《我不是药神》引发舆论热议后,李克强总理专门再次做出批示,要求有关部门加快落实抗癌药降价保供等相关措施。"癌症等重病患者关于进口'救命药'买不起、拖不起、买不到等诉求,突出反映了推进解决药品降价保供问题的紧迫性。"总理在批示中指出,"国务院常务会确定的相关措施要抓紧落实,能加快的要尽可能加快。"

资料来源:综合中国政府网、百度百科有关资料整理。

更为重要的是,学习过程中必须要关注社会、结合商业实践进行感悟和反思。学习商业伦理的最终目的是用于指导人们的商业实践,如果学习过程中没有对各种社会利益关系及其复杂性的切身感悟,没有对有关道德规范、善恶标准的认识和应用,没有对各种道德实践的反思和感悟,就难以深刻理解并把握商业伦理的道德要求。因此要学好商业伦理和社会责任,要主动接触社会,积极参加商业实践及活动,同时加强思考,提高对商业活动和社会责任的感悟和道德判断能力。

本章小结

伦理学是对道德现象的系统研究,也称道德哲学。在系统反思人类道德生活的基础上,伦理学逐渐形成了一套关于善恶、义务、行为准则、价值等范畴和概念的体系,实现了对道德观的理论化和系统化。

在东西方语境下,"伦理"和"道德"意思大体相通,伦理学界总体上将伦理学理解为研究道德的学问。道德是在劳动、社会关系和自觉意识等因素的交互融合和交互作用中产生的。善恶、义务、良心、荣辱、幸福等是比较公认的道德基本范畴。道德的功能是多元化的,同时也是多层次的,包括调节功能、认识功能、导向功能、激励功能等。如果一种道德反映的经济基础适应社会生产力的发展,那么这种道德对社会发展就会起到促进作用,能够为与其相适应的社会经济政治法律等的发展,提供强大的精神支撑与价值引领。

法律和伦理之间存在密切关系。一方面,法律的制定和执行有其伦理基础,法律的制定和完善必须依据社会的伦理理念;另一方面,法律也是维系伦理的有力工具,一些基本的、普遍性的伦理规范依靠法律手段使之制度化、强制化。

因为运用不同的研究方法、研究道德的不同内容,伦理学可以区分为四种类型,即描述伦理学(Descriptive Ethics)、元伦理学(Meta-ethics)、规范伦理学(Normative Ethics)和应用伦理学(Applied Ethics)。其中,描述伦理学和元伦理学研究不采取特定的道德立场,因而被称为"非规范方式",而规范伦理学和应用伦理学都选择一定的道德立场,因而被称为"规范方式"。

商业伦理学属于规范伦理学的应用范畴,因此研究对象聚焦商业行为的"好坏""善恶"标准。商业伦理的研究内容主要包括:商业伦理的基本理论,包括商业中的伦理道德标准和伦理分析框架等;商业伦理基本理论在企业重要管理领域的应用,即与重要管理领域相关的伦理问题和具体伦理要求,包括战略管理、人力资源管理、营销管理、采购与生产管理、财务管理等领域常见的伦理问题、伦理要求,以及会计等与利益相关者关系密切的岗位的职业道德规范等。

社会责任(Corporate Social Responsibility),通常又称为企业社会责任。一般认为研究的是企业对社会的责任和义务。企业社会责任的研究内容非常广泛,包括企业社会责任的边界或议题管理、社会责任的理论基础、企业社会责任的内涵、企业社会责任的测量方法、企业社会责任的影响因素、社会责任的后果影响等。

通过学习商业伦理与社会责任的有关内容,帮助读者增强伦理意识,理解商业伦理和社会责任知识,辩证思考和认识商业伦理困境,提高伦理道德分析、评价能力和选择、判断能力,能为从事商业活动实践、服务社会做好准备。

学习商业伦理和社会责任要注意学习方法,第一,自觉融合社会主义核心价值观与中国优秀传统道德,加强道德自律;第二,理解基本的伦理标准,掌握伦理分析工具,培养伦理意识和伦理问题分析判断能力;第三,把握商业中企业重要管理领域的基础知识,结合实践理解具体商业管理领域的伦理要求。

关 键 词

道德　伦理　法律　伦理学　商业伦理　社会责任

练 习 题

一、**判断题**(对的在括号里打√,错的在括号里打×)

1. 伦理学是研究道德的学问。　　　　　　　　　　　　　　　　　　　(　)
2. 商业伦理学的分类属于描述伦理学。　　　　　　　　　　　　　　　(　)
3. "伦理"和"道德"可以互相代替使用。　　　　　　　　　　　　　　(　)
4. 善恶、义务、良心、荣辱、幸福等是比较公认的道德基本范畴。　　　(　)
5. 伦理学的主要任务之一就是要提供一般的善恶道德标准,不需要考虑提供不同方面的具体善恶标准。　　　　　　　　　　　　　　　　　　　　　　　　(　)
6. 在经济活动中注重道德建设,可以使经济活动摆脱庸俗的功利境界,升华为一种高层次的道德境界,从而满足人们的精神需求。　　　　　　　　　　　　(　)
7. 基于道德的内涵,伦理学道德的研究一般涉及两方面的内容,分别是道德的基本理论和道德规范体系。　　　　　　　　　　　　　　　　　　　　　　　(　)
8. 与伦理规范相比,法律调节具有非强制性。　　　　　　　　　　　　(　)
9. 商业伦理不仅分析研究道德标准和价值观,而且研究将这些结论应用于商业制度、商业组织和个人的商业活动。　　　　　　　　　　　　　　　　　　(　)

10. 根据所有者理论,企业在运营过程中,不仅要考虑自身发展,还要考虑利益相关方例如客户、供应商、社区等的责任和义务,因此企业需要承担经济责任、法律责任、伦理责任、关爱责任等。（ ）

二、思考题

1. 道德和伦理有什么联系和区别?
2. 道德具有什么样的功能和作用?
3. 学习商业伦理与社会责任有什么意义?

三、案例讨论

金亚科技涉嫌欺诈发行犯罪等案件

2000年,金亚科技股份有限公司(简称金亚科技)成立,从事广播电视器材研发和销售。2004年,公司实际控制人周某从国有成都金丰无线电厂厂长辞职,取得公司75%股权。其间,周某多次融资,将股权稀释至36.36%。2009年,金亚科技成为首批登陆创业板的企业。上市的金亚科技一度被市场打上了"电视游戏第一股"的标签,其股价在2015年最高上涨至68元。

2018年3月,证监会公布案情显示,金亚科技为了达到发行上市条件,通过虚构客户、虚构业务、伪造合同、虚构回款等方式虚增收入和利润,骗取首次公开发行核准。此后,因2016年、2017年、2018年连续三年归母净利为负值,公司股票自2019年5月13日起暂停上市。

2018年,证监会依法对金亚科技2014年度报告虚假陈述给予60万元顶格罚款,对董事长、实际控制人周某合计给予90万元顶格罚款,对多名直接责任人员给予处罚。案件查办过程中,根据有关线索,证监会同时对金亚科技涉嫌欺诈发行等违法犯罪问题进行了全面查处。

证监会调查发现,金亚科技为了达到发行上市条件,通过虚构客户、虚构业务、伪造合同、虚构回款等方式虚增收入和利润,骗取首次公开发行(IPO)核准。其中2008年、2009年1月至6月虚增利润金额分别达到3 736万元、2 287万元,分别占当期公开披露利润的85%、109%。上述行为涉嫌构成欺诈发行股票罪。调查还发现,上市后,金亚科技虚增2014年利润约8 049万元,虚增银行存款约2.18亿元,虚列预付工程款约3.1亿元。金亚科技和相关人员还存在伪造金融票证、挪用资金以及违规披露、不披露重要信息等犯罪嫌疑。证监会专门与公安机关进行了会商,决定将金亚科技及相关人员涉嫌欺诈发行等犯罪问题移送公安机关。

金亚科技信息披露违法违规案系一起欺诈发行、财务造假的典型案件。2018年3月,证监会依法对金亚科技及相关责任人员作出行政处罚,同年6月,根据《行政执法机关移送涉嫌犯罪案件的规定》(国务院令第310号),证监会依法将相关人员涉嫌欺诈发行等犯罪问题移送公安机关依法追究刑事责任。同年8月,证监会依法对立信所及相关人员作出行政处罚。

2020年4月28日,金亚科技2019年净利润、扣除非经常性损益后的净利润均为负值,触及终止上市情形。2020年6月17日晚,金亚科技发布公告,深圳证券交易所最终作出维持对金亚科技股票终止上市决定。该决定为终局决定。金亚科技的财务造假和欺诈上市行径,或将使得中小散户损失惨重。Wind 资讯统计显示,截至 2020 年 3 月末,共有 4.49 万投资者持有金亚科技股票。

欺诈发行、违规披露严重违反信息披露制度,严重损害广大投资者的合法权益,严重破坏市场诚信基础。各市场主体应以此案为鉴,保证披露信息真实、准确、完整,共同维护资本市场长期健康稳定发展。

资料来源:综合中国证监会网站(www.csrc.gov.cn)有关案情披露及行政处罚信息。

讨论:
1. 金亚科技及公司相关人员是如何处理信息披露与利益的关系的?
2. 讨论上述案例中涉及哪些伦理问题和法律问题?

第 2 章 商业活动中的道德标准与伦理分析框架

> **本章提要**
>
> 本章首先介绍伦理学中主要的道德标准,包括功利主义、权利与义务、正义与公平和关怀伦理,以及关注人的品质的美德伦理,在此基础上阐述基本的伦理分析框架,即基于事实,结合道德标准做出道德判断。

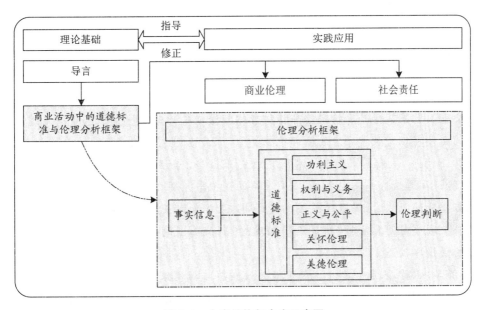

图 2.1 本章结构与内容示意图

> **引例**

人脸识别技术运用于商业等领域带来的伦理问题

近年来,人工智能的发展推动人脸识别技术发展到了新的高度,人脸识别技术得到广泛应用,与此同时,人脸识别技术的安全隐患及伦理困境也逐渐凸显。人脸识别技术属于生物特征识别技术,与指纹识别、虹膜识别等方式相比,能够从远处进行"隐性"筛选。

人脸识别系统有着广泛的应用和巨大的市场潜力。人脸识别越来越多地被应用于金融、司法、军队、公安、边检、政府、航天、电力、工厂、教育、医疗等众多领域。例如,消费者通过"刷脸"解锁手机,进行电子支付,是全球消费电子领域的大趋势。人脸识别还可以加强执法力度，广泛用于追捕逃犯、重要场合快速安检等方面。2018年8月份，国际调研机构 Gen Market Insights 发布的数据显示，随着越来越多的行业和公司接受人脸识别技术，极大地激发了全球人脸识别设备的需求潜力。2017年，全球人脸识别设备市场价值为10.7亿美元，而到2025年底将达到71.7亿美元，在2018年至2025年期间将以26.8%的速度增长。

人脸识别技术带来伦理困境。荷兰特文特大学技术哲学教授菲利普·布瑞(Philip Brey)表示，人脸识别技术带来的伦理困境主要包括侵犯他人隐私、发生误认、种族分析和歧视、功能蔓延风险（即在未获得利益相关方同意的前提下，认证系统使用本来意图范围之外的新功能及新应用）等。经济、快速、大规模地对人脸图像进行记录、储存和分析，可能对隐私、公平及信任等概念带来根本性改变。

人脸识别技术对个人隐私带来影响。英国剑桥大学相关研究显示，即使人们采取措施模糊面部特征，如用帽子、围巾、眼镜等遮住面部，人脸识别系统仍能达到约55%的准确率。人脸识别技术对于隐私的影响，具体来说包括对脸部特征的录入，以及个人脸部特征信息的使用等。此外，该技术是否获得了公众的知情同意、人脸图像是否被储存、人们是否知晓该技术的应用、脸部特征是否可作他用、信息是否共享，以及是否录入性别、种族和情绪等脸部特征，上述因素决定了人脸识别技术对隐私的影响程度。

人脸识别技术对公平带来影响。如果人脸识别信息系统或使用方式存在歧视，将不利于社会公平。如果某些具有特定脸部特征者被频繁挑选出来，遭受拦截、搜查或逮捕，或者某些人的面部特征与被搜寻者的面部特征类似，那么他们也可能被频繁的系统识别错误所困扰。2019年底，美国国家标准技术研究所发布报告，当检测女性、有色人种、老年人和儿童时，人脸识别算法普遍表现更差，不同人群的误报率差别在10倍以上，甚至超过百倍。在测试来自全球的照片时，误报率最高的是西非、东非和东亚人群，最低的是东欧人群；而当使用来自中国公司的算法时，结果几乎相反；在测试美国的执法照片时，美国原住民、非裔和亚裔的误报率较高。

《经济学人》称，人脸识别技术还可能导致一些歧视现象更加普遍，例如，人脸识别系统对性别、种族等特征予以录入，系统使用者利用这些信息进行种族分析。雇主本就因为偏见而拒绝一些人的求职申请，人脸识别技术应用后，雇主还可以根据种族、智商迹象及性别等因素对求职请求进行过滤，这也会使歧视现象更加常见。

科技企业的反应不一。2019年6月，微软已经悄然删除其最大的公开人脸识别数据库——MS Celeb。MS Celeb数据库于2016年建立，微软描述其为世界上最大的公开面部识别数据库，拥有超过1 000万张图像，将近10万人的面部信息。微软为什么要删掉这些人脸数据？最直接的考虑，就是担心侵犯公众隐私权、"数据权"，从而产生法律风险。据了解，微软是通过"知识共享"许可，来抓取图像和视频中的人脸信息的。只不过，"知识共享"许可仅来自图片和视频的版权所有者的授权，而微软并不一定直接得到了照片与视频中人物的授权许可。所以，这些人脸所对应的人，有可能指控微软侵权，从而产生法律问题。

技术在飞速进步，必然会对整个社会产生影响。在人脸识别这项快速变化的技术面前,社会必然会受到极大冲击。

2020年6月,三家美国科技企业的代表——IBM、微软和亚马逊先后叫停人脸识别。IBM宣布全面停止,不再提供通用的人脸识别软件,并提议制定负责任的技术政策;微软也表态停止向警方销售人脸识别软件,直到有关法律出台;此外,亚马逊声明暂停向警方提供人脸识别技术,不过暂停期限为12个月。

资料来源:根据网络相关资料整理。

引例中的人脸识别技术有着广泛的应用和巨大的市场潜力,带来技术进步和效率提升。但是与此同时,可能产生侵犯他人隐私、发生误认、种族分析和歧视、功能蔓延风险等伦理问题,例如人脸识别涉及个人信息保护的问题,个人信息保护脱胎于隐私权,属于个人的权利;再如,如果人脸识别信息系统或使用方式存在歧视,将不利于社会公平。权利、公平是道德思考时常用的伦理道德标准。商业活动中存在不同的利益相关者,所涉及的伦理问题一直都存在。同一商业活动从不同角度分析会用到不同的伦理分析与评价理念。商业活动中有哪些重要的伦理道德标准?具体如何应用这些道德标准分析商业活动中的伦理问题?曼纽尔·贝拉斯克斯在《商业伦理:概念与案例》中主要从功利主义、权利与义务、正义与公平、关怀、美德五个角度进行分析。

2.1 道德标准

2.1.1 功利主义

1) 功利主义的内涵

功利主义(utilitarianism),也被称为效用主义、效益主义,是道德哲学(伦理学)中的一个理论派别,属于目的论中的典型代表。

功利主义的核心是关注政策和行为的经济后果,也就是说政策和行为的评价要以它们为社会中每个人带来的收益和成本为基础,所以这种方法有时被称为伦理学的结果主义方法。基于功利主义的道德标准认为,如果一项政策或行为对受其影响的每个人带来的收益大大超过其成本,那么该政策或行为是合乎道德的。商业伦理中的功利主义评价方法侧重于政策和行为的后果,以其经济后果作为评价标准。

2) 代表人物与主要观点

自18世纪以来,西方道德哲学有两个主要派别,一派是义务论,另一派就是功利主义。从19世纪初到20世纪60年代,功利主义一直处于统治地位。功利主义重视利益,并且用利益来解释人们的行为。

功利主义提倡追求"最大幸福"(Maximum Happiness)。一般认为主要代表人物是英国哲学家和经济学家杰里米·边沁(Jeremy Bentham, 1748—1832)、约翰·斯图亚特·密尔(John Stuart Mill, 1806—1873)等。边沁在《道德与立法原理导论》中提道:"自然把人类置于两个至上的主人——苦与乐——的统治之下,只有它们两个才能够指出我们应该做些什么,以及决定我们将要怎么做。"他认为,人类行为的选择完全基于幸福和痛苦,或者说人类的行为完全以快乐和痛苦为动机,正确的行为是"为最多的人谋求最大的幸福的最大效益"。密尔始终坚信"幸福"是人类一切行为的规则和标准,并且是人生的目的,他说"当行为正确时,它会促进快乐;当行为错误时,它会产生幸福的反面"。

功利主义传统上分为两派,一派被称为行为功利主义,一派被称为规则功利主义。行为功利主义主张,评价行为是否正确的唯一标准是行为的后果,道德上正确的行为是能够产生最大功利或幸福的行为。行为功利主义存在的问题是,在现实中人们很难计算哪种行为能够产生最大幸福,或者是因为没有计算的时间,或者是因为没有充分的知识。规则功利主义试图避免这种问题,主张道德上正确的行为是遵守道德规则的行为,而遵守道德规则通常能够产生最大幸福。规则功利主义存在的问题是,很多情况下,遵守规则的行为与产生功利最大化的行为并不是等同的,也就是说按照道德规则采取行动并不能带来最大幸福。

功利主义在法律、政治学、经济学、医学等领域都有着巨大的影响力,例如,在公共资源分配上,当资源有限远不足以满足需求时,是花费较大的代价维持一个难以治愈的年老病人的生命,还是不予治疗,从而把医疗资源省出来去帮助其他可以治愈的更年轻的病人恢复健康呢?功利主义无疑会选择后者,而这样常常是多数人的选择。

> **链 接**

疫情暴发导致医疗资源不足

2020年3月,随着新冠肺炎确诊病例数破万,意大利的医疗工作者们面临的压力越来越大。由于床位和医疗用品的紧缺,意大利一线医护人员不得不"有选择性地"救助病人。考虑到存活概率,年轻人往往是优先救治的对象。据政治新闻网站Politico 2020年3月10日报道,意大利一线的麻醉师和医生们被要求在医疗资源紧缺时,应向患者严格分配呼吸机和病床的使用机会。

在意大利新冠肺炎的重灾区伦巴第大区,床位和医疗用品的紧缺迫使一线医生做出艰难选择。米兰一家大型医院的医生表示:"事实上,我们不得不选择(治疗哪些人),我们只能把(选择的工作)交给一些对此不会感到道德负担的人。"

伦巴第大区目前还有大约900张床位供需要重症监护的患者使用。但在贝加莫、洛迪和帕维亚等地区,医院床位使用"已接近饱和"。

据Politico报道,意大利医院目前的救治原则是将医疗资源留给存活机会最大的人,这意味着医护人员会优先考虑年轻人,而不是老年人或已患有基础疾病的人。"我们不想歧视(任何病人),"麻醉学家、意大利麻醉、镇痛、康复与重症监护委员会负责人吕基·里乔尼(Luigi Riccioni)表示,"我们知道,与健康人相比,极其脆弱的病人无法忍受一些治疗手段。"里乔尼参与撰写了新冠肺炎患者优先处理原则的医院指南。

里乔尼还表示,他想确保医务人员"在艰难的伦理抉择面前不被孤立"。

伦巴第大区福利委员会委员朱利奥·加莱拉(Giulio Gallera)表示,一线医生的压力越来越大。他看到一些医生因为医院的严峻形势而当场大哭。"他们担心,由于需求超过医疗资源能够承载的范围,他们无法为所有人提供所需的护理。"加莱拉表示。

资料来源:根据凤凰网、环球网等资料整理。

3) 功利主义伦理分析的方法

功利主义的分析方法包括三部分,一是明确要分析的具体行为是什么,二是确认该行为影响的所有人群,三是认真且客观地列举并计量所有受影响者得到的利益和受到的损害。边沁将行为产生的所有收益简化为快乐,所有成本简化为痛苦,于是提出七个可量化的标准,期望能够来比较和衡量所有快乐和痛苦的价值。边沁用来测量效用的方法通常被称为"幸福微积分"。

运用功利主义进行伦理分析的具体步骤如下:

第一,明确需要评价的行为是什么,对其进行详细而全面的描述。

第二,分析该行为所影响的人群,需要从直接影响的人群、间接影响的人群、社会三个角度进行分析。

第三,将该行为对受影响群体可能造成的后果进行分析和描述。对行为产生的后果进行逐一列举,分析每种后果的可能性,对每一种后果可能带来的正面、负面效应进行分析。

第四,量化计算并分析。影响快乐或痛苦的价值大小有七个因素,为可能带来利益的各种因素、可能带来损害的各种因素分配权重,计算每一种利益或损害的强度、持续性、确定性、临近性、衍生性、纯粹性、广度等。这里的临近性是指一个行为出现后多长时间快乐会出现;衍生性是指一个行为产生了一种快乐之后,另外一种快乐很可能会随之出现;纯粹性是指一个行为产生了一种快乐之后,另一种不快乐随之出现的可能性,例如喝酒可能会带来快乐,但是之后很可能会出现身体不适,那么喝酒带来的快乐的纯粹性就很低;广度是指一个行为带来的快乐或痛苦覆盖的人群的多寡。

第五,考虑政策得到普遍遵守的时候,对直接影响人群所带来的积极或消极影响,如果有必要,对受到该政策间接影响的群体以及全社会做同样的分析。

第六,对所有正面及负面的效用进行量化计算。

第七,考虑是否还有其他的代替方案,如果有其他的替代方案,按照上述步骤进行分析。

第八,比较所有备选方案的分析结果,选择能够产生最大净收益值的行为,将其作为最终的方案。

4) 功利主义伦理分析的应用

发达国家长期以来的大量生产、大量消费、大量废弃的"三大模式"使得其废弃物供给量(产生量)不断增加。据美国佐治亚大学研究人员所做的一份联合国全球贸易分析,预计到2030年会有1.11亿吨的塑胶垃圾待掩埋或回收。报告指出,连同每个人所用的瓶子、袋子与食物包装袋,截至2017年塑胶累积产量达83亿吨,每年甚至会有100万吨的塑胶制品非法流通。由于超出发达国家自身处理能力,废弃物大量向发展中国家、不发达国家或地区出口。按照功利主义分析方法,从输出塑胶制品垃圾的国家角度看,向发展中国家、不发达国家或地区出口塑胶垃圾是能够产生最大净收益值的方案。

> 链接

富裕国家的废弃物运送到贫穷国家，有助于改善世界的福利水平吗？

曾任美国国家经济委员会主席的劳伦斯·萨默斯在20世纪90年代初期曾提出，如果将富裕国家的废弃物运送到贫穷国家，有助于改善世界的福利水平，主要原因有四点。

第一点，将污染物运送到健康危害成本最低的国家，这对所有人都是好事。他认为，"污染的健康危害"成本由污染使人生病或死亡时损失的工资所决定。因此，工资水平低的国家就是污染的健康危害或污染所带来的损失最小的国家。

第二点，向已经高度污染的环境增加更多的污染物将导致更严重的健康危害，将这些污染物置于尚未高度污染的清洁环境带来的健康危害更小。因此，可以将废弃物从高度污染的城市，运送并倾倒在"很大程度上低于污染警戒水平"的国家，例如将美国大城市产生的废弃物倾倒至非洲国家。利用那些国家清洁的空气质量和土壤环境，增进世界的整体福利。

第三点，同样的污染物在人均寿命很长的国家造成的伤害大于比在人均寿命更短的国家造成的伤害。寿命增加使年长的人们更容易患上某些疾病，而寿命短的人们相对年轻，人们则不易患上这些疾病。因此，污染会在人均寿命较长的国家造成更多的疾病。所以应当将污染物转移到人均寿命更短的国家。

第四点，交换会带来福利改善。富人较穷人而言，愿意也有能力为洁净的空气或环境付出更多的金钱，那么洁净的空气在富人那里价值更高。所以富裕国家的人们可能能够找到愿意用清洁空气或环境交换金钱的贫穷国家的人们，双方基于利益最大化原则达成交易，而这种交易会为双方带来福利的改善。

资料来源：曼纽尔·贝拉斯克斯.商业伦理：概念与案例[M].刘刚，张泠然，程熙镕，译.8版.北京：中国人民大学出版社，2020.

> 链接

英国废塑料大量转卖东南亚和中国台湾地区

随着经济社会的发展和环保意识的增强，一些曾经大量接受或进口固废垃圾的国家先后加强管制，这种现象逐渐发生变化，但是废弃物的流向仍然没有实质性的变化。例如，据环保杂志RESOURCE报道，英国曾经每年出口至中国大陆共约49.4万吨废塑料及140万吨废纸，自从中国大陆开始实施环保政策及进口禁令后，英国决定把无法自行消化的垃圾通通运往东南亚地区及中国台湾地区。根据英国税务海关总署（HMRC）统计，2017年1月至4月，马来西亚废塑料暴增3倍，成为接收英国废塑料的第一大国，泰国则增加50倍。

资料来源：英国废塑料大量转卖东南亚和台湾地区[J].资源再生，2018(6)：4-5.

5）功利主义伦理分析面临的难题

功利主义有其合理而积极的一面，各个利益主体在追求自身利益的时候，如果能够考虑到最大多数的最大利益，是有利于社会的发展和进步的，大多数时候是社会或组织中各个利益主体普遍认同的原则。从个人的角度来讲,也能推动个人的行为有利于团体和组织。但功利主义伦理分析方法也存在不少难题。

一方面,是否允许社会上多数人或者以多数人的利益为名去侵害少数人的利益?功利主义理论主张,为了多数人的利益牺牲少数人的利益是合理的。如果从旁观者角度或者从多数人的角度,基于成本收益计算结果,功利主义的主张是合理的,但是如果从少数人的角度看,就会质疑功利主义的不公平,少数人的利益遭到了侵害。

链接

电车难题

哲学家菲利帕·福特(Philippa Foot)在1967年发表的论文中提出著名的电车难题:甲站在天桥上,看到有一台刹车损坏的电车。在轨道前方,有5个正在工作的人,他们不晓得电车向他们冲来。一个体重很重的路人乙,正站在甲身边,甲发现乙的巨大体形与重量,正好可以挡住电车,让电车出轨,不至于撞上那5个工人。甲是否应该动手,把这个很胖的路人乙从天桥上推落,以拯救那5个工人,还是应该坐视电车撞上那5个工人?

资料来源:根据网络资料整理。

另一方面,理性量化计算收益成本是困难的。因为需求存在多样性,根据马斯洛需求层次理论,人群的需求存在差异,包括生理需求、安全需求、社交需求、尊重需求和自我实现需求五个层次的需求。多样性的需求难以量化计算,功利主义要求计算行为或政策对收益成本的影响,但是上述五个层级的需求及成本,难以逐一量化计算并加以比较。例如烟草行业,一方面创造税收为政府带来财政收入,解决员工及烟叶生产者等群体的就业问题,满足吸烟人群的需求,但是另一方面吸烟损害相关人群的健康,烟草的烟雾中含有7 000多种化学成分,其中数百种是有害物质,至少70种能够致癌。全世界前8位死因中,有6种与吸烟有关,2020年医学专家指出感染新冠肺炎的吸烟者发展为重症危重症的风险会增加。如果认可生命是无价的,按照功利主义主张计算出的结果是不言而喻的。

链接

某些高校院所和企业的科研人员为了发论文、牟私利,居然研制、推广危害人体健康的"瘦肉精"技术,并刻意隐瞒其副作用,甚至研发出"掩蔽剂"专门对付有关部门的检测;"中式卷烟特征理论体系构建及应用"技术不仅获得省部级科技进步一等奖等多个奖项,还成为2012年度国家科技奖的候选项目。统计资料显示,过去10年间共有7个烟草科技成果获得国家科技奖……

科技就像一把钥匙,既可以打开天堂之门,也可以打开地狱之门。为此,中科院原院长、全国人大常委会副委员长路甬祥在几年前就撰文指出,在21世纪,科技伦理的问题将越来越突出,科学技术的进步应服务于全人类,服务于世界和平、发展与进步的崇高事业,而不能危害人类自身。

资料来源:赵永新,《人民日报》,2012年4月23日。

此外,并非所有人都认同功利主义的基本理念。功利主义主张,为了有利于最大多数人的最大幸福,必要的时候,需要个人做出自我牺牲,对个人有较高的道德要求。亚当·斯密(Adam Smith,1723—1790)就认为功利主义的整体利益最大化可能会牺牲个人的快乐,可能成为部分人群牟取私利时自我辩护的工具。功利主义还要求,当人们在自我幸福与他人幸福发生冲突的时候,保持中立态度,要分析谁的幸福更大,并在此基础上进行取舍,而事实上存在利益冲突的时候个体很难不偏不倚地进行选择。

2.1.2 权利与义务

在前述人脸识别技术及其带来的伦理问题的分析中,批评者认为,某种程度上人脸识别技术的运用会导致公司侵犯个人的隐私权。例如,人工智能可以"把你所有的个人数据互相关联来理解你(associate all your personal data together to understand you)",而不仅仅是脸部信息的提取。像指纹、人脸,都是属于永久性的数据,因为个人很难因为指纹、人脸等生物信息丢失而去整容。未来随着人脸识别技术的推广,可能会有更多的应用,不只是用来支付、解锁手机等等。个人现在无法预测未来他们会拿人脸信息去做哪些应用。所以现在个人面部信息一旦丢失,那么之后任何基于该人脸信息的相关技术应用,对个人权利来讲都是有风险的。

1) 权利的内涵

"权利"在评价商业伦理争议中有重要作用。常见的权利包括财产权、隐私权、知情权等。2018年修正发布的《中华人民共和国宪法》规定"中华人民共和国公民在法律面前一律平等。国家尊重和保障人权。任何公民享有宪法和法律规定的权利,同时必须履行宪法和法律规定的义务","中华人民共和国劳动者有休息的权利。国家发展劳动者休息和休养的设施,规定职工的工作时间和休假制度"等。1948年联合国通过的《世界人权宣言》规定"人人有单独的财产所有权以及同他人合有的所有权","人人有权工作、自由选择职业、享受公正和合适的工作条件并享受免于失业的保障"等。本节主要讨论权利的含义,以及基于道德权利的伦理分析方法。

> **链接**
>
> **儿童药物临床试验不良事件的伦理问题**
>
> 药物临床试验的目的是确定试验药物的有效性和安全性,而药物临床试验中出现的不良事件(AE)则可能会给受试者造成较大的威胁与侵害,尤其是首次在儿童身上进行的试验,基于儿童受试者的特点,同一诊疗方式用于不同年龄段儿童时,其疼痛和不适感以及不良反应发生的概率都会有所不同,因此儿童参与药物临床试验的风险远高于成年人。
>
> AE是指患者或临床试验受试者接受一种药品后出现的不良医学事件,但并不一定与治疗存在因果关系,即不良事件不一定与试验药物有关,因此其与药物不良反应在概念上是有区别的,不良事件可以是原有症状、体征、实验室异常的加重,也可以是新诊断的疾病、新的实验室异常值等,按AE发生的严重程度,可分为严重不良事件(SAE)、重要不良事件和非预期不良事件,临床试验过程中发生的不良事件仅有一小部分为非预期不良事件,SAE是指临床试验过程中发生需住院治疗、延长住院时间、伤残、影响工作能力、危及生命

或死亡、导致先天畸形等严重不良事件,重要不良事件是指除严重不良事件外,发生的任何导致采用针对性医疗措施(如停药、调整用药剂量和对症治疗)的不良事件和血液学或其他实验室检查明显异常的不良事件,例如患儿参加某药物临床试验后出现呕吐,则属于AE,若需要停止或减量使用试验药物,并进行对症治疗,则属于重要不良事件,若症状加重,需要住院治疗,则属于SAE,若判断为SAE则需立即上报伦理委员会以及相关部门审查。

资料来源:郭春彦,赵琼妹,刘锦钰,等.儿童药物临床试验不良事件的伦理审查[J].中国医学伦理学,2019,32(10).

医院在儿童身上进行药物试验,儿童在此过程中有什么样的权利呢?从广义的角度看,权利是指个人对某事物拥有的资格。当个人有资格以某种方式行动或有资格让别人以某种方式行动时,这个人就拥有权利。

权利主要来自法律制度。例如《中华人民共和国宪法》规定"公民的合法的私有财产不受侵犯。国家依照法律规定保护公民的私有财产权和继承权"。再如,我国在2020年5月28日第十三届全国人民代表大会第三次会议通过的《中华人民共和国民法典》(简称《民法典》)被称为"社会生活的百科全书",有大量的条文涉及私权利的确立和保护。《民法典》在总则中的第五章专章全面规定了"民事权利",例如"自然人享有生命权、身体权、健康权、姓名权、肖像权、名誉权、荣誉权、隐私权、婚姻自主权等权利","自然人的个人信息受法律保护。任何组织或者个人需要获取他人个人信息的,应当依法取得并确保信息安全,不得非法收集、使用、加工、传输他人个人信息,不得非法买卖、提供或者公开他人个人信息","民事主体依法享有知识产权"。由于一国法治的发展状况与当时的政治环境及所处的历史时期背景相关,因此成文的法律制度本身也与所处的历史时期相关。例如18世纪《独立宣言》对"生命权"的解释为不被杀害的消极权利,20世纪联合国《世界人权宣言》规定了"食物、衣着、住房和医疗"的积极权利。

权利也可以来自道德标准系统。我国《民法典》中明确,"处理民事纠纷,应当依照法律;法律没有规定的,可以适用习惯,但是不得违背公序良俗"。民事主体拥有习惯或公序良俗赋予的权利,这种来源于道德标准的权利,一般被认为是道德权利,即法律中没有明确规定,但是大家都认可的可以做某事的权利,或者有资格让别人为自己做某事的权利。由于习惯或公序良俗往往来源于公认的道德原则,因此往往体现的是普世价值观,例如追求幸福的权利、善待他人等。

链接

银行泄露个人客户的账户交易信息

2020年5月6日,脱口秀演员王某在社交平台上发布一条消息并附上律师函,文中他指出与XG文化发生法律纠纷,在处理过程中,XG文化涉嫌在未经他允许的情况下查看了个人银行账户信息,他表示已向公安局报案,且向银保监会等政府监管机关投诉,要求相关方进行赔偿并公开道歉。5月7日凌晨,涉事银行道歉,称已将涉事支行行长撤职。当日,有媒体从上海银保监局获悉,该局已关注到王某指责涉事银行泄露其个人账户交易信息一事,并正式介入调查。5月9日,中国银保监会消费者权益保护局发布通报,将按照相关法律法规启动立案调查程序,严格依法依规进行查处。

根据2019年12月中国人民银行发布的《中国人民银行金融消费者权益保护实施办法(征求意见稿)》,金融机构收集、使用消费者金融信息,应当遵循合法、正当、必要原则,经金融消费者明示同意。金融机构及其工作人员应当对消费者金融信息严格保密,不得泄露或者非法向他人提供。金融消费者发现金融机构违反法律法规、监管规定或者双方的约定收集、使用其金融信息的,有权要求金融机构停止使用并删除前述金融信息。

信息来源:综合《钱江晚报》、新浪财经、中国人民银行网站有关信息。

2) 代表人物和主要观点

权利与义务论也称为道义论,伊曼努尔·康德(Immanuel Kant,1724—1804)是主要的代表人物。康德试图证明,所有人都拥有某些道德权利与义务,不论履行这些道德权利与义务是否会为他人提供任何效用。康德提出一种道德原则,他称之为"绝对命令",绝对命令这种道德原则的要求是,将每个人当作与他人平等的自由人对待。具体来说,绝对命令的道德原则认为,每个人都有道德权利获得平等的对待,每个人也有义务平等地对待他人。

伊曼努尔·康德

一般认为,绝对命令的道德原则包含两层含义。

绝对命令道德原则的第一层含义是:"除非我希望我的行为准则成为普遍规律,否则我不应该按照这种方式行动。"或者说,当且仅当个人希望在任何相似情况下,所有人都按照自己的理由采取行动时,个人的行动符合道德。例如,假定公司人力资源部门负责人需要做出一个决定,是否因为不喜欢一个求职者的籍贯而拒绝他。根据康德的绝对命令道德原则,可以这样分析:人力资源部门负责人必须问自己,他是否希望自己去求职时对方因为不喜欢他的籍贯就拒绝录用他。如果他不希望别人这样对待他,那么他因求职者籍贯的原因而拒绝求职者就违背了道德要求,这种拒绝求职者的行为就是不道德的。某种程度上,康德的绝对命令道德原则的这层含义类似于儒家传统文化中的"己所不欲,勿施于人"的观点。

因此运用绝对命令道德原则判断行为是否道德,要关注普遍性和可逆性两个指标。普遍性是指,行为或决策的理由符合绝对命令道德原则,那么这个理由是被所有人认可或使用的。可逆性是指,自己使用某种理由进行决策或采取行动,也应当让别人使用这个理由进行决策或采取行动,包括针对自己。

链接

大学生求职遭遇地域就业歧视

闫某大学本科法学专业毕业,2019年7月,她在某招聘网站上浏览招聘职位时,发现浙江某度假村有限公司发布"法务专员"和"董事长助理"两个岗位,她认为自己比较适合这两个岗位,于是向该公司投递了有关简历。在投递后第二天,闫某收到该度假村有限公司回复,称其不适合上述"法务专员"和"董事长助理"两个岗位,不合适原因标注为"河南人"。为维护自己的合法权益,闫某将该公司告上法庭,诉状中陈述的主要理由是其在不合适原因中写明"河南人"的行为属于地域就业歧视,违反了《中华人民共和国就业促进法》第三条、第二十六条的相关规定,严重侵犯了她的人格权。

一审后原告及被告双方均提出上诉,2020年5月15日,杭州中院二审驳回闫某及该度假村有限公司上诉,维持杭州互联网法院一审作出的判决,即该度假村有限公司赔偿闫某10 000元,并在《法制日报》书面向闫某赔礼道歉。

2008年1月1日开始实施的《中华人民共和国就业促进法》规定"劳动者就业,不因民族、种族、性别、宗教信仰等不同而受歧视","用人单位招用人员、职业中介机构从事职业中介活动,应当向劳动者提供平等的就业机会和公平的就业条件,不得实施就业歧视"。

信息来源:综合《钱江晚报》等网络资料。

绝对命令道德原则的第二层含义是:"你必须要这样行为,做到无论是对待你自己或别的什么人,都要一直把人当作最终目的,而不仅仅是把他当作一种工具。"把人当工具,就是说把人当成达到某一目的的工具;把人当目的,就是尊重他是一个理性的、有道德行为的存在者。在这里,当且仅当个人在行为中没有把他人或自己仅仅当作工具利用,同时也经常以每个人自由和理性同意的方式对待自己和他们,以及帮助每个人提高能力,让他们更好地追求自由和理性选择的那些目标时,该行为才符合道德。也就是说,人类拥有区别于工具或机器的尊严,不应该被操纵、欺骗或者被非自愿地利用来满足他人的私利。

链接

美国教授尼尔·波斯曼(Neil Postman,1931—2003)先后出版"媒介批评三部曲",即《童年的消逝》《娱乐至死》《技术垄断》。

"三部曲"的第三部《技术垄断》(Technopoly)于1992年出版,这里技术垄断的含义是指人性被非人性、技术性的要求所压迫。书中,波斯曼试图描绘技术何时、如何、为何成为特别危险的敌人。波斯曼认为,技术既是朋友也是敌人,失控的技术增长毁灭人类至关重要的源头,它造就的文化将是没有道德根基的文化,它将瓦解人的精神活动和社会关系,于是人生价值将不复存在。波斯曼还认为,许多人已经看不到技术的阴暗面了,人们因为想要获得技术,就越来越多地想要获得信息,而越来越多的信息将导致越来越多的信息垃圾。

正如梭罗所感叹的"人类已经成为他们的工具的工具了"。书中,波斯曼强调人们"要利用技术,不要为其所用"。

资料来源:尼尔·波斯曼.技术垄断:文化向技术投降[M].何道宽,译.北京:中信出版社,2019.

通常,欺骗、暴力和操纵没有尊重人们的选择自由,因此违背了康德绝对命令道德原则的第二条含义。康德认为,签订欺骗性的合约是不道德的,因为如果欺骗他人在不知情的情况下签订了合同,属于利用、操纵他人促进了自身的利益。康德还认为,在别人需要帮助的时候不施以援手也是错误的,因为在自己能力范围内,却没有对他人提供帮助,那么就没有帮助这个人提高他追求目标的能力。

此外,康德还认为"个个有理性者的意志都是颁定普遍律的意志",就是说普遍的道德原则是由人的理性制定的,所有才会有人人遵守的普遍规律,人服从的是自己理性所制定的规律,而不是服从于外界的必然性,所以人才会自由伟大而且有尊严。

3) 权利与义务伦理分析的方法

根据康德的绝对命令道德原则,人们可以拥有道德权利,例如在人们无法自己提供食物、衣物等生存必需品,而这些物品又可以轻松得到时,人类有积极的道德权利得到它们。再如,人类拥有这样的道德权利,包括免受伤害或欺骗的权利、有交往自由的权利等。此外,每个人都应该承认自己的合约,每个人在订立合约时都应该自由并充分知情。

运用道德权利进行伦理分析的核心是对行为所涉及的道德权利的分析和判断,主要步骤如下:

第一,详细而清晰地描述需要评价的行为。

第二,分析做出决定的人或行为人是否具有相应的权利或义务。

第三,分析受该决策或行为影响的人群有哪些相关的权利和义务。

第四,分析不同人群的权利和义务是否有冲突。

第五,如果有冲突,冲突一方的行为如果不符合绝对命令的道德原则,那么这种行为就是不道德。

4) 权利与义务伦理分析的应用

权利与义务的道德原则也可以帮助确定商业活动中应该做什么,不该做什么,应该怎么做才是道德的。例如,根据权利与义务论,要一直把人当作最终目的,而不仅仅是把他当作一种工具。所以人是目的,人不能成为工具。

在新药研发过程中,出现一个机会,存在一个患病儿童,如果将药品用在这位患病的儿童身上进行科学试验时,最终的结果可能是药品研制或医学对于该类疾病的重大突破,那么,新药能不能用在这位患病儿童身上呢? 依据权利与义务论,如果进行这个试验是道德的,需要满足的前提是,对当前的患病儿童而言,以前所有的治疗方法没有效果了,唯一能够选用的治疗方法就是使用这个试验性的药品。这种情况下,运用该药品对患儿进行治疗就是道德的。也就是说,希望通过这个药物的应用给这个患病儿童本人带来利益,这种行为才能被道义论所接受。在这种情形下,对这个孩子的治疗已经不再是试验,因为这个时候,并不是将该患病儿童作为试验对象,并以造福其他的患有同类疾病的儿童为目的,而是完全以治愈目前这位患病儿童为目的来运用这种试验性药品,就是说当下这位患病儿童并不是医学实验的工具。如果只将这位患病儿童作为试验的对象,那就不符合权利与义务论的道德原则。

> **链接**
>
> **中国 2 000 余项冠心病研究被指多余,500 多人死亡引伦理争议**
>
> 他汀类药物早在十多年前就被推荐为冠心病患者的一线用药,被写入多国指南,十余年间,中国探究他汀类药物对此类患者是否有必要的临床研究层出不穷。有研究者指出,这些冗余的他汀类药物临床试验可能已经造成近 3 500 例本可避免的心血管事件,包括近 559 例死亡。
>
> 他汀类药物是一种降脂药物,2007 年三四月间,中华医学会心血管分会已经发布了两

部相关指南,指出强烈推荐他汀类药物作为治疗稳定型心绞痛和急性冠心病的一线用药。此前大量的临床证据早已表明,他汀类药物对部分冠心病患者的治疗十分重要。

根据《英国医学杂志》(BMJ)刊载的来自约翰·霍普金斯大学药学院的题为《中国对冠心病患者进行的冗余他汀类药物临床试验的影响:交叉比对研究》的文章,来自中国的数位研究者发现,自2008年4月起,在中国仍有大量的临床试验"研究"他汀类药物对这些疾病的效果。研究者发现,从两部相关指南发布满五年算起,到2019年12月也记录到了1 479个冗余试验,其中207起试验报告了1 911例本可避免的主要心脏不良事件,包括275例死亡、584例新发或复发心肌梗死、110例中风、16例需要血管再建治疗、215例心脏衰竭、683例复发或恶化的心绞痛,以及28例未明确的主要心脏不良事件。

专家认为,BMJ论文内容如果为真,被纳入研究统计的这些临床试验可能涉及违反两条基本的人体临床试验伦理原则:一是根据《赫尔辛基宣言》,在已经证明存在安全有效的方案的情况下,只能进行两种有效方案效力对比的试验,而不应进行涉及安慰剂(无效治疗方案)的对比试验,这是非常基本的伦理共识;此外,在试验设计时,必须考虑是否重复、是否还有价值。

资料来源:http://www.caixin.com/2021-02-14/101663569.html(实习记者:王卓青,记者:马丹萌。根据原文缩写)

5) 权利与义务论伦理分析面临的问题

康德的理论也存在一些局限性。

第一,康德的道德原则强调动机,不关心后果或效果,割裂了动机和效果的关系,但是往往是效果可见,而动机是不可见的,这种情况仅仅凭效果难以判断行为是否道德。例如,一名公司雇员负责管理仓库,他将部分物资单独存放意欲择机实施偷窃,但是在实施盗窃前遇到公司物资清查,由于物资尚未转移,该名雇员遂顺利通过检查,盘点人员未发现物资被盗。根据康德的道德原则,这种情况公司雇员的行为是不道德的,但是实践中的结果却并不能说明。从这个角度看,康德的理论不够清晰,也不适用于任何情况。

第二,有些情形下不同群体权利发生冲突时道义论难以进行道德判断,选择会出现困难。主要原因是道义论往往无法给出一个终极的、可用于判断所有行为的一个标准或原则,所以运用道义论进行伦理分析时,导致现实生活中存在的某些权利冲突往往会无法选择。根据康德的道德原则,每个人都不想被他人伤害,所以不被人伤害是符合道德权利原则的,但是,如果权利发生冲突,应该如何抉择?例如,一部分人在社区中心花园跳广场舞,并大声播放音乐,这种行为影响伤害了另一部分需要安静地休息的人的权利。再如,小区里有居民靠饲养信鸽为生,并已获得认可成为信鸽协会会员,在小区自己的院子里搭建鸽子笼,喂养成群的信鸽,并定期放飞鸽子,于是出现扰民现象,鸽子在小区飞行或停留时会出现各种影响小区其他居民的情形,例如鸽群的声音会影响居民的休息,鸽群飞行时或停留屋顶时的粪便会污染小区楼宇屋顶和外墙,并导致小区居民露天停放的汽车、电动车、自行车、晾晒的衣物上经常出现鸽子的粪便。当然,有观点认为,对这个问题,即当两个人群各自的权利发生冲突时,人们可以根据权利所保护的利益的相对重要性来进行限制和调节。于是,问题就转化为判断权利所保护的利益的相对重要性,但这仍然存在困难。因为,康德的道德原则只是告诉我们每个人都拥有平等的道德权利，每个人都必须向别人受保护的利益表示适当的尊重，就像他们希望别人尊重自己受保护的利益一样，并未告诉我们利益的相对重要性应该怎么判断。

第三，不同的人群对普遍规律的理解不同，进行道德判断结果就会存在差异性。具体的个人受到其家庭环境、社会环境、受教育背景、人生经历等因素的影响，对同一个行为的道德判断标准就会存在差异。例如，科特迪瓦是世界上最大的可可生产出口国，其中30%出口到美国。可可生产行业给该国带来巨大的利润，但是该国部分可可种植园里，可可的采集工作很多都是由童工来完成。自2003年起美国谴责科特迪瓦在可可生产中大量使用童工，并表示如果该问题不能解决，美国将停止从科特迪瓦进口可可。随后，科特迪瓦政府和可可行业做了大量工作，在可可种植者组织内广泛宣传，同时根据"国际劳工法"制定了相应的规定，不准雇佣14岁以下的童工。但是总体上看，科特迪瓦政府这方面的立法和监管工作仍然进展缓慢。这里无论是童工的认定标准还是对童工的使用，在科特迪瓦和美国都有不同的判断标准。

2.1.3 正义与公平

1) 正义与公平的内涵

基于正义与公平的理论又称为正义论、公正论。正义与公平关系到把对待一群人的方式和对待另一群人的方式进行比较，主要涉及以下三种场景的不同对待方式：一是分配利益和负担时；二是执行规范和法律时；三是人们因为犯下的过失而受到惩罚时，或因为遭受的伤害而得到赔偿时。按照公平和正义所适用的不同的场景，可以分为分配正义、应报正义和补偿正义三种类型，其中，分配正义与社会收益和负担的公平分配有关，应报正义与对造成过失的人施加正义的惩处有关，补偿正义与补偿人们所遭受的损失的方式有关。

当不同的人对社会的收益和负担提出要求，而这些人的要求不能全部得到满足的时候，分配正义的问题就出现了。例如，新冠疫情期间，呼吸机、疫苗等医疗资源很短缺，而想要这些的人很多。分配正义的基本原则是平等的人必须得到公平对待，不平等的人必须得到差别对待。关于分配正义，平等主义者认为应当平等地分配给每个人，资本主义者认为应该根据贡献进行分配，社会主义者认为应该根据需求和能力进行分配，自由主义者认为应该根据个人的自由选择进行分配。

应报正义指有关责骂或惩罚过失者的正义，也就是说，在什么样的情况下惩罚一个过失者是正义的。当个体知道或者能够自由选择自己的行为时，在其确实存在过失的情形下，受到一致并与其过失相符合的惩罚是正义的，同时，如果惩罚的目的是防止别人犯下同样的错误，或者阻止过失者再度犯错，那么惩罚不应该超出通常达到这些目的的必要限度。也就是说，如果人们不知道或者不能自由选择自己的行为，那么因为这些行为惩罚或责骂他们是不公正的；依据不可信、不完整的证据惩罚员工被认为是非正义的；当不同个体因为同样的过失受到不同样的惩罚时也是非正义的。

补偿正义指个人补偿受到自己伤害的人的正义。当一个人错误地给另一个人造成损失时，过失者应当补偿受害者所遭受的那些损失。补偿正义要求补偿能够让受害者像没有受到伤害时过得一样好。当满足三个条件时，个人有义务补偿受到自己伤害的人，一是造成损害的行为是错误或疏忽,二是个人行为是造成伤害的真正原因,三是个人故意造成伤害。但是,确实存在造成伤害的原因难以判断、伤害带来的损失很难衡量、有些损失无法得到完全弥补等,例如名誉受损、失去视力等。

> **链接**
>
> **武汉一名抗疫医生视网膜脱离事件**
>
> 2021年2月9日,武汉一名抗疫医生在其个人微博发文称,2月2日下午,其向武汉市卫健委医证医管部门递交了举报信,实名举报湖北某眼科总院医疗行为违法违规问题。
>
> 2月9日,该被举报的眼科医院表示,希望有权威的第三方,比如卫健委能够牵头或者能够由医疗鉴定第三方机构来出具公正客观的报告。
>
> 这位抗疫医生表示,自己目前有三方面诉求:一是该眼科医院必须公开承认在针对自己的医疗行为过程当中有错误;第二,该眼科医院必须在有关部门的监督管理下改正错误;第三,对自己进行合理的赔偿。
>
> 资料来源:《每日经济新闻》官方微博,2021年2月9日。

商业活动经常涉及公正问题。例如,销售团队中有的成员没有承担什么责任也没有什么业绩,但是却提出获取超出团队平均值的超额收益。对于这样的问题要求我们分析、比较利益冲突各方的理由,在他们之间使用公平的处理方法。公平关系到一种比较,如果对待不同的人群采用不同的方式,特别是在分配任务和利益时、执行规范或法律等时存在利益冲突的情形。

公正虽然包含公平和正义两方面的含义,但是这两方面通常被不加区别地使用,尽管严格来说二者在具体内涵上存在细微的差异,例如公平常相对于偏私,而正义常相对于邪恶。公正的一般含义是使相关者得到他应该得到的,要求公平合理和伸张正义。例如,在公司内部,公正是指公司的制度安排和政策制定不能从小集体或某个利益集团的私利出发,而是要着眼于公司的整体利益,甚至要兼顾社会的普遍利益,使各相关方各得其所。公正是一种价值取向,强调的是公理和正直,反对特权和私利。因此,公正是一种合理调节人际间利益或个人与个体间利益的标准和尺度。公平的调节方式是按照一定的标准进行权益分配。一般来说,在商业活动中,公平的分配方式要求平等分配、利益对等和利益补差。这就意味着,商业活动中形成的共同利益应当公正地分配给共同体内的所有成员,每个成员所分得的共同利益应当和其对共同利益的贡献相对等,但是,当这样的利益分配出现了严重的不平等或不对等的结果时,应当予以调整。

一般认为,公正主要包含权利平等、机会均等、制度公正、分配公平四个主要内容。权利平等可以理解为包含政治权利平等和社会权利平等两个方面,例如,每个公民在法律面前人人平等,每个社会成员都应享有基本的生活保障和平等的自由发展条件。机会均等强调的是起点的平等,每个社会成员都有机会获得同样的生存条件和自由发展的条件,因此,机会均等意味着,公正的社会应当向全体社会成员平等地开放社会职位,以便让每个社会成员都能在同一起跑线上平等地获取发展机会。机会均等反对的是"强权即公正",要求让更多的人享有发展机会,避免一些人凭借优势地位垄断利益。制度公正是指规则程序的平等,例如奴隶制,它保障的不是社会正义而是一部分人的利益。分配公平,主要是指利益分配上的公平,因此一般认为利益相关者应当按照贡献的大小分配相应的份额,这里要避免平均主义或贫富悬殊。

> **链接**
>
> ### 财富分配与收入差距
>
> 资料1:上海荣正咨询有限公司连续20年发布年度《中国企业家价值报告》,以公开披露年报的A股上市公司作为主要研究样本,揭晓了年度国内上市公司高管身价排行榜,并对A股上市公司股权激励及员工持股状况进行梳理分析。根据2016年5月荣正咨询发布的《中国企业家价值报告(2015)》,在1 894家有效样本中,最高年薪是2 019.34万元,2015年度上市公司高管年薪均值为97.39万元,较2014年增幅为10.87%;按照行业划分,金融行业高管年薪均值最高,达到372.36万元;董事长持股市值均值较2014年增长76.38%,以股份形式体现的薪酬在上市公司高管全面薪酬体系中的比例在逐渐加重。上述上市公司高管薪酬远高于国家最低工资水平,根据2015年各地最低工资标准,标准最高的是深圳,其月最低工资标准为2 030元,换算成年收入为2.436万元。数据显示收入差距较大。
>
> 资料2:基尼系数是用来反映社会财富分配悬殊程度的指标,数据分布在0~1之间,数据越大,说明财富分配悬殊越大。根据中国国家统计局的统计,2015—2019年全国居民收入基尼系数分别为0.462、0.465、0.467、0.468、0.465。
>
> 资料3:美国是世界最大经济体,也是最富裕的国家之一,但美国社会贫富差距相当大。根据美国全国经济研究所2020年6月的数据显示,占美国人口0.1%的最富有人群拥有全美近20%的财富。有专家指出,美国财富分配不均,日益扩大的贫富差距加剧了美国内政治与社会的矛盾,正持续撕裂美国社会,"美国梦"距离绝大多数美国人越来越远。
>
> 信息来源:根据网络资料整理。

商业活动中,资源是有限的而需求是无限的,因此资源的稀缺,使人们的需求不能得到全部满足。例如,对于良好的就业机会、优质的教育、交通便捷而舒适的住房、财富等稀缺资源,想要的人很多,而对于加班、恶劣的工作环境、高危险性高强度的工作等,想要的人却不多。当人们的需求超过了可提供的资源,人们需要发展出分配稀缺资源的原则,以期解决分歧或纠纷,这就需要遵循公平的原则。例如,在流水线上生产相同零件的工人,需要的技能相同、工作环境相同,为了公平起见,就应当按照他们完成的工作量计算分配各自的收入。

2) 代表人物与主要观点

美国政治哲学家、伦理学家约翰·罗尔斯(J. B. Rawls,1921—2002)1971年出版了《正义论》,书中探讨了平等自由、公正机会、分配份额、差别原则等问题的解决方法。在罗尔斯看来,社会基本机构主要就是用来分配公民的基本权利和义务、划分由社会合作产生的利益和负担的。因而,《正义论》的主要目的就是为社会基本结构的设计确立一个合理的标准和原则,即公平原则,并用于处理分配问题。罗尔斯认为公正(正义)是社会的首要价值。

关于什么样的分配原则是公正的或正义的,以及如何得到这个原则,罗尔斯在书中提出了无知之幕(Veil of Ignorance)的概念。

具体来说,为了获得正义原则,罗尔斯提出了一种新的契约理论。他率先设计了一个纯粹假设的原初状态(Original Position)。这种状态有以下几个特征:第一,在这种状态里,每个人都不知道他自己在社会中的地位、阶级出身、天生资质和自然能力的限度,更不知道他的善的观念、心理特征和社会经济政治状况,等等。也就是说,人们选择公平原则是在"无知之幕"之后进行的。这样可以确保他们无法保护自己的特殊利益。因为不知道自己的特点,所以处于原初状态的人被迫保持公正,不向任何特殊群体表现出偏袒,进而被迫照顾到所有人。第二,在这

约翰·罗尔斯

种状态里,为选择公平原则而参加订约的各方都是平等的。第三,参加订约的各方也都是有理性的。例如,参与分配的个人既有公司高管,也有清洁工,既有年老体衰的老人,也有身强力壮的青年,但是彼此对本人及其他参与者的社会地位、经济条件、自然禀赋等并不知情,在此前提下,再来决定社会中资源的分配原则,这样的分配就会是公平的。

罗尔斯的分配正义原则包含以下三个基本原则,即平等自由权原则、差别原则、公平的机会平等原则。平等自由权原则认为,每位公民的自由权必须受到保护而免受他人的侵犯,必须和他人的自由权平等,例如,信息技术公司未经同意收集使用销售公民消费数据,属于侵犯公民隐私权,是不公平的。差别原则,假设社会有生产力,也存在不平等,但是应该采取措施提高社会中的贫困人口的地位,除非这些提高会增加社会的负担,进而使得每个人包括贫困人口的生活条件较之前都变得更差,例如,公司排放未加处理的污水污染工厂附近的水源和土壤是不公平的。公平的机会平等原则,认为在机会公平、平等的条件下,职务和地位向所有人开放。

罗尔斯认为,处在原初状态的人所接受的原则是合乎道德的,而处于原初状态的人事实上会选择罗尔斯提出的三个原则,如果这两个观点正确,那么结论就是罗尔斯的原则事实上符合道德,能够作为我们的正义原则使用。这些原则将构成分配正义原则的合理原则。

3) 正义论伦理分析方法

运用正义论原则进行伦理分析,主要有以下步骤:

第一,对需要评价的行为或政策进行详细全面的描述;

第二,分析需要评价的行为或政策涉及哪些社会普遍认同的公正标准或原则;

第三,分析需要评价的行为或政策是否涉及一些不被社会所普遍认可的标准或原则,如果涉及,需要对这些标准或原则进行研究和讨论,考察其适用性;

第四,分析判断是否存在会导致行为或者政策突破公正的标准或原则的要求;

第五,如果存在,需要对特殊或例外情形进一步研究和分析,以决定是否修改公正的标准;如果不存在,选择符合公正原则的行为或政策就是道德的。

4) 正义论伦理分析的应用

正义与公平的道德原则侧重于从正义、公平的角度确定应该做什么,不该做什么,应该怎么做才是道德的。正义论认为一项行为符合公平正义的标准就是道德的。

例如,2021年2月8日,国家市场监管总局对唯品会(中国)有限公司不正当竞争违法

行为作出行政处罚决定。根据处罚决定书，2020年8月至12月，唯品会（中国）有限公司为获取竞争优势及交易机会，开发并使用巡检系统，获取同时在本公司和其他公司上架销售的品牌经营者信息，利用供应商平台系统、智能化组网引擎、运营中台等提供的技术手段，通过影响用户选择，及限流、屏蔽、商品下架等方式，减少品牌经营者的消费注意、流量和交易机会，限制品牌经营者的销售渠道，妨碍、破坏了品牌经营者及其他经营者合法提供的网络产品和服务正常运行，违背了自愿、平等、公平、诚信原则，扰乱了公平竞争的市场秩序。

唯品会（中国）有限公司的上述行为违反了《中华人民共和国反不正当竞争法》第十二条第二款第四项"经营者不得利用技术手段，通过影响用户选择或者其他方式，实施下列妨碍、破坏其他经营者合法提供的网络产品或者服务正常运行的行为：……（四）其他妨碍、破坏其他经营者合法提供的网络产品或者服务正常运行的行为"的规定。依据《中华人民共和国反不正当竞争法》第二十四条有关规定，国家市场监管总局决定对唯品会（中国）有限公司罚款人民币300万。

5）正义论伦理分析面临的问题

正义论认为，一项行为或政策只要符合公正的标准，就是合乎道德的。但是，按照正义与公平原则进行伦理判断，需要注意，关于公正标准一直存在争议。

第一，面临公正与效率的选择问题。首先，公平原则不能等同于平均主义。平均主义认为收益负担的分配原则应当是，每个人都应该被给予社会或群体收益与负担的平均数。例如，在家庭内部有一对双胞胎孩子，人们认为父母应当给予每个孩子同样的爱和照顾，节日里每个孩子应当得到一样的礼物，但是事实上孩子之间往往存在禀赋、能力、体质、性格等各种差异，如果某个孩子更擅长体育，另一个孩子更擅长数学，那么家庭对两个孩子的资源投入就不一样。平均主义不等于公平。其次，如果坚持能者多劳、多劳多得、不劳不得，就是坚持效率优先。但是，由于社会参与者存在巨大的个体差异，只考虑效率会造成巨大的社会贫富差距。因此要避免盲目追求效率而完全不顾公平的倾向。

第二，有批评者认为原初状态不是选择道德原则的适当方法。批评者认为，仅仅根据处于原初状态的人选择了某种道德原则这一事实，我们无法得知这些原则是否道德。

第三，有批评者认为处于原初状态的人并不一定就会选择公正的原则。例如，效用主义者认为，处于原初状态的人可能会根据效用主义原则进行选择。

第四，公正的标准难以定义。在不同的历史条件、社会背景下公正的标准往往会存在差异，导致公正的标准难以准确定义。由于公平正义的内涵存在分歧，不同群体对公平正义的具体标准存在不同认识，导致对同一个行为或政策的道德判断出现分歧。

> **链接**
>
> **大学怎样录取学生才是公平的？**
>
> 2020年6月以来，加利福尼亚州议会5号宪法修正案（ACA-5）一路高歌猛进，并受到了全球重量级高校网络体系之一——加州大学系统方面"一边倒"的支持，目前公众仍在关注这股浪潮是否将延续到其他州的高校。据了解，ACA-5旨在废除该州20多年前通过的

一部"反平权法案",或将旧有的"种族指标"制度重新纳入高校录取、单位招工等流程,因此该修正案再次引发了美国社会就"拼肤色"和"拼实力"之间的巨大争议。对于素来盛产"学霸"的亚裔及华人群体,最新法案将如何影响还是个未知数。新法案是进步还是倒退?

美国福克斯新闻网 2020 年 6 月 17 日报道,当地时间 15 日,加州大学校董事会成员通过一项投票表决,一致支持州议会 5 号宪法修正案(ACA-5)的通过,为该州重新迎接《平权法案》提供了强有力的声援。校董事会主席佩雷斯在投票后发布声明,称美国已被"体制性的种族歧视问题"困扰数百年之久,而当下正有一股"强劲势头"能够拨乱反正;而校董事会方面的决议,也算是为推动这股趋势贡献了"一臂之力"。

加州大学总校长纳波利塔诺也表示,校方在录取过程中需要对每一位申请人进行全面、多维度的评估,唯独把种族因素排除在外"没道理可讲"。在她看来,该州 1996 年通过的"反平权法案"——加州 209 法案逻辑上是"自相矛盾"的,这部州宪法修正案一边要求公共机构解决种族不平等问题,另一边却又不允许这些机构"将种族因素纳入考量范畴"。

6 月 10 日,加州议会众议院以 60 票赞成、14 票反对的结果通过了 ACA-5,之后该法案将在 25 日迎来州参议院的投票。如赞成数量达到 2/3 的门槛,它将在今年 11 月的大选中面对选民们的最终定夺。多家媒体认为,《平权法案》之所以在加州呼声强烈,实则与明尼苏达州非裔人士遭"跪杀"事件息息相关:这出惨剧唤醒了全美对黑人"体制性歧视"问题的认知,倒逼美国社会对不利于非裔的举措进行全面整改。就连起草 ACA-5 的民主党议员韦博都表示:"我终于不用再向人解释种族歧视是真实存在的,因为弗洛伊德事件诠释了这个问题。"

据了解,面临被"废"的加州 209 法案又名《加州民权提案》,于 1996 年实施,它禁止政府、高校等机构在雇佣、录取工作中将种族、性别和族群等因素纳入考量,以鼓励民众凭实力、而非凭种族"标签"竞争,刚好与美国的《平权法案》精神相悖。209 法案不仅让加州成为全美第一个禁止高校将种族问题纳入录取考量范围的州,还为密歇根州等地引入类似法律提供了参照。

然而,该法案自颁布之日起就长期引发争议、屡次招致法律挑战,官司 2010 年曾一度打到美国最高法院。自该法案生效以来,非裔群体所受到的影响尤为明显:据美国国家公共广播电台(NPR)数据显示,从 1996 年至 2006 年期间,整个加州大学教育体系中多所高校非裔学生的录取率呈现下降趋势:以加州大学洛杉矶分校(UCLA)为例,在该校 2006 级 4 422 名新生当中,黑人学生只有 96 人,仅占总比例的 2.17%;而那一年洛杉矶县的非裔高中毕业生有近 1 万人。不过从另一方面看,由于该法案从某种程度上提高了人才选拔门槛,非裔学生的成绩、毕业率整体得到提升。

在加州立法机关推动 ACA-5 的过程当中不乏反对声音。《旧金山纪事报》认为,ACA-5 一旦通过有可能造成"反向歧视"效应,让各高校和政府机关基于种族或性别制定录用或录取标准。加州议员史蒂文·蔡提出:"基于种族或性别为某个群体提供优惠待遇,其本身也是种族歧视或性别歧视。"加州大学前校董康纳利也批评ACA-5"框架拙劣"。在公共请愿网站"Change"上面,汇集了近5万个反对该项法案的签名。以高级知识分子为首的华裔群体还发起了"反ACA-5"的活动,他们频繁与州立法人员取得沟通,试图说服他们投出反对票。

据了解,美国《平权法案》最大的争议点之一在于,它在某种程度上使社会中、高阶层的非裔及拉美裔美国人受益匪浅,却同时损害了社会阶层较低的白人群体和亚裔群体的利益。而209法案生效后,加州亚裔学生的录取率确实显著提升,甚至远高于其他少数族裔。

信息来源:刘皓然,环球网官方微博,2020年6月22日。

上述资料中,加州209法案于1996年实施,它禁止政府、高校等机构在雇佣、录取工作中将种族、性别和族群等因素纳入考量,以鼓励民众凭实力、而非凭种族"标签"竞争。209法案生效后,加州亚裔学生的录取率确实显著提升,甚至远高于其他少数族裔。加州亚裔群体认为凭实力获取大学入学资格是公平正义的。而加利福尼亚州议会5号宪法修正案(ACA-5)旨在废除加州209法案,如果ACA-5通过,该法案会导致旧有的"种族指标"制度再次影响高校录取、单位招工等流程。它在某种程度上使社会中、高阶层的非裔及拉美裔美国人受益匪浅,却同时损害了社会阶层较低的白人群体和亚裔群体的利益,这部分人群认为这个政策是不公平的。

2.1.4 关怀伦理

1) 关怀伦理的内涵

关怀伦理(Ethic of Care)将关怀他人作为一种伦理准则,强调我们有义务对那些和我们有宝贵、亲近关系的特定人群施加特殊关怀。

基于关怀伦理的评价理论认为,道德的任务不是遵循普遍和公正的道德原则,而是应当照顾、回应与我们有宝贵、亲密关系的特定人群。关怀伦理强调两个方面的道德要求:一是我们都生活在关系网络中,应该维持和培养我们与特定个人的那些具体和宝贵的关系;二是我们每个人应该给予那些和我们有特殊关系的人特殊关怀,从他们的角度出发,照顾他们的特殊需求、价值观、欲望和具体幸福,并积极回应,尤其当他们处于脆弱和依赖我们的时候。同情、关心、爱、友谊和仁慈属于关怀伦理强调的情感或美德。

2) 代表人物与主要观点

关怀伦理有时被称为女性伦理学,其代表人物是心理学家卡罗尔·吉利根(Carol Gilligan)。吉利根认为男女有着不同的伦理推理方法。男性的伦理推理方法是以普遍道德原则为基础,进行抽象逻辑分析;应用的是一个集中于实际关系和感情的、对于事件发生情景进行细节分析的推理方法。

关怀伦理的一个主要特点是不关心抽象和普遍的道德原则,也不强调对个人或群体利益的计算。关怀伦理强调体验,强调关心人们的情感需要,强调对待他人要仁慈、要富有同情心。道德情感一般被认为是人所特有的一种高级情感,对道德认识和道德行为起着激励和调节作用。

关怀伦理认为应当重视对人们的道德情感的培养,培养积极向上的道德情感,鼓励追求生活中的美感、愉快感和幸福感,使人际间产生更多的关怀,这些是符合道德的行为。

3) 关怀论伦理分析方法

关怀伦理重视对情景的分析,认为道德必须体现为具体的东西,也就是说对应特定社会中的特定行为,体现在特定社会的规范之中,道德不是抽象的原则。例如,在中国传统伦理思想中,"老吾老以及人之老,幼吾幼以及人之幼"符合关怀伦理的要求。

关怀伦理对一个行为进行道德评价的原则是,在处理人与人之间关系的行动中,如果一个行动能够激发或者唤醒行动者的道德情感,即使这个行动与个人利益、群体利益,或者某些义务、权利相背离,仍然可以认为在道德上是正确的或者是正当的。

因此有的学者认为,关怀伦理并不反对其他的伦理标准,而是认为在某些具体的情景下,如果仅仅依靠功利、权利、义务、公平、正义等标准进行道德判断,可能使人们道德情感受到伤害,从而导致人们的道德判断出现问题,因此需要关怀伦理来帮助进行道德判断。例如,如果一位陌生的、年轻的、重要的医生和当事人年迈的至亲同时落水,当事人只能救其中的一个,效用主义者会认为,当事人救这位医生比救当事人的至亲带来更大的效用,所以当事人就有道德义务拯救这位陌生的医生而放弃自己至亲的生命。显然,许多人会认为,这样的结论错误,而且违反人性。因为年迈的至亲曾经给予当事人大量的爱与关怀,使当事人有一份特殊的义务照顾、回应他,这种特殊的义务超越了当事人对于陌生人负有的道德义务。从这个角度来看,关怀伦理是其他伦理判断标准的一种补充。

运用关怀伦理进行伦理分析,主要有以下步骤:

第一,全面了解需要评价的行为和行为产生的情景;

第二,如果当事人是自己的亲友,则需要关注被关怀方与自己的关系,在他们需要帮助的时候,自己应该优先去帮助和关心他们;

第三,如果当事人不是自己的亲友,应该通过换位思考等方式来感受当事人的情感和面临的具体情景。就是说要感受自己的道德情感,询问自己是否有特殊的义务应当仔细照顾、回应当事人,如果当事人与自己有特殊的关系,他们依赖着自己,就应该给予他们超过其他人的帮助和关心。

4) 关怀伦理分析的应用

运用关怀伦理进行道德判断和行为选择,其依据仅仅是基于感情因素对于特殊的关系的回应和照顾,选择的结果不同于基于效用、权利、公平标准的结论。

运用关怀伦理分析、选择商业行为,曼纽尔·贝拉斯克斯举了这样一个例子。1995年12月,马萨诸塞州的莫尔顿纺织厂厂房因爆炸而发生火灾,导致25名工人受伤,整个工厂几乎都遭到破坏,将近1400名工人在圣诞节前两周失业。在大量美国纺织品制造商逐渐迁离的背景下,莫尔顿纺织厂作为为数不多的仍在当地营业的纺织品制造商,一直拒绝放弃这片社区和自己的工人,公司的董事长兼大股东亚伦·弗尔斯坦将工人视为莫尔顿纺织厂最宝贵的财富,而不是可以削减的开支。1982年公司曾经面临破产边缘,后公司重新定位生产销售高端纺织产品,工人掌握新的抓绒等技术后,抓绒的销售从1982年的500万美元提高到1995年的2亿多美元。加上其他产品的额外收入,莫尔顿纺织厂1995年总收入高达4.03亿美元,有近3 200名员工,他们是当时美国薪酬最高的纺织工人群体之一。弗尔斯坦经常为有需求的员工提供帮助,将工人看作大家庭的成员。

在12月的火灾后,工厂成为废墟,当地报纸预测弗尔斯坦应当用保险公司1亿多美元的赔偿款处置剩余资产,要么关掉公司,要么在劳动力更加便宜的第三世界国家重建公司。但是弗尔斯坦最终宣布将在本地重建,并承诺每一位因火灾而被迫失业的员工将继续得到全额工资,享受全额的医疗福利,并在数月后公司重新营业之时得到一份工作。在本地重建将会带来超过3亿美元的开支,为近1 400名失业工人支付3个月的全额工资将另外花费2 000万美元。弗尔斯坦后来说:"我要对工人负责,不论是蓝领还是白领。我要对社区承担同样的责任。如果我把3 000多名工人赶到大街上,劳伦斯市和梅图恩市就会遭受致命打击,这么做太没有良心了。"

弗尔斯坦决定在本地重建纺织厂,这是与功利主义、权利、正义标准无关的商业行为选择。首先,依据功利主义标准应当在第三世界国家另建新厂,因为相较于在美国本土重建需要支出的高成本,在劳动力更便宜的第三世界国家另建新厂净收益更高,对公司盈利更有利,也有利于促进第三世界国家的工人工资和福利,因为这些地区的工人多数处于贫困之中,收入远低于美国工人。其次,依据权利标准,工人没有权利要求工厂为了解决自己的就业就应当在本地重建。依据公平和正义标准,公司在工人工作期间已经慷慨支付工资,在工人不工作期间不支付工资也不违背公平和正义标准,公平和正义标准也不意味着弗尔斯坦应当在本地重新建厂,相反,贫困的第三世界国家更需要发达国家的资本,弗尔斯坦如果到贫困地区建厂并为落后地区创造就业机会、带去税收和先进的管理理念,更符合正义的道德标准。

事实上,因为弗尔斯坦与莫尔顿纺织厂的工人很亲近,这些年来工人们忠诚对待弗尔斯坦,彼此建立起长期、亲密的关系,弗尔斯坦对工人的情感关怀让其难以割舍,从而做出在当地重建工厂、重新雇佣这些工人的决定。

5) 关怀伦理分析面临的问题

商业中运用关怀伦理要注意几个问题。

首先,关怀伦理并非适用所有的关系,或者说并不是所有的关系都会产生关怀的需求。例如个人试图控制、压迫或伤害另一个人的关系,以憎恨、暴力、无理和恶意为特征的关系,以非正义、剥削和伤害他人为特征的关系,这些关系并不会产生关怀的需求。相反,体现同情、关心、爱、友谊和忠诚的关系,会产生关怀的需求,关怀伦理支持这样的关系。

其次,关怀需要与正义要求可能存在冲突。有时候关怀需要会与正义要求产生冲突,例如,一位女性经理管理着几位员工,其中一位是她的好朋友,现在有一个职位她必须推荐人选,这位女性经理应当推荐谁?在朋友能力达不到职位要求的前提下,她是应该只因为朋友关系就推荐自己的朋友,还是应该公正地遵循公司的政策,推荐最胜任的下属而非自己的朋友?显然,正义标准要求经理不偏袒自己的朋友,然而,关怀伦理要求经理为了友谊而偏袒自己的朋友。这里关怀需要与正义要求之间存在冲突。由于具体情景存在差异性、特殊性,很难说存在一种固定的标准可以解决所有的类似冲突,或者说正义与关怀需要存在固定的优先级。但是,一般认为,在商业场景中,如果正义对应的是制度性义务的合理要求,那么制度性义务应当优先于关怀要求。

最后,关怀伦理在极端情况下可能导致出现偏袒而有失公正,也可能由于过度牺牲自己的福利和精力来关怀别人,进而导致自己不堪重负而不幸福。

> **链接**
>
> **现实版"樊胜美"**
>
> 樊胜美是电视剧《欢乐颂》的一个重要角色,她在一线城市打拼,外表光鲜亮丽实则内心痛苦,在大城市自己苦苦打拼无依无靠,同时还要将自己劳动所得不停地"输血"以满足原生家庭的经济需求,被当成弟弟的"提款机"。
>
> 在一档叫《和事佬》的杭州节目中讲述了一名意外去世的不幸女孩洛洛的故事。1996年出生的女孩洛洛在杭州工作三年,疑因遭受家里长期索取,心理压力很大。2019年10月,心情不好和男友吵架后,前往钱塘江散心,后意外去世。
>
> 洛洛父母与公司老板就死亡赔偿金额无法达成一致,找过警察多次均未能调解成功,后找到《和事佬》节目来调解,也希望通过媒体曝光此事。
>
> 节目内容多角度呈现事件内容:家属不满意前期协议约定的6万块钱慰问,原因包括养育洛洛的花费不止这点钱;公司认为洛洛父母平时不关心女儿,且以女儿之死敲诈公司;女孩在社交媒体流露的细节包括才收到工资父亲就一两万的管她要钱;洛洛生前在社交媒体发布了许多有厌世情绪的微博,但没有得到来自家庭足够的关爱和帮助;洛洛的父母甚至向洛洛未婚男朋友要了1万块钱;洛洛的同事表示其父亲有时问女儿借钱的金额超过了其实际的负担能力等。
>
> 最后,双方谈妥赔偿金额为16万。
>
> 资料来源:https://new.qq.com/omn/20210203/20210203A0AVQK00.html

2.1.5 美德伦理

1) 美德的内涵

美德被认为是后天习得的、以某些方式行动的习惯,被认为是品德高尚之人的部分性格,表现为这个人的惯常行为。美德不是天赋、天生美貌这样的天性。从某种程度上讲,赞扬美德,是因为美德是一项成就,是通过人的努力在后天获得的。

当个人习惯于像品德高尚之人那样行动,同时具备品德高尚之人所拥有的特质、感情和信念,那么这个人就具有美德。例如,当个人习惯于说实话而且他说实话是因为他相信说实话是对的,当个人在说实话的时候感觉良好而说谎话的时候感觉糟糕,当个人说实话是出于对事实的尊重和事实在人际交流之间的重要性,那么这个人就具有诚实的美德。反之,如果一个人经常撒谎偶尔才说实话,或者是出于不正当的理由而说实话,或者是迫于恐惧或压力而说实话,或者是出于邪恶的欲望而说实话,或者是想要讨好某人而说实话,那么这个人不具有诚实的美德。

美德伦理学关注人的道德品质和性格特点,关注如何使人成为有美德的、高尚的人。相比较而言,规范伦理学关注的是人的行为,美德伦理学关注的是个人的品质;规范伦理学重视的是"我们应该做什么",美德伦理学关注的是"我们应该成为什么样的人"。

2) 代表人物与主要观点

美德伦理在中西方存在不同的代表人物。

亚里士多德认为,美德是让人们理性生活的习惯。当一个人知道并且习惯性地在过度和不足的情绪极端中选择合理中庸时,他就是在理性生活。"美德是……两个极端的折中,一个极端是过度,一个极端是不足……它的目标是实现情绪与行为的中庸。"例如,关于娱乐,放纵娱乐属于过度,是恶的,自我压抑属于不足,也是恶的,有节制地、适度地娱乐是美德。表2.1是亚里士多德描述的美德和恶习。

表2.1 亚里士多德关于美德和恶习的表述示例

情绪或行为	美德	恶习(过度)	恶习(不足)
恐惧	勇气	鲁莽	懦弱
娱乐	节制	放纵、沉溺	自我压抑、心口不一
拿取应得之物	公正	不公正:多拿多占	不公正:不拿
捐款	量力而行	过分透支	吝啬刻薄
消费	精致生活	奢侈浪费	过分节俭
面对他人的钦佩	自信	虚荣	自我贬低
追求荣誉	目标合理	野心勃勃	缺乏进取心
愤怒	情绪稳定	脾气暴躁	压抑情绪
谈论自己	诚实	自吹自擂	否定自己
与他人	尊重有趣	插科打诨	自我中心

资料来源:曼纽尔·贝拉斯克斯.商业伦理:概念与案例[M].刘刚,张泠然,程熙镕,译.8版.北京:中国人民大学出版社,2020.

亚里士多德认为美德和恶习都是一种习惯,美德是合理的中庸。亚里士多德相信,谨慎和其他美德一起发挥作用,谨慎会为人们带来幸福生活的选择。亚里士多德还认为,对希腊贵族而言骄傲是一种美德,而谦虚是一种恶习。

圣·托马斯·阿奎纳(St. Thomas Aquinas,约1225—1274)是中世纪的一位基督教哲学家,他认为美德使人在面对自己的欲望、情绪和行为的时候能够遵循理性,他也认同四种关键的或主要的美德是勇气、节制、正义和谨慎。与亚里士多德不同,阿奎纳认为,人们要通过人神合一来获得来生的幸福。所以阿奎纳加入了信仰、希望和博爱这三种基督教美德。另一个与亚里士多德的不同在于,阿奎纳认为对基督徒而言,谦虚是一种美德,骄傲是一种恶习。

麦金泰尔认为,美德是人类得到赞扬的任何习惯,因为它能够让个人实现人类"实践"所追求的利益。麦金泰尔强调了美德与实践之间存在关联性。麦金泰尔这里所说的实践,主要是指像下棋、体育、医学、科学实践以及政治实践这样的活动。麦金泰尔认为,实践中优秀是有标准的,对应当如何实践也是有规则的,而要达到这些标准和规则要求个人具有勇气、坚持、节制和公平的美德。他还认为,美德是一种习惯,帮我们维持自我,在我们追求利益的路上,给我们力量以克服伤害、危险诱惑和各种糟糕的状况。

但是也有学者持不同观点,认为个体具有美德与其实践做得好不好需要分开评价。埃德蒙·平科夫斯(Edmund L. Pincoffs)尤其反对麦金泰尔的"美德只包含社会实践要求的那些特点"。他认为,当我们说一个人有着某种美德时,似乎是指使一个人成为优秀人类的性格特质,而不仅仅是使一个人在社会实践中成功的习惯。对于是什么使一种习惯成为美德,使另一种习惯成为恶习,平科夫斯提出,应该根据美德在人类生活中所起的作用来理解美德。例如,因为人类的情况,经常要求齐心协力,所以勇气和坚持是比较理想的习惯;因为人类会经常愤怒,所以宽容和得体是比较理想的习惯;因为必须按照一定的标准分配商品,所以公平和非歧视是比较理想的习惯。而与之相对应,自私、欺骗、残忍和不公平是恶习,因为对人类关系具有破坏性,它们通常不受欢迎。所以平科夫斯认为美德是人们在群居生活中的常见情况下受欢迎的那些习惯,而这些习惯受欢迎是因为它们对于"普通大众或拥有才能的人"都是有用的。

关于美德的具体内涵不同学者的看法存在差异,但总体上看,美德伦理学将个人品质的善、恶作为伦理评价的标准,其中,善通常表现为个人的勇气、诚实、节制、正直、同情、自律等性格特点,恶通常表现为撒谎、无情、贪婪、懦弱、鲁莽等性格特点。

3) 美德论伦理分析方法

运用美德理论进行伦理分析与依据道德原则进行伦理分析存在差异,主要原因在于美德论关注的是人,道德原则关注的是行为。所以运用美德论进行伦理分析,一般不用于具体的行为或政策,而是用于对个人的品德或整体道德素质进行判断。因此,美德论的伦理分析可以分为两个层次,首先分析、识别一个人具有的品德或性格特点,然后判断一个人是否是一个好人或者是有道德的人。

需要说明的是,如何判断一个人是好人或者是有道德的人,在不同的时代、不同的文化背景、不同的经济社会环境下仍然存在差异。例如,在东方文化中主张"己所不欲勿施于人",也就是说你不想人家怎样待你,你就不要怎样对待别人,而在西方文化中主张"你想人家怎样待你,你也要怎样待人"。

4) 美德论伦理分析的应用

美德理论关注的是个人的性格特点。运用美德理论进行伦理分析,会侧重于分析个人品质和行为之间的关系。因为美德或多或少会影响个人的道德决定。例如,个人对于自身道德品质的看法影响了自己的行为,当他们没有达到自身的道德品质要求的时候,就会产生违和感与自我背叛感。正如美德理论所提到的,觉得自己有爱心、有同情心、公平、友好慷慨、乐于助人、勤劳、诚实和善良的个人做出决定时,会考虑具有上述品质的人是如何行动的,通常他们的行为选择与他们对自己的品质的看法是一致的。

> **链 接**

中国历史上的选贤制度

"选贤与能"出自《礼记·礼运》"大道之行也,天下为公,选贤与能,讲信修睦"。"与"通"举","选贤与能"亦作"选贤举能",即选举贤能之人。

中国自上古时期便已经开始了选贤的实践。夏商周三代之前,帝位继承实行禅让制,推选继承人的过程就是在选贤举能。《史记》记载,尧帝在他在位70年时,希望从四方诸侯中选出继任者,但大家都以德行浅陋而推辞。尧帝则命大家举荐贤德之人,不论其出身是高贵还是贫寒。大家都一致推举了舜。舜当时地位低微,但德行高尚,是一位至孝之子。他的父亲不遵德义,母亲不讲忠信,弟弟狂傲无理,但是舜都能用孝顺友爱之心与他们亲睦共处,并运用智慧使他们提升,而不至于发展到奸恶的程度。舜被举荐出来之后,尧帝没有立刻让位,而是对他进行了细致的考察。尧将自己的两个女儿嫁给舜,以此来考察他齐家的能力;让自己的九个儿子与舜交朋友,观察他为人处世的能力。结果,尧的两个女儿不敢以骄慢自居,九个儿子都更加忠厚谨敬。尧又命舜处理政务,考察其教化百姓、统领百官、政事、外交、祭祀等能力。最后,又考察舜的生存能力,在山林川泽中遇到暴风雷雨,舜从不迷失方向。三年的考察,可谓历试诸难。在舜的带领下,民皆德化、百事振兴、诸侯和睦、风调雨顺。舜以优异的政绩,在民众中赢得了广泛的信任和拥戴。尧才将帝位禅让给了舜。

中国历史上的选贤制度,都能从尧舜这里找到历史渊源。首先,选贤的标准是德才兼备,以德为先。以孝德为本的选贤标准,从尧舜算起,在中国传承了近五千年。其次,在任命之前,要对候选人作全方位的考察,就像尧从"公""私"两方面来考察舜。在"私"的方面,为什么要考察齐家的能力?因为《大学》中说,"欲治其国者,先齐其家"。"其家不可教而能教人者,无之"。"公"的方面,考察的不仅是政绩,还有在民众中的口碑,在"大事"上看德,在"小节"中察德。最后,选贤之后,舜没有立即继位,而是经历了历练和考核,在一个时间段内积累从政经验,再根据政绩以及民众的反响,进行晋升。

梳理历史上各种选贤方式可以发现,设计制度的目的,都是为了将德才兼备之人选拔出来,然而其出现的问题,也都是忽略了"以德为先"这一原则。当一种选举制度弊病丛生,不再能选出贤德之人的时候,必然会被历史淘汰。

资料来源:http://www.ccdi.gov.cn/lswh/shijian/202101/t20210119_234152.html
(作者:聂菲璘)

5) 美德论伦理分析面临的问题

美德伦理学家认为,伦理学的目的应该是造就能持续行善的、有道德习惯的好人。如果一个社会或一种文化能够持续地造就出一大批有道德的好人,他们的行为将有助于保证或提高社会道德水平。但是美德论运用于伦理分析需要关注的是:由于美德具有内在性,人们很难判断一个人是否具有美德或者是否是一个有道德习惯的好人。通常人们只能根据个人表面上的行为来判断该人是否具有某种美德,而人是可能出现前后不一致的,从长期来看人又可能是会变化的。正如大量案件表明,有的人"很会伪装,喜欢表演作秀,表里不一、欺上瞒下,说一套、做一套,台上一套、台下一套,当面一套、背后一套"。

美德理论也面临着心理学研究结论的挑战。有的研究者认为个人的行为由外在情况而非本人的道德品质决定。研究者对普林斯顿神学院(Princeton Theological Seminary)的学生进行一项研究,发现个人的行为由外在情况而非本人的道德品质决定。研究中,学生们首先被要求阅读一个圣经故事,内容是一个善良的撒玛利亚人救助了一个受伤躺在路旁的男人,接着这些神学院的学生被告知赶快去另一栋楼参加一个快要迟到的会议,在学生赶往目的地的途中,看到有一个病恹恹的男人躺在地上。研究发现,90%的学生瞥了该男人一眼,没有伸出援手而是选择继续赶路。再如,在美国心理学家菲利普·津巴多(P. G.

Zimbardo)对斯坦福大学的学生做的著名的监狱实验中,尽管受试学生在心理测试中属于情绪稳定、成熟、反社会情绪最少、正常及心理健康的年轻人,但是随着试验的开展,大约1/3的"看守"变得"残酷","犯人"则变得越来越被动、卑屈、情绪不稳、仇恨。因此,津巴多认为试验表明人的行为是由外界环境而非个人的心理或道德特点决定的。

关于上述实验的现象出现的原因,有心理学家认为是环境发生了变化。他们认为,人们可能会在某些熟悉的环境下,根据美德行动,而在不熟悉的情况下则不然。人们的行为可能由自身的美德控制,但前提条件是他们熟悉自己所处的环境,所以我们需要弄清楚能够促进美德发挥作用的情况和环境。

2.1.6 道德标准的比较

前面描述了效用、道义、正义、关怀、美德五种比较重要的伦理理论,它们是我们大多数人的伦理分析的理论基础,有助于我们从不同角度进行伦理分析。其中效用、权利、正义、关怀四种理论从不同视角强调了我们行为的某一个重要的道德方面,美德理论强调人的道德品质,但是需要特别强调的是,没有一种能够全面覆盖做出道德判断时必须考虑的所有因素。表2.2基于运用上述理论进行伦理分析的视角对上述五种主要的道德标准进行比较。

表2.2 主要道德标准的比较

项目	效用	道义	正义	关怀	美德
对象	行为	行为	行为	行为	品质
视角	单一	单一	单一	单一	综合
立足点	社会总体福利	个人	分配	关系	人
关注点	相关收益和成本的计算和比较	个人的道德权利	收益和负担的分配	亲密关系	好人
适用场景	资源有限,且涉及多种使用方式	影响到他人的积极权利或消极权利	会产生不同的分配结果	涉及与我们有依赖关系的人	不限
主要标准	避免浪费,净效用最大	普遍性及可逆性	收益、负担公平分配;比较需求、能力、贡献	给予亲密关系的人关怀	勇气、节制等善的个人品质
主要局限	忽视福利分配方式和个人的诉求	忽视总体和分配	忽视社会总体福利和个人	偏袒、过度牺牲	人的变化

2.2 伦理分析框架

2.2.1 伦理分析框架构成

对于需要做出道德判断的对象,包括政策、制度或行为,可以基于该对象的事实信息,依据不同的道德标准进行多角度探讨,然后进行伦理分析并做出道德判断。在分析过程中,还有其他影响伦理分析的因素,其中尤其需要考虑个人因素、组织因素和文化因素对伦理判断的影响。

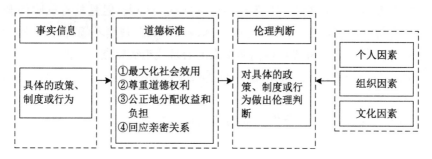

图 2.2 伦理分析框架

效用、权利、正义和关怀四项道德标准是商业实践中进行道德思考、伦理判断的基础。在现实生活中，面对具体的情景，当资源有限时，为了避免资源的浪费和追求社会整体的最大效益，一般会运用效用标准进行伦理决策；当某项决策会影响他人的积极或消极权利时，一般会运用权利标准；当某项决策会导致不同的分配结果时，一般会运用公平标准；当某项决策涉及人际关系时，一般会运用关怀标准。

值得注意的是，运用单一的标准往往是有局限的。例如，效用标准考虑了社会总体福利，可能无法顾及公平和权利，例如忽视了福利分配的方式和个人的道德诉求；权利标准考虑了个人权利，可能无法顾及社会总体福利和分配；正义标准考虑了分配问题，可能无法顾及效用和权利；关怀标准考虑了对亲密关系的照顾，可能无法顾及正义。

因此，在做出某一项商业伦理决策时，理想的做法是对四项主要标准都予以考虑。但是，由于任何的伦理判断都难以面面俱到并同时符合四个方面的要求，所以需要在分析判断过程中进行权衡。一般情况下，运用上述道德标准进行分析的顺序是：权利标准先于正义标准，正义标准先于效用标准，存在亲密关系时关怀标准先于正义标准。当然，这一顺序也并非一成不变的绝对标准，需要根据具体情况具体分析。而在运用伦理分析框架分析具体情况时，除了考虑政治、经济、法律等不可控约因素之外，应当重视个人因素、组织因素和文化因素的影响。

2.2.2 主要影响因素

1) 个人因素

当个体需要解决伦理问题时，通常会基于自己的价值观和原则去做决策。他们的价值观和道德原则一般来源于家人、社会团体、学校、法律规范等社会化环境。

链接

科尔伯格的道德进步六阶段

美国心理学家劳伦斯·科尔伯格（Lawrence Kohlberg）的研究表明，人们在处理道德问题的能力发展上总共有三个层级、六个阶段。

第一层级：道德成规前期

在第一层级,孩子可以使用善与恶、好与坏等标签,而判断的依据是行为带来的快乐、痛苦或权威人物的要求。孩子主要从自己的角度看待情况,他的首要动机是以自我为中心的。

阶段1:惩罚和服从方向

在这个阶段,按照权威人物的要求和行为带来的快乐或痛苦定义对与错。孩子举止合理的原因是为了避免责罚或顺从权威。他们几乎没有认识到别人与自己一样都有需求和愿望。

阶段2:工具和相对方向

在这个阶段,正确的行为变成了孩子满足自己需要的手段。孩子现在已经知道,别人和自己一样有需求和愿望,并且利用这个认知来满足自己的需求。孩子正确地对待别人,希望以后别人也正确地对待他。

第二层级:道德成规中期

在第二层级,这个阶段的少年会依据家庭、同伴或社会的传统标准审视道德对错,他们忠于自己的群体及其规范,关注诸如"我的朋友们想什么""我的家庭教我什么""法律规定什么"来审视对与错。逐渐有能力采用群体中其他相似人群的观点。

阶段3:人际和谐方向

在这个阶段,良好的行为就是达到他们热爱或信任的那些人的期望,如家人和朋友。正确的行为符合这些人对其个人角色的期待,例如好儿子、好朋友等。在这个阶段,少年想要被喜欢、被看好。

阶段4:法律和命令方向

在这个阶段,对与错是基于对国家或社会的忠诚。遵循法律和规范,获得或者保持秩序,社会得以良好运转。年轻人将自己置于社会大系统之中,参照法律和规范、参照其他人定义个人角色和义务。

第三层级:道德成规后期

在第三层级,人们认识到事物是多面的、社会是发展变化的,不再简单、机械地接受自己群体的价值观和规范。人们尽量从一个公正的视角审视对与错,将每个人的利益考虑进来,会依据"公平""权利"等判断道德问题。

阶段5:社会契约方向

在这个阶段,人们认识到人群之间有互相冲突的道德观点,但是相信存在公平的方式来达成一致。人们逐渐认识到所有的道德价值观和道德规范都是相对的。

阶段6:普遍的道德原则方向

在这个阶段,人们开始根据道德原则的合理性、通用性和一贯性来定义正确的行为。例如,公平、公正、对人类尊严的尊重、以人为本对待他人等。人们依据这些道德原则判断和评价应该被所有社会接受的道德规范。

资料来源:曼纽尔·贝拉斯克斯.商业伦理:概念与案例[M].刘刚,张泠然,程熙镕,译.8版.北京:中国人民大学出版社,2020.

通常,个人对伦理的感觉会因为职业的不同而存在差异。影响伦理的个人因素中,一般包括性别、教育和工作经历、成长环境、年龄等。关于性别与伦理判断的关系,研究表明在很多方面男性和女性之间没有多少区别,但是一般情况下,女性对伦理情境更为敏感,更加不能容忍不道德行为。关于教育和工作经历与伦理判断的关系,一般认为,个人受到的教育或工作经验越多,就越有能力进行伦理分析和判断,同时,有着更多工作经验的从业人员相对于学生而言,对伦理问题更加敏感。关于成长环境与伦理判断的关系,在这里个人的成长环境主要指的是其所处的文化背景,个人的成长环境会影响其伦理判断。关于年龄与伦理判断的关系,一般认为越是年长的员工经验越丰富,拥有更多的知识和经验去处理复杂的行业特有的伦理问题。

2) 组织因素

个人进行道德思考和伦理分析,会受到工作环境,尤其是组织中的权威和组织文化的影响,也就是通常所讲的个体在真实的或臆想的群体压力下会做出行为或信念的改变。

组织中的权威包括经理、有影响的同事等个体,他们每天帮助工作人员处理具体的任务,并通过正式或非正式的途径提供建议和信息,潜移默化中影响工作人员的选择和决定。对权威的服从某种程度上能够解释为什么很多员工在处理伦理问题时,会简单地服从上级的指令。

组织文化可以定义为一系列的价值观、规范以及组织成员解决问题的共同方式。随着时间的推移,企业通常被看成是一个有生命、有个性的组织,企业文化影响个体的伦理选择。例如海底捞提倡"始终从顾客体验出发,创新性地为顾客提供愉悦的用餐服务",这种企业文化推动大量公司员工超越职责范围主动努力地服务顾客,让顾客满意。员工越是觉得组织文化是道德的,他们越是不可能做出不道德的选择。组织制定并促进其伦理价值观,能够改善员工在工作环境中的伦理体验和伦理选择。

组织文化健康不一定保证组织内所有行为符合伦理规范,但是组织文化出现问题必然导致部分个体出现不道德行为。例如2003年日本外务省100多名官员利用各种名目克扣、挪用甚至贪污公款近10亿日元的集体腐败案件;2001年美国安然公司发生的典型的上市公司集体腐败案件。

3) 文化因素

民族意识、文化意识有一种集体无意识,潜移默化影响人们的观念。根据冰山理论,隐藏在水下的集体无意识是很难改变、很难自我觉察的,而这些越是埋藏得深的东西,越是难以改变。因此,个人进行道德思考和伦理分析,还会受到社会主流价值观和传统文化的影响。在伦理分析中应当考虑文化因素的影响,尤其是中国传统思想中优秀的文化传统,包括诚实守信、义利统一、和为贵等。

诚实守信。一方面,中国传统儒家文化主张诚信,例如,孔子主张"人无信不立""人而无信,不知其可也",孟子主张"朋友有信",荀子以"信"作为区别君子与小人的标志,对中国古代商业伦理产生深刻影响。另一方面,中国传统商人强调"童叟无欺""一诺千金",在商业活动中重视信誉、声誉。例如,《孟子·滕文公上》指出:"从许子之道,则市贾不贰,国中无伪;虽使五尺之童适市,莫之或欺。"再如,《史记·季布列传》说:"得黄金百斤,不如得季布一诺"。浙江老字号"胡庆余堂",在店里专门挂有两块匾:一块向外,面对的是顾客,上面写的是"真不二价";一块向内,面朝店员,写的是"戒欺"。

链接

晋商在清末得到发展壮大。乔致庸是近代晋商代表,他认为在从商过程中有三点很重要,第一就是"守信",其次是"讲义",最后才是"取利",他主张应当遵循"维护信誉,不弄虚伪"的经商原则。在八国联军攻入北京期间,许多票号钱庄都遭到重创,普遍存在财物损失,同时部分账簿等原始记录也被烧毁,对于票号而言,没有账簿记录就难以核对客户资金或财产信息。但面临客户的兑付需求,"日升昌"等一批山西票号决定,只要客户能拿出存款凭证也给予兑付,无论金额大小。这一决定对票号本身而言存在巨大风险,但"日升昌"等票号在守信和承担风险之间选择了前者。通过信守承诺展示票号资金实力并有效防止客户挤兑。战乱过后,当票号在各地重新开张营业,凭借其战乱期间的良好兑付信誉赢得更多的客户和资金,票号的生意得以恢复和继续发展。

资料来源:根据网络资料整理。

义利统一。商业活动没有利润就不能生存,经商的基础是获取利润,中国传统典籍对此有所描述,《论语·里仁篇》说"富与贵是人之所欲也",《史记·货殖列传》认为"天下熙熙,皆为利来;天下攘攘,皆为利往"。在认可"利"的基础上,中国传统的商业伦理思想强调应当义利统一。例如《易经》也说"利者,义之和也"。《管子·牧民》说"四维不张,国乃灭亡",而这里"四维"分别是礼、义、廉、耻。中国传统商业文化主张不能"见利忘义""唯利是图",应该"仗义疏财",支持"仁中取利真君子,义内求财大丈夫""利从诚中出,誉从信中来""君子爱财,取之有道"等观念,这都为商业活动赋予了强烈的道德含义。

链接

不利之利　方为大利

《吕氏春秋·慎行》中写道:"君子计行虑义,小人计行其利,乃不利。有知不利之利者,则可与言理矣!"意思是说,君子谋划行动时考虑的是道义,小人谋划行动时谋求的是利益,结果反而不利。如果有人懂得不谋求利益实际上就包含着利益,那么就可以与他谈论道义了。在这段关于义利关系的论述中,作者主张义先于利,凡事不应以财富、利益为出发点,而应该以道义、仁义为着眼点。

历史上,许多清官廉吏、贤者达人都深谙"不利之利"的道理……明代刑部尚书林云同临终前告诫子孙:"无他言,尔等只要学吃亏。"林云同平生严于律己,淡泊名利,奉行"人有不为也,而后可以有为"的为官之道。他任浙江左布政使时,在玉金箔案中,首犯已判死刑,有人贿赂宰相夏言,转请巡抚寻求免死。攀荣附贵、见机获利的绝佳时机摆在眼前,林云同却正色道:"官可免,此囚不可出。"在道义和私利之间,林云同选择了道义。

利多伤身,名高致祸。明代吴麟徵在《家诫要言》中讲:"身贵于物。汲汲为利,汲汲为名,俱非尊生之术。"在他看来,如果一味追名逐利,陷入名利的牢笼不能自拔,不仅会迷乱心智,甚至还会招来祸患……

面对利益的纷扰和诱惑,个体要深思熟虑、明辨义利,习得"不利之利,方为大利"的智慧,涵养"心不动于微利之诱,目不眩于五色之惑"的定力。

资料来源:余足云,《中国纪检监察报》,2019年10月14日。

和为贵。除了"信"与"义",受传统儒家思想影响,中国传统商业伦理思想还强调"和"。孔子倡导"和为贵",孟子认为"天时不如地利,地利不如人和",认为"得人心者得天下"。中国传统商人们一贯主张"和厚生财"。如明代程春宇所著《士商类要》中强调"和气待人"是商人的行为准则，提出："凡人存心处世，务在中和，不可因势凌人，因财压人，因能侮人，因仇害人。"强调凭借"和""厚"对待客户、伙计和生意伙伴，将其作为经商应当遵守的道德准则。

需要说明的是，个人因素、组织因素、文化因素对伦理分析会产生影响，因此个体在进行伦理分析的时候，需要基于事实全部，综合考虑不同的道德标准，理性、客观、辩证地分析和判断。

2.2.3 伦理分析框架的应用

下面举例说明伦理分析框架的应用。

> **链 接**
>
> 2021年2月5日，世界卫生组织呼吁各国在完成对重点人群接种后共享新冠疫苗，同时新冠疫苗制造商应大幅扩大生产规模。
>
> 世卫组织总干事谭德塞当天在记者会上表示，全球范围内新冠疫苗不公平分配将造成严重影响。虽然全球疫苗接种量目前已超过感染人数，但超过四分之三的疫苗接种发生在占全球生产总值近60%的10个国家，而拥有25亿人口的近130个国家甚至仍未接种一剂新冠疫苗。
>
> 谭德塞认为，所有政府都有保护人民的义务，但是一旦拥有疫苗的国家为卫生工作者和老年人接种了疫苗，保护本国其他人口的最佳方法就是共享疫苗，以便其他国家也能这样做。这是因为世界各地风险最大的人群接种疫苗所花费的时间越长，新冠病毒就越有机会发生变异和"躲避疫苗"。
>
> 谭德塞呼吁新冠疫苗制造商大幅扩大生产规模，并鼓励制造商在获得大量公共资金后共享其数据和技术，以确保全球公平获得疫苗。
>
> 资料来源：刘曲，新华社，2021年2月5日。

在这个疫苗分配例子当中，有具体的事实，例如"超过四分之三的疫苗接种发生在占全球生产总值近60%的10个国家，而拥有25亿人口的近130个国家甚至仍未接种一剂新冠疫苗"；有道德判断，"全球范围内新冠疫苗不公平分配"。虽然这里的描述没有明确判断的标准，我们可以分析得出，根据分配正义原则，平等的人必须得到公平对待，卫生工作者和老年人作为各个国家风险最大的人群应当得到同等对待，既然拥有疫苗的国家为卫生工作者和老年人接种了疫苗，其他国家的卫生工作者和老年人也应当同等接种疫苗。

在应用伦理分析框架时，通常侧重于事实的描述和判断的结果，不明确阐释自己进行道德分析判断所依据的道德标准，主要原因是我们一般假设道德标准显而易见，但是不明确阐释道德标准并不意味着没有标准，道德判断所依据的道德标准一直存在并在事实上影响道德判断结论。

作为主要的道德标准，广泛适用于政治、经济、社会活动中的道德分析和判断，同样适用于商业活动。但是，基于企业视角，由于在企业的商业活动中不同的管理领域面临着不同的关系,例如企业与利益相关者之间、企业的利益相关者之间、企业与政府、企业与环境、企业与社区,所以在商业活动中运用道德标准进行道德判断,会形成适用于特定管理领域的、侧重点不相同的、具体的商业伦理规范和要求。

本章小结

功利主义认为,当且仅当行为或决策能够给全体利益相关者带来最大的利益或幸福时,这个行动或决策是符合道德的。按照功利主义理论进行伦理判断的标准是利益。功利主义不等同于利己主义。权利论认为,当且仅当行为或决策符合道德权利要求时,这个行动或决策是符合道德的,道德权利包括生存和安全的权利、获取事实的权利、保护隐私的权利、私有财产受保护的权利等。正义论认为,当且仅当行为或决策能够给全体利益相关者带来公平和正义时,这个行动或决策是符合道德的。关怀伦理将关怀他人作为一种伦理准则,强调我们有义务对那些和我们有宝贵、亲近关系的特定人群施加特殊关怀。美德伦理关注人的道德品质和性格特点,关注如何使人成为有美德的、高尚的人。

对于需要做出道德判断的对象,包括政策、制度或行为,可以基于该对象的事实信息,依据不同的道德标准进行多角度探讨,然后进行伦理分析并做出道德判断。在分析过程中,还有其他影响伦理分析的因素,其中尤其需要考虑个人因素、组织因素和文化因素对伦理判断的影响。

关 键 词

功利主义　权利与义务　正义与公平　关怀伦理　美德伦理　道德标准　伦理分析框架

练 习 题

一、判断题(对的在括号里打√,错的在括号里打×)

1. 基于功利主义的评价理论认为,如果一项政策或行为对受其影响的每个人带来的收益大大超过其成本,那么该政策或行为是合乎道德的。（　）
2. 在公共资源分配上,当资源稀缺时,有两种选择:一是花费较大的代价维持一个难以治愈的年老病人的生命,二是放弃该年老病人的治疗,将医疗资源用于其他可以治愈的更年轻的病人。功利主义会选择第一个选项。（　）
3. 康德提出一种道德原则,他称之为"绝对命令"。绝对命令的道德原则认为,每个人都有道德权利获得平等对待,每个人也有义务平等地对待他人。（　）
4. 从权利和义务的角度看,只要签署了"知情同意书",医药公司利用无家可归的酗酒者进行药物试验的政策就是道德的。（　）
5. 当不同的人对社会的收益和负担提出要求,而这些人的要求不能全部得到满足的时候,补偿正义的问题就出现了。（　）

6. 即使在不同的历史条件、社会背景下,公正的标准也可以有统一的定义。( )
7. 关怀伦理将关怀他人作为一种伦理准则,强调我们有义务对那些和我们有宝贵、亲近关系的特定人群施加特殊关怀。( )
8. 关怀伦理在极端情况下可能导致出现偏袒而有失公正。( )
9. 美德伦理学关注的是人的行为,规范伦理学关注的是个人的行为。( )
10. 一般情况下,运用主要的道德标准进行伦理分析的顺序是:权利标准先于正义标准,正义标准先于效用标准,存在亲密关系时关怀标准先于正义标准。( )

二、思考题

1. 伦理分析的道德标准主要有哪些?如何理解这些标准?请结合具体事例说明。
2. 伦理分析框架是如何构成的?应用伦理分析框架对具体事例进行道德判断。
3. 影响伦理分析的个人因素和组织因素有哪些?

三、案例讨论

《茶馆》是现代文学家老舍于1956年创作的话剧,1957年7月初载于巴金任编辑的《收获》杂志创刊号。1958年6月由中国戏剧出版社出版单行本。剧作展示了戊戌变法、军阀混战和新中国成立前夕三个时代近半个世纪的社会风云变化。一个叫裕泰的茶馆揭示了近半个世纪中国社会的黑暗腐败、光怪陆离,以及在这个社会中的芸芸众生。剧本中出场的人物近50人,除茶馆老板之外,有吃皇粮的旗人、办实业的资本家、清宫里的太监、信奉洋教的教士、穷困潦倒的农民,以及特务、打手、警察、流氓、相士等,人物众多但性格鲜明,能够"闻其声知其人","三言两语就勾出一个人物形象的轮廓来"。作品通过茶馆老板王利发对祖传"裕泰茶馆"的惨淡经营,描写他虽然精明圆滑、呕心沥血,但终于挡不住衰败的结局,从侧面反映了中国社会的走向。剧作在国内外多次演出,赢得了较高的评价,是中国当代戏剧创作的经典作品。

下文摘自《茶馆》

……刘麻子领着康六进来……

刘麻子:您二位真早班儿!您试试这个!刚装来的,地道英国造,又细又纯!

…………

刘麻子:咱们大清国有的是金山银山,永远花不完!您坐着,我办点小事!

…………

刘麻子:说说吧,十两银子行不行?你说干脆的!我忙,没工夫伺候你!

康六:刘爷!十五岁的大姑娘,就值十两银子吗?

…………

康六:那是我的亲女儿!我能够……

刘麻子:有女儿,你可养活不起,这怪谁呢?

…………

刘麻子:卖女儿,无论怎么卖,也对不起女儿!你糊涂!你看,姑娘一过门,吃的是珍馐美味,穿的是绫罗绸缎,这不是造化吗?

…………

(刘麻子掏出一块表递给松二爷,松二爷问这表多少钱)

刘麻子：您爱吗？就让给您！一句话，五两银子……
…………

庞太监：怎么说？一个乡下丫头，要二百两银子？
…………

（康六带着康顺子进来茶馆）

康六：姑娘！顺子！爸爸不是人，是畜生！可你叫我怎么办呢？你不找个吃饭的地方，你饿死！我不弄到手几两银子，就得叫东家活活地打死！你呀，顺子，认命吧，积德吧！
…………

讨论：

阅读老舍的《茶馆》，运用功利主义、权利与义务、正义与公平、关怀伦理、美德伦理对这一幕中出现的与康顺子有关的康六、刘麻子、庞太监等人物的观点和行为进行分析和讨论。

第 3 章　企业战略管理中的商业伦理

> **本章提要**
>
> 站在企业角度,道德标准运用于具体的管理领域,例如战略管理、营销管理、人力资源管理、财务管理等领域,会形成适用于特定管理领域的、侧重点不相同的、具体的商业伦理规范和要求。本章介绍战略和战略管理的基础知识,围绕战略制定、实施和控制等主要环节,分析战略管理领域常见的商业伦理问题,阐释企业战略管理中的伦理要求。

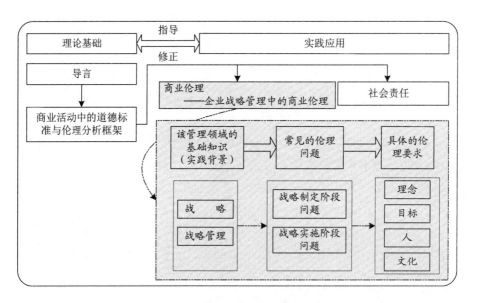

图 3.1　本章结构与内容示意图

引例

瑞 幸 咖 啡

瑞幸咖啡(luckin coffee)2017 年成立,2017 年 10 月开始运营,2018 年 1 月 1 日,陆续在北京、上海、天津等 13 个城市试营业。2019 年 5 月,瑞幸咖啡成功登陆纳斯达克。

2019 年 8 月 14 日,瑞幸(LK. US)IPO 后首份财报披露后显示,其总营收过 9 亿,新增交易用户 590 万。2019 年 11 月 13 日,瑞幸咖啡(NASDAQ:LK)公布财报,三季度营收 15.416 亿元,同比增 540.2%;净亏损 5.319 亿元,同比扩大 9.7%。截至 2019 年底,瑞幸咖啡宣布直营门店数达到 4 507 家,交易用户数突破 4 000 万。2020 年 1 月 9 日(美东时间)收盘,瑞幸咖啡股价上涨12.44%,报44.37美元,收盘市值106.49亿美元,突破百亿大关。

2020年1月31日,长期做空中概股的浑水(Muddy Waters)公司声称,收到了一份长达89页的匿名做空报告,直指国内互联网咖啡品牌瑞幸咖啡(NASDAQ:LK)数据造假,报告称:"在瑞幸6.45亿美元的IPO之后,该公司从2019年第三季度开始捏造财务和运营数据,已经演变成了一场骗局。"

2020年4月2日,瑞幸咖啡宣布,在审计2019年年报发现问题后,董事会成立了一个特别调查委员会。委员会发现,公司2019年二季度至四季度期间,伪造了22亿元人民币的交易额,相关的成本和费用也相应虚增。4月2日,因虚假交易额22亿,瑞幸咖啡盘前暴跌85%。4月3日,中国证监会高度关注瑞幸咖啡财务造假事件,对该公司财务造假行为表示强烈的谴责。4月5日,瑞幸咖啡发布道歉声明。4月27日,中国证监会调查组入驻瑞幸咖啡。

2020年5月12日晚间,瑞幸咖啡宣布调整董事会和高级管理层,CEO和COO被暂停职务。2020年5月26日,瑞幸咖啡开盘后股价持续上涨,截至美国当地时间上午10时52分,瑞幸咖啡股价2.23美元/股。值得注意的是,在此前发生的股价暴跌前,瑞幸咖啡52周的最高股价为51.38美元/股。

6月27日,瑞幸咖啡发布声明称,公司将于6月29日在纳斯达克停牌,并进行退市备案。同时,瑞幸咖啡全国4 000多家门店将正常运营。6月29日,瑞幸咖啡正式停牌,并进行退市备案。

2020年12月17日,美国证券交易委员会(SEC)宣布,与瑞幸咖啡就其财务造假事件达成和解,瑞幸将支付一笔1.8亿美元的民事罚款。法院批准后和解方案生效。瑞幸仍面临境外债权人诉讼、投资者集体诉讼等追责。

资料来源:根据百度百科等网络相关资料整理。

瑞幸咖啡从注册成立、快速扩张开店、在美国纳斯达克上市,到被曝光造假、股东会董事会及高管的剧烈变动、退市被追责被处罚,再到大量股东对公司及有关个人提出诉讼赔偿,无不显示该公司发展战略存在严重的问题。近年来,企业在经营过程中暴露的道德风险事件,对国家、整个社会和公众的影响越来越大,如三鹿奶粉、瑞幸咖啡等事件。尽管这些企业和经营者已经或将要受到处罚,但其造成的直接或间接危害却永远无法挽回。企业战略决策者、经营管理者需要做到预见并防范道德风险,从组织运营角度看,企业经营中表现出来的道德风险及其严重后果,主要的成因在于战略管理服务于尽快上市等逐利目标,缺乏道德风险分析和伦理决策过程,因此受到社会的关注和批评。本章首先介绍战略及战略管理的有关内容,其次介绍企业战略管理中常见的伦理问题,最后提出针对企业战略管理中伦理问题的应对思路,阐释将商业伦理要求纳入企业战略管理的进程的对策,以便企业在战略管理中更好地预见和防范道德风险,营造持续经营的良好环境,为企业长期持续健康发展提供内在伦理动力。

3.1 战略与战略管理

3.1.1 战略的内涵与特征

1) 内涵

战略(strategy)起源于军事领域,由希腊语"strategos"演化而来。"strategos"是指将军指挥军队的才能。中国古代的许多书籍,如《三十六计》《孙子兵法》《三国演义》《易经》等孕育着非常丰富的战略智慧,其中,孙武所著的《孙子兵法》注重谋略、富于哲理、思想深邃,是战略哲学的理念,堪称"兵学圣典",不仅在唐朝以后被列为武经七书之首,而且在军事以外的诸多领域也有广泛应用,从《战国策》《吕氏春秋》《韩非子》《黄帝内经》等著作中都不难发现《孙子兵法》的深刻影响。在两次世界大战之后,军事战略理论在西方有了长足发展,其中一些重要的观点和思想与东方的某些战略思想不谋而合,例如,英国战略理论家哈特(L. Hart)认为,"最完美的战略是不必经过严酷的战斗就能达到目的的战略",这和孙武的"不战而屈人之兵,善之善者也"遥相呼应。

专家学者对战略进行了众多的探讨。美国学者钱德勒(A. D. Chandler)1962年出版《战略与结构:工业企业史的考证》,掀起了研究企业战略的浪潮,书中阐释了环境、战略和结构三者之间的关系,认为企业经营战略应当适应环境,满足市场需求,而组织结构又必须适应企业战略,随着战略的变化而变化。在此基础上,战略的研究形成了计划学派和设计学派两大学派。计划学派的代表人物是哈佛商学院的伊戈尔·安索夫(Igor Ansoff)教授,他在1965年的《企业战略》一书中,提出了战略构成的四个要素:产品与市场范围、增长向量、协同效应和竞争优势。设计学派的代表人物是哈佛商学院的安德鲁斯(K. Andrews)教授,他认为战略形成的过程,实际上就是企业内部条件与外部环境相匹配的过程,因此企业战略可以分为战略制定和战略实施两个阶段,安德鲁斯的最大贡献是提出了制定战略的SWOT分析框架,也就是说在制定战略的过程中,企业要考虑自身的优势和劣势,要考虑外部环境中存在的机会和威胁,通过趋利避害构建企业的竞争优势。到了20世纪80年代,以哈佛商学院迈克尔·波特(Michael E. Porter)教授为代表的竞争战略理论,成为战略管理的主流理论,波特认为,战略的核心是获取竞争优势,而影响竞争优势的因素有两个:企业所处产业的盈利能力和企业在产业中的相对竞争地位。美国达特茅斯大学管理学教授詹姆斯·布赖恩·奎因(James Brian Quinn)认为战略是一种模式或计划,它将一个组织的主要目的、政策与活动按照一定的顺序结合成一个紧密联系的整体。他认为有效的战略是一个包含目标、政策和程序的有机整体,必须围绕产品和市场形成明确的概念和体系,战略需要灵活而强大以面对不可预见事件,在组织内部可以分层呈现。加拿大麦吉尔大学管理学教授明茨伯格(Henry Mintzberg)认为,企业在生产经营活动中,不同场景下战略应当以不同方式呈现,说明人们可以接受不同的战略的定义,他借鉴市场营销学的四要素,提出企业战略是由计划(plan)、策略(ploy)、模式(pattern)、定位(position)和观点(perspective)构成。

学者从不同角度对战略的定义进行了阐释。安德鲁斯认为,"战略是目标、意图或目的,以及为实现目标而制定的方针和计划的一种模式,这种模式界定着企业正在从事的或者应该从事的经营业务,界定着企业所属的或应该属于的经营类型"。波特认为"战略是公司为之奋斗的目标,与公司为达到这些目标而寻求的途径的结合物"。安索夫认为"企业战略是贯穿于企业经营、产品和市场的一条共同主线,决定着企业目前所从事的或计划要从事的经营业务的基本性质"。

综上所述,可以认为企业战略是企业面对激烈的市场变化、严峻挑战的经营环境,为获得生存和发展而进行的总体谋划。具体地讲,企业战略是在确保和保证实现企业使命的条件下,在充分利用环境中存在的各种机会和创造新机会的基础上,确定企业同环境的关系,规定企业从事的经营范围、成长方向和竞争对策,合理调整企业结构和分配企业全部资源,从而使企业获得某种竞争优势。

企业战略可以有不同的分类方法,从层次上可以分为企业总体战略、业务战略、职能战略三大类。

① 企业总体战略。又称公司战略,它决定着企业的目标,并依据目标确定经营领域、合理配置各类资源,使各项经营活动形成相互支持、相互协调的整体。

② 业务战略。又称经营单位战略,它是在总体战略的制约下,指导和管理具体经营单位的计划和行动,为企业的整体目标服务。

③ 职能战略。又称职能部门战略,它是企业内主要职能部门的短期战略计划,主要确定职能部门在实现企业总体战略中的责任和要求,通过研究开发、营销、生产、财务、人力资源等经营职能,实现企业总体战略。

总体战略是企业总体的指导性战略,决定企业经营方针、投资规模、经营方向和远景目标等战略要素,是战略的核心。业务战略,是企业独立核算经营单位或相对独立的经营单位遵照总体的战略指导思想,通过竞争环境分析,侧重市场与产品,对自身生存和发展轨迹进行的长远谋划。职能战略是企业各职能部门,遵照决策层的战略指导思想,结合经营单位战略,侧重分工协作,对本部门的长远目标、资源调配等战略支持保障体系进行的总体性谋划。

一般来说,狭义上的企业战略对应的是企业的总体战略,广义上包括各个层级的战略。

2) 特征

不同学者对企业战略的定义和分类存在一定的差异,但是对企业战略的主要特征一般都包括以下几个方面。

(1) 全局性

企业战略面向未来,通过对国际、国家的政治、经济、文化、行业、技术发展等经营环境的深入分析,结合自身资源,站在系统管理高度,对企业的远景发展轨迹进行全面的规划。

(2) 指导性

企业战略界定了企业的远景目标、经营范围、发展方向,明确了企业的经营方针和行动指南,并形成了实现目标的发展轨迹及指导性的措施、对策,在企业中引导着具体的生产经营和管理活动。

(3) 长期性

企业战略着眼于未来一段时期企业生存和长远发展的思考,同时将战略分解以便兼顾短期利益,因此确立了远景目标、长期规划和近期计划。企业战略的长期性意味着战略目标的实现必须经历一个持续的过程,在规划期内具有相对的稳定性,不能朝令夕改或摇摆不定。

(4) 竞争性

市场竞争客观存在,不同行业竞争激烈程度有所差异。面对竞争,企业战略需要进行内外环境分析,明确自身的资源优势,通过设计合适的经营模式,形成特色经营,形成企业自身的核心竞争力,推动企业持续健康发展。

(5) 系统性

系统性是企业战略的重要特点。首先,企业战略确立了远景目标,围绕远景目标设立阶段目标,围绕阶段目标制定经营策略,构成一个层层嵌套的战略目标体系。其次,根据组织关系,企业战略由总体战略、经营单位战略、职能战略三个层级构成完整的战略体系。

(6) 风险性

战略面向未来的特点意味着战略具有风险性。企业战略风险源于市场、环境、人员、客户、供应商等多方面的不确定性。例如,2020年突如其来的新冠疫情对全球航空、旅游、酒店、餐饮等行业打击巨大,这类风险事件的发生对企业战略构成严重挑战。因此,企业战略制定需要开展深入的市场研究、行业技术发展趋势预测,充分考虑风险因素,推动战略能够引领企业健康、快速的发展。

3.1.2 战略管理的内涵、要素与关键环节

1) 内涵

从动机上看,战略管理(Strategic Management)是一种确保当前利润最大化,同时追求长远利益的组织行为;从功能上看,战略管理致力于对市场营销、财务会计、生产作业、研究与开发及管理信息系统进行综合的管理,并确保公司在正确的轨道上前进;从流程上看,战略管理是一个包括战略规划、战略实施,以及战略评价和控制在内的过程。

一般认为,企业战略管理就是运用管理的计划、组织、领导和控制等手段,对企业的一系列重大、长期和根本性决策的制定、实施的过程进行管理的活动。因此,企业战略管理是一种过程管理,即通过全过程的管理来提高企业战略制定、实施、评价与控制等各项活动的有效性和效率。

企业战略管理研究兴起于美国,围绕研究侧重点的不同,不同的学者形成不同的观点。1972年,安索夫出版了《战略管理思想》,正式提出"战略管理"的概念。1976年,安索夫在《从战略计划走向战略管理》一书中,提出了"企业战略管理是一个动态过程"的观点。在1979年的《战略管理》和1984年的《植入战略管理》中,安索夫进一步发展和完善了他关于战略管理的一套理论、方法、程式和范式,安索夫的这些著作被公认为战略管理的开山之作。此外,美国哈佛商学院教授迈克尔·波特、安德鲁斯、钱德勒等从竞争优势、资源配置、目标制定、战略匹配等不同角度对战略管理进行了研究,对战略管理的理论和实践的发展产生着重大影响。

2) 企业战略管理的构成要素

尽管不同的学派有不同的研究侧重点,但是就企业战略管理本身而言,一般来说都包

括五个要素,分别是经营范围、战略目标、竞争优势、资源配置、战略行动。

经营范围是指企业从事生产经营活动的领域,它反映企业与其所处的外部环境相互作用的程度,企业根据对市场的理解、自身技术或产品等来确定自己的经营范围。

战略目标是指企业在其经营领域所期望达到的愿景,由定性和定量的目标构成,例如行业地位、市场占有率、销售收入、利润规模等。

竞争优势是指企业在市场上所形成的不同于其竞争对手的竞争地位。竞争优势的来源包括企业市场地位、技术领先程度、资源配置水平等多方面因素。

资源配置是指企业过去和目前的资源和技能配置的水平和模式,资源配置的效率和效果直接影响企业目标的实现程度。例如,人力资源配置、财务资源配置等。

战略行动是指企业为实现战略目标所采取的重大决策安排,例如市场划分、机构设置、重大基础设施投资、生产线投资改造等。

3) 企业战略管理的关键环节

企业战略管理过程一般包括战略制定、战略实施、战略控制三个环节。

在战略制定环节,企业战略管理者需要根据战略意图和宗旨、社会责任和价值观,对企业的外部环境和内部环境进行理性、科学的分析,对外部机会、威胁和内部优势、劣势进行诊断,在此基础上重新确定企业的战略承诺与使命,并根据企业战略的时间跨度,为企业战略意图和宗旨的实现,确定阶段性的目标和实现该目标的战略。

在战略实施环节,企业战略管理者的主要任务就是将计划好的战略完整并准确地变成现实的战略。为此企业战略管理者需要对战略目标进行分解,构建战略实施的计划体系,制定相应的职能战略,提供必要的管理支持,包括组织、制度、人员和文化上的支持。

在战略实施的过程中,企业战略管理者需要对战略实施不同阶段的实施情况和最终目标的实现情况进行评价和控制,并对战略实施的计划和措施进行及时的调整,对企业管理者的行为进行监督和激励。如果过程中的微观调整无法达到预想的效果,企业战略管理者将可能终止战略实施,重新开始新一轮的战略制定过程。

事实上,在相对动态的环境条件下,企业战略被看成静态决策和动态决策的结合。在企业战略制定环节,由于企业战略管理者不可能完全准确地预测内外部环境的变化,其主要关注的是战略意图、宗旨定位、战略重点以及战略实施的方式等相对宏观的决策。而战略实施过程中的具体决策,要由负责实施的企业战略管理者来制定,以保证企业在应对环境变化和竞争互动的过程中,具有快速响应的速度和创新能力。也就是说,企业实际实施的战略并不一定就是最初计划好的战略,计划好的战略因为不可预知的变化有可能被部分地放弃。

企业战略管理构成的三个关键环节并不是彼此独立、截然割裂的,而是相互联系、循环往复、互有交叉、不断完善的。分析战略管理的关键环节可以帮助人们理解其中可能存在的道德风险和伦理冲突,进而采取适当的应对措施。

3.1.3 商业伦理融入战略管理的必要性

伦理规范与企业战略管理存在明显的关联性,有必要将商业伦理融入战略管理。一方面,如果要使企业的伦理规范发挥作用,就应当将伦理规范与企业的战略管理联系起来,企业在制定战略目标的过程当中,要体现出道德规范的思想。因此,企业应当结合企业战略制定恰当的道德和伦理标准,以更好地制定并执行企业的发展战略。另一方面,企业要实现发展战略,必须注重伦理建设,而企业的伦理建设一般具体体现在企业文化及相关行为准则规范的建设上。

第一,企业伦理建设促进企业树立正确的发展战略。

企业伦理道德就是调整企业与包含高管在内的员工以及企业与社会等关系的行为规范的总和。以善恶、正义非正义、真实虚伪等相互对立的道德范畴为标准,调整企业与内部和外部各种行为主体间的关系。企业伦理道德体系与价值取向,通过不停的潜移默化让企业员工自觉履行职责,自觉加强自身修养形成正确的价值观,打造与企业荣辱与共的共同体,对企业与投资者、与客户、与企业高管、与员工之间关系有正确的认识和确定,注重企业信誉,不断提高产品和服务水平,承担社会责任。而这些都对企业形成一个正确的企业战略产生重大影响。

链接

某飞机制造公司的愿景和道德规范

企业愿景是为客户提供更加安全、经济、舒适、环保的民用飞机。以"安全至上,客户为本,自主创新,合作共赢"为企业核心价值观。公司制定了系列文化理念,体现了企业的伦理思想,包括公司行为准则、通用行为规范、办公生产作业行为规范、公共关系行为规范、环境意识行为规范等,为实现公司战略插上无形的翅膀。

公司行为准则:真容信、严精廉。其中,真是指持真戒伪,真实传递信息;容是指持容戒偏,全面倾听意见;信是指持信戒欺,忠实履行承诺;严是指持严戒随,严格遵循标准;精是指持精戒粗,精心把控细节;廉是指持廉戒腐,清白行使职权。

公司通用行为规范的基本准则:爱岗敬业、恪尽职守,明礼诚信、自律慎行,相互尊重、和谐共事。

办公生产作业行为规范的基本准则:作风严谨、态度端正,遵章守纪、操作有序,日事日清、精益求精。

公共关系行为规范的基本准则:热情友善、真诚主动,合规守诺、有礼有节,尊重文化、维护形象。

环境意识行为规范的基本准则:勤俭节约、整洁规范,提升素养、安全健康,节能低碳、绿色发展。

资料来源:根据网络资料整理。

第二,企业伦理建设约束企业战略的制定和实施。

战略目标决定着企业未来持续发展的方向。成功的企业之所以能持续不断发展,关键是战略目标的制定和选择的正确,进而形成强有力的竞争优势,但是战略的实施和企业伦理准则有很大的关系。良好的伦理建设会有力地加强企业战略目标的制定及其贯彻实施,有利于实现既定的战略优势。企业伦理准则对企业战略具有促进或制约作用,不同的企业伦理标准影响企业文化的形成,进而影响企业战略的制定和执行效果。

> **链接**

格力电器的伦理准则

珠海格力电器股份有限公司成立于1991年,是一家集研发、生产、销售、服务于一体的国际化家电企业,拥有格力、TOSOT、晶弘三大品牌,主营家用空调、中央空调、空气能热水器、手机、生活电器、冰箱等产品。2019年7月,《财富》发布2019年世界500强排行榜,格力排名414位。同时,格力在2019中国制造业企业500强榜单中排名第37位,"一带一路"中国企业100强榜单排名第82位。珠海格力电器股份有限公司的伦理要求见表3.1所示。

表3.1 珠海格力电器股份有限公司的伦理要求

珠海格力电器股份有限公司	经营理念	一个没有创新的企业是没有灵魂的企业; 一个没有核心技术的企业是没有脊梁的企业; 一个没有精品的企业是没有未来的企业
	服务理念	您的每一件小事都是格力的大事
	企业使命	弘扬工业精神,追求完美质量,提供专业服务,创造舒适环境
	企业愿景	缔造全球领先的空调企业,成就格力百年的世界品牌
	核心价值观	少说空话、多干实事,质量第一、顾客满意、忠诚友善、勤奋进取、诚信经营、多方共赢、爱岗敬业、开拓创新,遵纪守法、廉洁奉公

资料来源:珠海格力电器股份有限公司官网。

第三,企业伦理建设助力企业树立良好品牌战略。

企业在发展创建品牌的过程中,不仅要考虑成本、销售等因素,尽力增加品牌的知名度,还要充分考虑市场整体的经济社会发展程度、政治文化及消费群体的文化背景、知识背景、语言环境、民俗等,因此企业在实施品牌建设的过程中要注意与社会环境和利益相关者的协调。那些拥有良好伦理准则规范的企业不但对企业的知名度扩大有积极的正面的作用,促进企业塑造良好的商业信誉,同时也使得客户等利益相关者对企业品牌的忠诚度得到维护和提高。这样企业的品牌建设就可以顺利进行,有利于提升企业竞争力,促进企业战略目标的实现。

企业伦理建设对企业战略目标的实现起着重要的作用。企业的战略是多层次、多维度、体系化的,要顺利完成企业整体战略目标,必须要加强伦理建设。良好的企业伦理规范和企业文化氛围对企业有关客户、供应商、员工、投资者、债权人及其他利益相关者起着积极的作用,有助于企业形成良好的信誉、打造品牌形象,促进企业员工和企业的命运紧密联系,使员工具有使命感、获得感、成就感,积极主动创造性地完成自己的工作。因此,良好的企业道德环境和伦理准则能极大地促进企业战略目标的实现。

3.2 战略管理中常见的伦理问题

3.2.1 战略制定阶段的伦理问题

企业不仅具有经济性,还具有社会性。企业在开展战略分析时,要考虑的伦理问题包括：企业自身的伦理原则或价值观是什么，企业在社会中的作用是什么，企业认为自身应当承担什么样的社会责任，企业发展战略可能会对社会和环境产生什么影响，企业应当如何平衡利润追求和社会责任。

1）忽视社会责任

有的企业制定发展战略时没有明确的伦理原则或价值观，忽略了相应的社会责任。企业战略分析时忽略社会责任等因素，可能会给企业战略执行和后续发展带来难以估量的后果。因此，企业战略分析必须要考虑承担相应的社会责任，维护企业良好的社会形象。

链接

三鹿奶粉事件

2008年9月8日，甘肃岷县14名婴儿同时患有肾结石病症，引起外界关注。至2008年9月11日，甘肃全省共发现59例肾结石患儿，部分患儿已发展为肾功能不全，同时已死亡1人，这些婴儿均食用了三鹿18元左右价位的奶粉。而且人们发现两个月来，中国多省已相继有类似事件发生。中国卫生部高度怀疑三鹿牌婴幼儿配方奶粉受到三聚氰胺污染，三聚氰胺是一种化工原料，可以提高蛋白质检测值，人如果长期摄入会导致人体泌尿系统膀胱、肾产生结石，并可诱发膀胱癌。

事件曝光后，中华人民共和国国家质量监督检验检疫总局对全国婴幼儿奶粉三聚氰胺含量进行检查，结果显示，有22家婴幼儿奶粉生产企业的69批次产品被检出了含量不同的三聚氰胺，这些产品被要求立即下架。2008年9月12日，国家质检总局派出的调查组确认"受三聚氰胺污染的婴幼儿配方奶粉能够导致婴幼儿泌尿系统结石"。数据显示，当时全国共有29.6万婴儿被查出患有肾结石，11名死亡的婴儿中不排除有6名与食用问题奶粉有关。

该事件导致民众对国产奶粉丧失信任。

资料来源：根据百度百科等网络资料整理。

2）不重视环境保护

有的企业制定发展战略时忽略环境保护问题。在世界各国，企业生产经营的理念不断发生变化，但是有害于环境的行为仍然很多，企业排放污染物依然是造成环境污染的主要因素，如企业在生产经营过程中，只考虑利润不考虑环境代价或环境成本，只要能得到利润即使消耗大量的资源、对空气或水资源造成严重的污染也在所不惜，乱砍滥伐、随意排放，最后可能导致能源枯竭、生态环境被破坏、江河湖海被污染。"利润归企业享有，环境代价由社会承担"的投机心理使一些企业重视经济效益，轻视环境和生态效益，缺乏环保意识和绿色发展意识，偷排污染物现象严重。而环境代价短期内是无形的，其对居民和消费者的影响却是无法计算的。一旦污染后要治理，社会必将为此付出沉重的代价。如今，大气污染、水污染、生活垃圾污染、工业废弃物排放、水土流失、土地沙化等问题仍然存在，是企业战略管理中各个环节都应当关注的问题。

> 链接

淮河流域水环境与消化道肿瘤死亡图集

2013年6月《淮河流域水环境与消化道肿瘤死亡图集》(简称《图集》)数字版由中国协和医科大学基础医学研究院杨功焕教授和中科院资源环境科学数据中心主任庄大方主编,中国地图出版社出版。《图集》数字版是"十一五"国家科技支撑计划课题"淮河流域水污染与肿瘤的相关性评估研究"成果的一部分。《图集》是利用现有监测数据,对数据进行再分析,按照空间分析的原则,描述淮河流域过去30年来水环境变化和当地人群死因,尤其是消化道肿瘤死亡水平变化的一项重要研究成果,由淮河流域水污染与肿瘤的相关性评估研究成果和108幅地图组成。

中国疾病预防控制中心、中国科学院地理科学与资源研究所和中国医学科学院基础医学研究所的研究人员运用了水环境的常规监测数据和死因调查数据完成了这项工作。两组数据分别来源于环境和公共卫生部门,数据采集相互独立、互不交叉。

当各个断面的水监测数据,按照不同年代、不同地区的干流、一级支流、二级支流和湖泊分类在地图上展现时,清晰地显示了淮河流域水污染的分布和变化特点。同时,在比对淮河流域地区人群30年死亡模式的变化趋势时,发现了污染最严重、持续时间最长的地区,恰恰是消化道肿瘤死亡上升幅度最高的地区,其上升幅度是全国相应肿瘤死亡平均上升幅度的数倍。空间分析结果显示严重污染的地区和新出现的几种消化道肿瘤高发区的分布高度一致,这是该《图集》最重要的发现。

这个现象显示水环境污染与肿瘤一定存在内在的联系:水污染不仅影响人类生活的环境,更对人类的健康带来严重的影响,特别是对消化道肿瘤的发生发展有促进作用。

资料来源:百度百科。

3) 追求短期经济目标

企业在开展战略分析时,要考虑的主要伦理问题包括:制定战略目标如何平衡"盈利"与"利他"的问题?著名的经济学家弗里德曼认为企业存在的目的是追求利润最大化,其唯一的责任就是"在公开、自由的竞争中,充分利用资源、能量去增加利润"。本质上,企业是指把人、财、物等要素组合起来,自主开展经济活动、以盈利为目的的经济组织。盈利是企业存续的基础,经济活动是企业的典型表现。企业通过开展经济活动,依赖由市场交易而获得的资源,通过生产来获取足够多的收益以弥补所有的成本,实现资本的积累,追求为投资者带来回报。获取利润是企业生存发展的基础,但是如果企业战略过于重视短期经济目标会带来一定的伦理和道德问题。

> **链接**
>
> ### 知名主播与"糖水燕窝"
>
> 2020年12月23日,广州市市场监督管理局开出罚单,对某团队直播带货"糖水燕窝"进行处罚。根据处罚决定,对直播间的开办者,即广州某电子商务有限公司处以行政罚款90万元;对商品销售主体,即广州某贸易有限公司处以罚款200万元。
>
> 辛巴是直播电商行业最受关注的主播之一。该团队接受委托,安排主播通过某直播平台推广一种"碗装风味即食燕窝"。直播间内价格为258元15碗,平均一碗17.2元。在直播的过程中,主播对商品进行推广时,凭广州某贸易公司提供的"卖点卡"等内容,以及对商品的个人理解,直播中强调商品燕窝含量足、功效好,未提及商品的真实属性为风味饮料,存在引人误解的商业宣传行为。
>
> 2020年"双十一"结束后,职业打假人王某在其微博上称,该直播带货的"碗装风味即食燕窝"是糖水而非燕窝,成本不到1元钱。
>
> 资料来源:根据百度百科等网络资料改写。

3.2.2 战略实施阶段的伦理问题

企业战略实施往往影响众多利益相关方,所涉及的重要伦理问题有:企业战略执行中如何影响企业的内外部利益相关者,企业战略所涉及的利益相关方的伦理准则是什么,是否与企业自身的伦理标准存在冲突。企业战略执行会影响企业与社会的关系,而关注企业战略执行中与利益相关方的伦理问题是企业战略成功的重要影响因素。

企业的战略实现过程不是孤立于社会和环境的,从动态的角度看,企业战略实施中存在与利益相关方有关的系列伦理问题。

1) 管理层的商业伦理问题

从契约关系看,管理层接受公司股东的委托代其管理公司,对于股东负有受托责任。但由于在现代企业制度下,所有权与控制权相分离导致管理层与股东的利益存在不一致性,监督管理层的尽责程度也很困难,管理层存在"自利"的动机和"自利"的机会,受托责任履行情况并不乐观。因此,要求管理层履行其受托责任是公司战略执行中的重要商业伦理问题,管理层容易出现背离忠诚、勤勉尽责、诚信报告与披露等问题。

> **链接**
>
> ### 科技企业反腐进行时
>
> 2020年4月21日,媒体自某互联网科技公司A方面获悉,A公司职业道德委员会通报

了一起员工涉嫌严重违纪违法案件,原集团一位高管 W 经公司调查发现涉嫌贪腐犯罪,现已被移送公安机关依法处理。A 公司通告称,该高管 W"不仅背离了百度风清气正的职场文化,践踏了公司职业道德的底线,更触碰了法律的红线"。

资料显示,该高管 W 于 2018 年初被提拔为财务副总裁,此前为 A 公司财务总监。

近年来,A 公司通报处理了多起员工违纪违法事件,包括总监、副总裁级中高管,其反腐手段堪称凌厉。据记者了解,在 A 公司,由公司职业道德建设部负责内部反腐,其核心成员均为从事过企业内审、检察官、警察等职业人士,具有高度独立性,在进行腐败案件调查时,不必经过相关业务部门领导即可直接展开调查,直接向最高管理层汇报工作。

此外,近年来,另一家互联网平台企业 B 原市场营销部总监 L、高级经理 M 等因涉嫌非国家工作人员受贿罪,已被北京朝阳警方刑事拘留。某科技公司 C 发布内部邮件通报 2 名员工涉嫌贪腐,已被公司辞退,并以"非国家工作人员受贿罪"移送公安机关,这两名员工涉及的贪腐金额或达数百万。

资料来源:根据《21 世纪经济报道》2020 年 4 月 21 日有关内容改写。

管理层特别是高级别的管理层是公司商业机密以及其他敏感信息的知情者,有机会利用内部交易谋取利益。这些信息的泄露或被利用将给公司或公司利益相关者造成重大损失。因此,作为管理者有责任和义务控制商业秘密的知悉范围和使用,这既是商业伦理的要求,也是法律法规的强制性要求。

链接

辉瑞 CEO 出售公司股票

路透社 11 月 11 日报道称,据美国证券交易委员会的一份监管文件显示,辉瑞公司的首席执行官阿尔伯特·布尔拉(Albert Bourla)在美国当地时间周一(11 月 9 日)出售了价值 556 万美元的公司股票,也是在那一天,辉瑞制药向外界公开宣布,与德国生物科技公司 BioNTech 共同开发的新冠 mRNA 疫苗有效率高达 90%。当天,这两家公司的股价飙升。辉瑞公司的新闻发言人在回应美媒质询时表示,阿尔伯特·布尔拉出售股票是因为辉瑞公司的股票达到了预定价格,这次抛售是阿尔伯特·布尔拉于 8 月 19 日批准的一项计划中的一部分。

美国有线电视新闻网(CNN)还表示,阿尔伯特·布尔拉向其记者透露,美国当地时间上周日(11 月 8 日),也就是辉瑞制药向外界公开宣布其开发的新冠 mRNA 疫苗有效率高达 90% 这一消息的前一天,自己就已经得知这一试验数据。

针对辉瑞制药 CEO 抛售股票的行为,美国有线电视新闻网(CNN)还补充称,就在几个月前,另一家研发新冠疫苗的美国生物技术公司 Moderna 的高管也是在本公司公布疫苗试验结果后抛售了股票。当时就有批评人士指责 Moderna 夸大了疫苗试验的结果,但该公司仍旧在疫苗试验结果公布后立即通过股票销售筹集了 13 亿美元。而在一周后该公司股价下跌之前,公司高管们则抛售了价值数千万美元的 Moderna 股票。一些前美国证券交易委员会的官员呼吁要对 Moderna 可能存在的非法操纵市场的行为展开调查。

资料来源:《环球时报》微信公众号,2020 年 11 月 12 日。

2) 董事监事的商业伦理问题

治理层主要包括董事和监事。董事的伦理责任体现在守护股东利益、监督管理层履职、客观决策等方面,监事的伦理责任体现在勤勉监督董事及管理层的工作和行为,以维护公司及股东的合法权益等方面。董事和监事也容易出现违反忠诚、勤勉尽责、诚信、保密等伦理要求的问题。

链接

证监会通报近年来查处上市公司实际控制人、董事长违法违规情况

上市公司实际控制人、董事长依法履职、诚实守信是上市公司合规经营和健康发展的重要保障。近年来,证监会在监管工作中始终高度关注上市公司实际控制人、董事长的履职情况,对其滥用控制权、利用职务便利和优势地位实施的各类违法行为予以坚决查处。2016年以来,证监会对32名实际控制人、董事长立案调查,涉及主板上市公司13家、中小板上市公司11家、创业板上市公司2家。相继对温某、郭某等人作出行政处罚,对部分人员依法采取证券市场禁入措施,将涉嫌犯罪行为依法移送追究刑事责任。

从案件类型看,既有指使公司骗取发行核准或违规披露的案件,也有滥用信息优势操纵市场、内幕交易的案件,还有违背对公司的忠实义务,背信损害上市公司利益的案件。从涉案环节看,有的在发行环节报送虚假材料,有的在持续信息披露环节指使、操控公司虚假陈述,有的在股份减持、增发及股权转让等敏感时点从事信息操纵或内幕交易。从违法手法来看,有的组织、策划他人实施财务造假;有的找热点、编题材、讲故事,操控公司信息披露的内容、时点与节奏,配合二级市场操纵股价;有的通过资金占用、违规担保、非公允关联交易等手段损害上市公司利益。从涉及主体来看,有的与私募机构等内外勾结、联手操纵,有的伙同亲友、同事实施内幕交易,还有的指使下属炮制、传播虚假信息。从违法态势看,有的屡屡"压线"不收手,甚至控制多家上市公司实施多项违法违规,演变为"里应外合"式产业链,虚假陈述、信息操纵、内幕交易、违规减持交织复合,严重损害投资者利益,社会影响十分恶劣。

资料来源:中国证监会官网。

尤其需要注意的是,上市公司实际控制人、董事长是公司治理的主导力量,应当自觉依法合规经营,聚焦做强做大实体主业,要坚决摒弃"上市圈钱"的错误观念,远离"伪市值管理"的非法行径,勤勉敬业,促进上市公司规范发展。

链接

中国证监会关于欣泰电气有关责任人员的行政处罚决定书

2016年7月5日证监会发布行政处罚决定书(〔2016〕84号),决定书中披露了欣泰电气董事长、实际控制人在上市申请文件财务数据虚假记载中存在的问题。

为实现发行上市目的,解决欣泰电气应收账款余额过大问题,欣泰电气总会计师刘某向公司董事长、实际控制人温某建议在会计期末以外部借款减少应收账款,并于下期初再

还款冲回。二人商议后,温某同意并与刘某确定主要以银行汇票背书转让形式进行冲减。2011年12月至2013年6月,欣泰电气通过外部借款、使用自有资金或伪造银行单据的方式虚构应收账款的收回,在年末、半年末等会计期末冲减应收款项(大部分在下一会计期期初冲回),致使其在向中国证监会报送的IPO申请文件中相关财务数据存在虚假记载。截至2013年6月30日,虚减应收账款15 840万元,虚减其他应收款5 324万元,少计提坏账准备313万元;虚增应付账款2 421万元;虚减预付账款500万元;虚增货币资金21 232万元,虚增经营活动产生的现金流净额8 638万元。

欣泰电气将包含虚假财务数据的IPO申请文件报送中国证监会并获得中国证监会核准的行为,违反了《中华人民共和国证券法》(简称《证券法》)第十三条关于公开发行新股应当符合的条件中"最近三年财务会计文件无虚假记载,无其他重大违法行为"和第二十条第一款"发行人向国务院证券监督管理机构或者国务院授权的部门报送的证券发行申请文件,必须真实、准确、完整"的规定,构成《证券法》第一百八十九条所述"发行人不符合发行条件,以欺骗手段骗取发行核准"的行为。对欣泰电气该项违法行为,温某作为欣泰电气实际控制人,商议并同意以外部借款等方式虚构收回应收款项,安排、筹措资金且承担相关资金成本,其行为已构成《证券法》第一百八十九条第二款所述"发行人的控股股东、实际控制人指使从事前款违法行为"的行为。

资料来源:http://www.csrc.gov.cn/zjhpublic/G00306212/201607/t20160712_300557.htm

3.3 战略管理中的伦理要求

3.3.1 树立注重商业道德的战略管理理念

战略信念假设是企业战略管理的重要出发点,伦理信念则是战略信念的一个有机部分,自然成为企业战略管理的内生性因素,树立注重商业道德的战略管理理念有助于实现企业的战略目标。企业战略管理理念的核心应当是义利统一,即正确认识和合理对待国家利益、集体利益和个人利益的关系,坚持把国家利益、集体利益和个人利益有机结合起来,形成正当谋利和公平竞争的观点,思考企业战略管理活动的道德问题。

在制定企业战略之前,企业高级管理者需要充分收集信息,预判未来经营环境面临的威胁、机遇,评估宏观经济政策变化、技术进步或重大事件对未来的影响,分析企业自身的优势、劣势以及可能获取的资源,作为开展战略决策的支撑。同时,也需要融入商业伦理的要素,清楚企业使命——为什么要经营这样一家企业,企业存在的意义是什么。

弗雷德·R.戴维在《战略管理》中提出:"好的商业道德是好的战略管理的前提"。他主张"公司可以通过如下方式将道德和战略决策的制定结合起来:在制定企业长期计划时考虑道德因素,在业绩评价过程中考虑在决策中是否遵循了道德准则,鼓励揭发公司内部腐败行为和报告不道德行为,在商业道德方面监督部门和整个公司的经营行为。"

一个企业的企业伦理核心理念一旦形成以后,具有很大的惯性和持续性,并在企业发展过程中呈现出逐渐强化的趋势。因此从战略实施的角度来看,企业伦理要为实施企业战略服务,又会制约企业战略的实施。当企业制定新的战略要求企业伦理与之相配合时,企业需要有意识地加快企业伦理的建设与转变,以减少原有企业伦理对实施新战略所造成的阻力。

作为战略管理理念最深层次的要素,企业的伦理观影响企业战略管理的制定、实施和控制,影响企业的发展方向、生产经营风格、管理特色以及每个员工的个人价值观。

链接

《基业长青》作者的发现

有一个核心理念,是高瞻远瞩公司历史发展中的首要因素。

．．．．．．．．．

在大多数高瞻远瞩公司的整个历史中,我们发现一种超越经济因素的核心理念,而且,重要的是,它们拥有核心理念的程度远远超过我们研究的对照公司。

详细的配对分析显示,在18对公司中,有17家高瞻远瞩公司主要为理念所驱动,而不纯粹为利润目标所驱动。我们发现,这是高瞻远瞩公司和对照公司最显著的差异之一。

我们当然不是说,高瞻远瞩公司对利润或股东的长期财富没有兴趣。不错,它们追求利润,可是它们也同样地追求更广泛、更有意义的理想。扩大利润的目标并不主导一切,但是,高瞻远瞩公司是在能够获利的情况下追求目标的——它们同时达成两种目标。

．．．．．．．．．

我们的研究显示,高瞻远瞩公司能够奋勇前进,根本因素在于指引、激励公司上下的核心理念,亦即是核心价值和超越利润的目的感。这种理念在很长的时间里一直相当固定。

资料来源:詹姆斯·柯林斯,杰里·波勒斯.基业长青[M].北京:中信出版社,2006.

这样的核心理念指引、激励公司上下,利润变成了生存的必要条件,但不是作为最终目的而存在,这样的理念指引公司具有利润之上的崇高追求。

3.3.2 制定融入伦理道德因素的战略目标

企业在确定战略目标时,要融入伦理道德因素。不仅需要实现经济目标与社会责任目标的结合,更需要向社会展示出企业的价值观、未来设想和态度,明确企业在社会中所扮演的角色,综合考虑公众利益、产品安全、职业健康、环境保护和慈善在内的诸多责任。

战略制定环节的重要内容包括确定企业经营目标、战略选择、政策伦理规范、计划执行程序等。企业作为国民经济的重要组成部分,有市场竞争的压力,要求不断地获取企业生存所需要的各种资源优势,因此企业就要以盈利为目标,甚至是以利润最大化为目标,通过不断地盈利来维持企业持续发展的动力。因此企业在制定战略目标时通常就要考虑如何使企业获得强大的战略竞争优势,制定切合实际的战略目标、战术目标、业务战略、公司战略及各种职能战略。

由于战略竞争优势是企业战略选择的目的,而伦理认知、伦理规范成为企业在战略选择上预防道德风险的约束因素,所以一般认为企业在道德上的优势将会构成企业战略竞争优势之一。

因此,要在企业战略目标的制定过程中融入道德因素。例如,企业制定战略规划时需要在道德规范基础上,充分考虑企业所在区域的文化习俗,在企业经营行为的多个方面形成伦理观念,如对社区的社会责任,在采购行为和竞争行为中的正直、诚实,对员工的尊重,保护环境等。通过不断厘清企业周边社会的具体伦理观念,提升企业全员的道德认知、培养道德情感,在企业管理层和普通成员中达成在企业经营行为上的伦理规范共识,确保企业战略目标符合伦理道德规范。

链接

政府启动专项行动推动老年人融入数字社会

老年人使用智能技术不便在疫情期间受到关注,政府加大力度推动产业界降低老年人使用门槛,业界在适老化改造上取得一些成果。

根据媒体介绍,中国约有2.74亿老年手机用户,其中使用智能手机上网的老年人约1.34亿户。"这就意味着,全国或有近1.4亿老人使用功能机或使用智能机但不上网,在网络上呈现'沉默'状态。"工信部宣布将于2021年1月起启动为期一年的专项行动,推动网站、APP进行适老化和无障碍改造。在工信部的推动下,业界已经在适老化改造上取得一些成果。例如,即日起65岁以上老年人拨打三大电信运营商客服电话,可一键接入人工服务,不需要经过复杂的语音提示操作;此外,华为、小米、VIVO、OPPO等主流厂商已经基本具备"老人模式",可以提供大字体、大音量播放以及"远程协助"等服务。

老年人使用智能技术困难在疫情期间成为焦点。目前,支付、出行、购物等高度依赖智能手机,给不熟悉智能技术、习惯使用现金的老年人带来困难。疫情期间,一些老年人也因为不使用智能手机而无法出示健康码,导致无法出行。

2020年11月,国务院印发文件,提出要在政策引导和全社会共同努力下,有效解决老年人在运用智能技术方面遇到的困难,让广大老年人更好地适应并融入智慧社会。针对目前互联网应用中存在强制广告较多、容易误导老年人的问题,适老版、关怀版、无障碍版产品,将不再设有广告插件,特别是付款类操作将无任何诱导式按键,以便各类特殊群体方便、安全地使用。在工信部的推动下,三大运营商也纷纷加大投入力度。除了为老年人提供一键接入的客服服务,中国电信将在线下营业厅保留现金、银行卡等传统支付方式;中国移动推出了老年人专属通信套餐;中国联通推出了亲属易地代办服务。

在政府加大引导力量之前,不少企业已经针对老年人需求推出相应服务。在会议现场,手机厂商华为、OPPO、VIVO等公司代表表示,自2020年初起已经在软件层面陆续上线简易模式、远程协助等"适老化"功能。有的厂商还推出了专门为老年人设计的手机。

资料来源:http://www.caixin.com/2020-12-25/101643239.html(记者:何书静)

企业在制定战略目标时融合伦理因素,能更好地适应社会经济环境的变化,满足社会的需求,进而才能得到社会的认可,促进自身战略目标的实现。

3.3.3 提升领导者与员工的道德境界

战略实施的基础是人,企业在实施战略时,一方面要对其所拥有的资源进行配置和整合,另一方面要注重提升领导者和员工的道德境界。伦理价值具有超越商业自利的特性,提升公司领导者和员工的道德境界,有助于凝聚公司员工和利益相关者达成共识,有助于促进战略管理的实施。

第一,提升股东、实际控制人、董事、监事、高级管理者的道德境界。

战略执行是由人来执行的,股东、企业实际控制人或董事、监事、高级管理者的伦理信念在战略执行中起到至关重要的作用。

企业股东、董事、监事、高级管理者需要不断追问"企业为什么要这么做""这么做的最终意义是什么",形成符合社会伦理道德的超越利润的信念,如自由、安全、尊严、平等、生命等,也就是通常认可的道德的最高规范。当企业经营者清楚了这些超越利润之上的信念追求后,就会受到超越性信念的激发,为自己的行为提供强大的道德信念动力,形成企业高尚的战略文化,促进企业长期持续进步。

> **链 接**
>
> **实现优秀的战略需要出色的领导人和管理者**
>
> 企业发展既有竞争压力驱动也有客户需求驱动,但根本动力还是企业领导者和管理者的自我驱动,柯林斯和波勒斯的研究证明了企业长期持续进步的动力之源是企业经营者,尤其是创始人、领头人的核心理念,"关键问题不在于公司是否有'正确的'核心理念,或者是否有'让人喜爱的'核心理念,而在于是否有一种核心理念指引和激励公司的人"。
>
> 卓越的企业在实现其发展战略的过程中非常重视人的因素。首先,卓越的企业创办人主要致力于建立一个卓越的组织,而不只是推出一种获利的产品;其次,领导人和管理者认同符合伦理的企业文化,他们严格挑选和要求员工,推动员工信仰企业文化,要求员工行为符合公司的理念,从而打造优秀的精英团队;最后,管理者建立起优秀的内部人才培养机制,而且用内部晋升来保持公司核心理念的连续性。
>
> 柯林斯和波勒斯认为,企业持续发展的内在动力就在于企业创始人和领导者始终追求超越利润之上的人类永恒的普遍价值,怀有执着的伦理信念。
>
> 企业战略首先取决于经营管理者的信念,如果这些"信念"包含着深厚道德情感和伦理责任,就会成为该企业永续发展的内在优良的"DNA",成为企业发展的动力之源,体现"得道多助、失道寡助"的道理。
>
> 资料来源:百度百科。

企业高管要以身作则。《孙子兵法》言:"上下同欲者胜。"意思是军队的首领和士兵须上下一条心才能打胜仗。在企业战略执行中,需要企业的股东、董事、监事、高管和企业的员工都高度重视伦理问题和社会影响。企业的高管是践行企业伦理理念的首要主体,更要起模范作用,带头打造健康的企业文化,带领员工践行企业伦理要求。

链接

张謇经商

张謇(1853—1926),光绪二十年(1894)状元,是清末民初的实业家、政治家和教育家。张謇主张"实业救国",是中国棉纺织领域早期的开拓者,一生创办了 20 多家企业、370 多所学校,为中国近代民族工业的兴起、教育事业的发展做出了宝贵贡献。

张謇应试的殿试策

张謇

自从唐初完善科举取士以来,殿试折桂成为中国读书人追求的最重要的荣耀。然而,张謇以状元身份开先河创办实业颠覆了世人"学而优则仕"的传统认知。他创办实业的行为对中国读书人产生了强烈的震撼效应。

张謇起自农家,苦读成名,为了改变家庭生活窘境,有过十年的幕僚生涯。张謇当状元时已年过四十,有了丰富人生经历的他已逐渐形成自己关于实业的想法。早在 1886 年左右,他就产生过"中国须振兴实业,其责任须在士大夫"的想法。1894 年,中日甲午战争爆发。后来,清政府与日本签订了丧权辱国的《马关条约》。张謇在日记中沉痛写道:"几罄中国之膏血,国体之得失无论矣!"他为张之洞起草《代鄂督条陈立国自强疏》,针对《马关条约》的后果,提出速讲商务、广开学堂、修建铁路等九条建议,明确指出"富民强国之本实在于工"。

面对落后就要挨打的现实,张謇认为,只有发展民族工业,才能抵制帝国主义的侵略、抵制外国资本的侵入。中国士大夫一向耻于经商,"状元办厂"在当时更是新鲜事。但张謇毅然放弃功名仕途,回到家乡创办了大生纱厂。

习近平总书记说:"企业家爱国有多种实现形式,但首先是办好一流企业。"看过张謇的故事就会发现,他正是这方面的榜样。

资料来源:根据网络资料整理。

第二,建立企业具体的伦理标准,引导员工行为符合伦理要求。

为了保障企业战略执行符合伦理要求,企业需要明确企业经营行为上的企业伦理标准,加强对员工的教育和引导,使员工精神上得到成长。要将企业战略对员工的要求体现在企业伦理建设中。比如实现企业战略要求企业员工不仅要有较高的专业素质,还要求有很高的道德水准。那么在企业伦理化建设中,就应该除了进行一些专业技术学习、培训和交流活动,帮助员工提高专业素质外,还要增加对企业员工良好道德的培养。

同时,企业制定的具体领域的企业伦理标准既包含职业伦理要求的内容,如会计职业规范、医务伦理准则、科研伦理准则、营销伦理准则等,也包括自己企业针对具体经营管理行为的操作性伦理标准,如食品企业的安全卫生伦理标准、石油企业的环境保护伦理标准等。

在战略执行过程中,企业伦理理念与伦理标准对员工行为形成约束,引导员工行为符合企业文化和伦理要求。

3.3.4 构建有助于战略实施的企业文化

构建良好的企业文化有助于增强企业凝聚力进而促进战略得到有效实施,构建企业文化需要注意以下三点。

第一,企业文化建设应当围绕诚信展开。

"事出于诚"。企业的发展必须讲诚信。在企业文化构建中要弘扬诚信观念,将诚信视为事业的根本,在企业内部推动企业诚信氛围的形成,进而形成对企业内部诚信缺失问题的有效控制。在制度建设、文化氛围营造中彰显诚信的重要性,尤其是在制度体系建设中明确对欺诈、舞弊、违约、违规、不守信用等现象的管理和控制,推动员工讲信用、守信用的诚信文化的形成。

> **链接**
>
> **东方伦理思想中的诚信观念**
>
> 东方伦理思想中,诚信观是诚信理念、诚信修养和诚信运用的整合统一,讲求心中诚实和行为诚实,其要义是"诚者自成"、"信"由"中"出。儒道释集大成者朱熹解释:"诚是自然的实,信是人做的实。"其思想包括了诚实和守信两个方面,二者关系密切,互为一体。诚实就是:"所谓诚其意者,毋自欺也。"守信就是遵守诺言,"所谓信,不食其言""言必信,行必果"。在商业行为中,诚信最简单的表述就是:货真价实,童叟无欺。诚信要求商业行为主体在竞争中对自己的诺言和行为全面负责,对竞争对手没有虚假,没有谎言,公平竞争,以诚相待。
>
> 资料来源:李存超,王兴元.宗教文化视角下东西方商业伦理观差异比较及启示[J].商业经济与管理,2013(11).

第二,要注意发挥企业文化润物细无声的作用。

有的企业构建了企业文化之后,并不能使其发挥相应的效果,主要是因为公司的高层管理人员并不重视企业文化,他们往往更注重工作效率和成果,导致员工也不重视公司的文化,由此忽视了企业文化建设的重要性。同时,缺少对企业文化的推广和宣传,导致员工并不了解企业的文化。因此,需要发挥好企业文化在企业中塑造观念、凝聚人心的作用。

第三,企业文化建设要形式多样、持之以恒。

企业文化不能仅仅像企业的规章制度一样，成文即可，必须要采用多种形式促使企业员工对企业文化"入脑入心"。企业文化建设不仅是形成一套准则、信仰，还需要有仪式、文化活动、团建活动等作为支撑，需要在日常的生产经营过程中加强宣传教育，逐渐形成企业的文化传统。

在微软、谷歌、寒武纪、普华永道等公司，员工可以独立思考和实践自己的独特创意，普遍实行弹性工作制，在达到项目绩效目标的情况下，可以自由安排自己的工作时间，他们有选择加班的权利，因此这样的公司能吸引一大批富有创造力的人才，为公司的发展注入源源不断的动力。把文化建设落在实处就是让企业文化为企业战略服务，让企业文化对企业战略起激励作用。

链接

小米的企业文化

小米公司正式成立于2010年4月，是一家专注于高端智能手机、互联网电视以及智能家居生态链建设的创新型科技企业。"让每个人都能享受科技的乐趣"是小米公司的愿景。小米公司应用了互联网开发产品的模式，用极客精神做产品，自创办以来，保持了良好的增长。小米公司在2012年全年售出手机719万台，2013年售出手机1870万台，2014年售出手机6112万台。

小米公司在互联网电视机顶盒、互联网智能电视，以及家用智能路由器和智能家居产品等领域也颠覆了传统市场。截至2016年底，小米公司旗下生态链企业已达77家，其中紫米科技的小米移动电源、华米科技的小米手环、智米科技的小米空气净化器、万魔声学的小米活塞耳机等产品均在短时间内迅速成为影响整个中国电子消费市场的明星产品。

围绕公司发展战略，小米公司打造的企业文化具有以下几个特征。

一是创新驱动。创新是一个企业发展的重要动力，小米公司的发展离不开创新能力。在战略模式方面，小米走"高配置、低价格"战略，异于传统手机行业。在生产模式方面，小米创业初期设计由摩托罗拉团队完成，生产完全外包，节省了成本。在销售模式方面，小米改变传统手机制造厂商的分销模式，利用网络、论坛、电子商务平台，适当运用饥饿营销，砍掉了中间商环节，既实惠了消费者，又增加了自身盈利空间。总之，在小米公司的发展中创新一直贯穿其中，持续不断创新成为小米文化的特征之一。

二是以人为本。小米公司主张建立自由、平等、轻松伙伴式的工作方式，没有KPI指标，而是用户驱动员工进步，这样的方式有利于降低沟通成本，提高员工的创造性，同时有利于增强员工的归属感和成就感，进而增强公司员工的稳定性。正因为小米公司注重人性化需求，所以小米团队员工积极性远高于传统企业，也能建立更加深厚的用户关系。

三是重视用户需求。小米公司"以用户为中心"的服务理念被广大用户所称赞。坚持把用户作为推动公司发展的动力，日常生产和设计注重用户的参与感，很多产品设计和MIUI系统的设计都有"米粉"的参与，还经常举办线下"米粉"见面会。通过强调用户参与感，提高了用户黏度和用户交流频度，变用户为朋友，增强了品牌知名度。

四是专注极致。小米公司是一个具有极强使命感和责任感的团队，公司在系统测试和产品设计方面极其专注,极客精神在小米团队里体现得淋漓尽致。小米包装盒设计曾做了多次尝试,为了让包装盒上的Logo有美感,设计师绞尽脑汁做了无数次尝试,发布会前也不放弃最后修改的机会,包装盒用料非常好,上面可以站一个成人都不会变形。用户的惊喜就是小米团队工作的动力,正是因为小米的极致文化,让小米的产品质量、设计质量得到不断提高。

信息来源:小米公司网站及网络资料。

综上所述,战略制定前期形成的伦理信念,构成企业行为的顶层伦理理念;战略制定期制定的伦理准则和企业文化,构成企业行为的具体伦理要求;战略执行期执行并细化的伦理规范,构成企业行为的控制和评价的标准。在融入伦理元素的战略管理体系下,企业要追求利润,更为重要的是明确了企业要追求正当的利润。战略管理过程中伦理约束始终构成企业获取利润的边界条件,使企业发展具有超越利润、更具理想性的目标,追求"利润之上的目标",同时,促使企业真正把伦理的边界条件和超越性的内在驱动力,自觉清晰地纳入到企业战略管理的进程中,从而能够促进企业和环境的长期和谐发展,使企业道德风险趋于缓和,并以此为契机逐步推动企业战略的顺利开展。

总体而言,卓越的企业应当将伦理因素融入企业战略管理,也就是说既将伦理因素融入企业战略愿景、使命、价值观、规范、文化、行为准则中,又在战略制定、实施和控制各环节中体现伦理要求。

本章小结

战略是企业的发展方向和定位,应当成为组织成员共同的努力方向。企业战略具有全局性、指导性、长期性、竞争性、系统性、风险性等特征。战略主要包括五个要素,分别是经营范围、战略目标、竞争优势、资源配置、战略行动。企业战略管理就是运用管理的计划、组织、领导和控制等手段,对企业的一系列重大、长期和根本性决策的制定、实施的过程进行管理的活动。企业战略管理包括五个要素,分别是经营范围、战略目标、竞争优势、资源配置、战略行动。企业战略管理过程一般包括战略制定、战略实施、战略控制三个环节。

战略制定中常见的伦理问题包括忽视社会责任、不重视环境保护、追求短期经济利益等。战略实施和控制中的伦理问题通常与管理层、治理层相关。获取利润是企业生存发展的基础,但是如果企业战略完全以逐利为目标会带来一定的伦理和道德问题。因此,企业战略管理需要考虑伦理因素,尤其是企业与股东、高管、员工、客户、供应等利益相关方的伦理关系。战略制定中应当体现伦理道德要求。

企业应当在战略管理过程中考虑伦理要求,包括树立注重商业道德的战略管理理念、制定融入伦理道德因素的战略目标、提升领导者与员工的道德境界、构建有助于战略实施的企业文化,在此过程中,始终重视并通过企业文化建设为载体,促进企业伦理建设落地,促进企业战略目标的实现。

关 键 词

战略　战略管理　利益相关方　伦理建设　企业文化

练 习 题

一、判断题（对的在括号里打√，错的在括号里打×）

1. 詹姆斯·布赖恩·奎因（James Brian Quinn）认为战略是由计划（plan）、策略（ploy）、模式（pattern）、定位（position）和观点（perspective）构成。（　　）
2. 企业战略可以有不同的分类方法，从层次上可以分为企业总体战略、业务战略、职能战略三大类。（　　）
3. 企业战略管理过程一般包括战略制定和战略实施两个环节。（　　）
4. 董事的伦理责任体现在勤勉监督监事及管理层的工作和行为，以维护公司及股东的合法权益等方面。（　　）
5. 管理层履行其受托责任是公司战略执行中的重要商业伦理问题，管理层容易出现背离忠诚、勤勉尽责、诚信报告与披露等问题。（　　）
6. 在企业战略目标的制定过程中融入道德因素，应当充分考虑企业所在区域的文化习俗、对社区的社会责任、对员工的尊重、保护环境等。（　　）
7. 企业文化建设、企业伦理建设和企业战略管理之间不存在互相促进的关系。（　　）

二、思考题

1. 企业战略的内涵与特征是什么？
2. 为什么要将商业伦理融入企业战略管理过程？
3. 企业战略管理中常见的商业伦理问题有哪些？
4. 如何将伦理要求融入企业战略管理？

三、案例讨论

上市公司 YBT 跨境财务造假案件

目前中国经济发展迅速，又随着"一带一路"的引导，国内的许多上市公司企图通过转型或开拓海外市场来谋求更大的利益。这些企业通过改革自身独特竞争优势，创新品牌策略等，在海外市场谋得一席之地。

YBT 科技股份公司是一家全球化综合性建筑金融科技服务企业。公司成为该行业为数不多的轻资产企业，主营业务以智能金属屋面系统、金属屋面围护系统和分布式光伏发电系统为主，以其专业化服务，逐渐发展成为一家综合集成商公司。在国家"一带一路"的政策引领下和当前智能互联网的迅速发展时期，为实现金融资本支持，公司积极发展并购基金和产业基金，加之其实体经营模式，推动金融和产业两大资本的有效结合，合理配置产业链上下游资产和资源，实现社会价值，为社会创造财富。

该公司通过借壳江苏 ZL 电气股份有限公司，创建于 2009 年，公司于 2015 年 8 月在深交所中小板成功重组上市,以下简称 YBT 公司。YBT 公司重组时签订过对赌协议,如若在规定的年限内,没有达到之前协议中的利润,YBT 公司应当支付对方巨额补偿。YBT 公司上市前由公司实际控制人 L 某及其妻子控制,其二人为主要控制人,没有其他股东。YBT 公司上市后 L 某和其妻子二人共持有股票份额超过 50%,成为公司实际控制人。

2015 年上市,当年年报显示,YBT 公司在与巴基斯坦木尔坦市开展的城市快速公交专线项目中实现收入超过 2 亿元,占年度销售总额的 21.8%。不过,证监会调查人员却发现,这笔收入有问题。据了解,巴基斯坦木尔坦项目业主方为木尔坦发展署,建设城市快速公交线,总投资超过 3.5 亿美元。不过,木尔坦发展署根本没有和 YBT 公司合作,年报所说的收入完全是子虚乌有。

证监会调查发现,2015 年,YBT 公司虚构海外工程项目,虚增收入 20 182.50 万元,通过虚构木尔坦项目方式,使当期营业利润虚增 14 967.52 万元,在当期披露利润总额中占比 47.09%。虚构建材出口贸易,虚增收入 1 852.94 万元,通过虚构建材出口贸易方式,使当期营业利润虚增 1 402.93 万元,在当期披露利润总额中占比 4.41%。虚构国内建材贸易,虚增收入 36 277.48 万元,通过虚构国内建材贸易的方式,使当年利润虚增 6 855.89 万元,在当期披露利润总额中占比 21.57%。相应的,2016 年 9 月,YBT 公司虚增收入 10 130.24 万元,通过虚构国内建材贸易的方式,使利润虚增 2 423.77 万元,在当期披露利润总额中占比 19.74%。综上所述,YBT 公司自 2015 年至 2016 年 9 月,营业收入总共虚增 58 312.41 万元,利润虚增 25 650.11 万元。YBT 公司在其公布的 2015 年年度报告、2016 年中期报告、2016 年第三季度报告中均存在虚假记载。

据 2016 年年报披露显示,公司的三位独立董事其中两位是注册会计师、高级会计师,具有很强的审计和法律背景,三位独立董事在报告期内本应参加 11 场会议,却均以通讯的方式参与会议。年报披露的信息中未见独立董事对于公司的相关事项提出异议。

讨论:

1. YBT 公司重组上市的战略目标存在什么样的伦理问题?
2. 分析 YBT 公司的财务造假给公司带来什么样的后果?
3. 关于做好企业商业伦理建设你有哪些好的建议?

第4章 企业人力资源管理中的商业伦理

> **本章提要**
>
> 本章介绍人力资源和人力资源管理的基础知识,围绕企业中劳动关系、激励体系、特殊员工群体管理等主要环节,分析人力资源管理领域常见的商业伦理问题,阐释企业人力资源管理中的伦理要求。

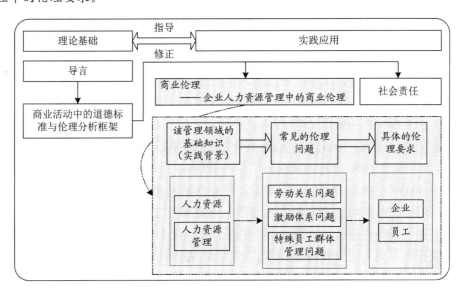

图 4.1 本章结构与内容示意图

> **引 例**
>
> 2016年10月,某互联网公司 A 被曝出实行全员"996"工作制度,公司 CEO 也因此受到员工声讨。彼时,A 公司所提出的"996"工作制,是指工作时间从早9点到晚9点,一周上6天班,且没有补贴或者加班费,也不允许请假。此后,该公司回应称,所谓"996"只是常规性动员,并非强制性要求,其目的是为了应对9、10月业务量较大的工作需求。
>
> 资料来源:https://baike.baidu.com/item/996工作制

近年来,国内外人力资源管理领域的伦理问题不断出现,例如2021年饿了么员工讨薪自焚、拼多多员工猝死事件、2020年合肥某研究所70多名员工集体辞职事件、2019年关于互联网企业996加班文化的讨论、2010年富士康多名员工跳楼事件等都引起了舆论的广泛关注。本章首先简要概述人力资源管理的内涵,然后分别阐述人力资源管理中的常见伦理冲突,最后阐明企业人力资源管理的伦理要求。

4.1 人力资源与人力资源管理

4.1.1 人力资源的内涵与特性

1) 人力资源的内涵

人力资源(Human Resources),有时与一些类似的概念混用,例如人力资本(Human Capital)、人力资产(Human Assets)、人才(Talent)、智力资本(Intellectual Capital)、劳动力资源(Labor Resources)、劳动力(Labor Force)、员工队伍(Staff)等。一般认为,人力资源是组织能够开发和利用的,用来提供产品和服务、创造价值或实现既定目标的所有以人为载体的脑力和体力的总和。

人力资源(Human Resources)这一概念是由美国旧制度经济学家约翰·康芒斯(John R. Commons,1862—1945)在1919年出版的《工业友善》(*Industrial Goodwill*)一书中首次提出。康芒斯的主要研究领域是工会和劳工历史、劳工立法以及制度经济理论,此外他还从事了部分人事管理方面的研究和实地调查工作。他从事这段工作是在1915年至1925年间,正值人事管理诞生,以及人事部门第一次在美国工业中出现。《工业友善》是康芒斯的第一本关于人事管理的著作,其主要贡献是确立了员工是组织的一种价值极高的资源的思想。大家公认的现代人力资源概念,是由管理大师彼得·德鲁克(Peter Drucker,1909—2005)1954年在其著名的《管理的实践》(*The Practice of Management*)一书中提出并明确加以界定。他在书中指出,人力资源,即企业所雇用的整个人是所有资源当中最富有生产力、最具有多种才能,同时也是最丰富的资源。而改善员工的工作成效是提升企业经营绩效的最佳方法。德鲁克强调,一方面,需要把人力资源视为和水利类似的特殊资源,从工程的角度设法找出运用人力资源的最佳方式,建立最适合人力资源特性和限制的工作组织;另一方面,企业必须把工作中的人力当成"人"来看待,重视"人性面",强调人的道德观和社会性,设法让工作的设计和安排符合人的特质。他还特别批评了泰勒的科学管理将人视为机械的错误做法。德鲁克明确指出,人力资源相对于其他资源的特殊优越性在于,人力资源拥有协调、整合、判断和想象这四种能力。人力资源与其他资源最大的区别在于,人是有办法控制自己,究竟要把工作做到多好以及做多少工作的,也就是说,人对于工作是有自主权的,人的发展是无法依靠外力来完成的,人力资源发展代表的是个人的成长。

约翰·康芒斯

彼得·德鲁克

2) 人力资源的特性

人力资源最为重要的特性是能动性、社会性、开发性以及时效性。

能动性。能动性是指人是价值创造过程中最为主动的因素,人对自己的价值创造过程具有可控性,人的工作动机会直接影响到工作的结果以及实现的价值。

社会性。社会性是指人力资源具有人性的一面和社会、道德的一面。人力资源的载体说到底是人,不是一般的物理资源,所以不能将人力资源看成是单纯的生产要素,而必须从人性的角度加深对人的理解,只有这样才能把握人的价值创造过程,妥善使用和开发人力资源,在满足人的经济需要的同时,满足人的各种社会需要和心理需要。

开发性。开发性是指人力资源不是一种既有的存量,而是可以被开发的,也就是知识、技能、能力和经验等人力资源的核心要素是可以不断积累和更新的。只有通过人力资本投资等手段,不断提升人力资源的内在人力资本含量,才能保持和增加人力资源的价值创造潜能。

时效性。时效性是指人力资源涉及时间的概念,即包含一定数量和既定人力资本存量的人力资源必须加以使用才能创造价值,人力资源没有投入到生产或价值创造过程中的那些时间无法保存、也无法创造价值。

4.1.2 人力资源管理的内涵与主要内容

1) 人力资源管理的内涵

人力资源管理这一概念是在人事管理的基础上发展而来的。工业革命时期随着劳动生产力的效率和生产力水平大幅度的提高,针对生产过程以及从事生产员工的管理要求也逐步提高,泰勒的科学管理、法约尔的工业管理等人事管理方法得到极大的推崇。人事管理将管理对象单纯地看作"经济人"来对待,而人事管理的目的是为了最大幅度地提升企业生产效率和经济收益。

人力资源管理(Human Resource Management,简称 HRM),是一个获取、培训、评价员工以及向员工支付薪酬的过程,同时也是一个关注劳资关系、健康和安全、公平等方面问题的过程。它是预测组织人力资源需求,并做出人力需求计划、招聘选择人员,同时进行有效组织、考核绩效支付报酬,进行有效激励、结合组织与个人需要进行有效开发以便实现最优组织绩效的全过程。

2) 人力资源管理的主要内容

人力资源管理的主要内容包括以下八个方面。

(1) 工作分析与岗位设计。对企业各个工作职位的性质、结构、责任、流程,以及胜任该职位工作人员的素质、知识、技能等,在调查分析所获取相关信息的基础上,编写出职务说明书和岗位规范等人事管理文件。

(2) 人力资源规划。把企业人力资源战略转化为中长期目标、计划和政策措施,包括对人力资源现状分析、未来人员供需预测与平衡,确保企业在需要时能获得所需要的人力资源。

(3) 员工招聘与选拔。根据人力资源规划和工作分析的要求,为企业招聘新员工、在内外部选拔所需要人力资源,并录用安排到一定岗位上。

(4) 绩效考评。对员工在一定时间内对企业的贡献和工作中取得的绩效进行考核和评价,及时做出反馈,以便提高和改善员工的工作绩效,并为员工培训、晋升、计酬等人事决策提供依据。

(5) 薪酬体系设计及管理。包括对基本薪酬、绩效薪酬、奖金、津贴以及福利等薪酬结构的设计与管理,以激励员工更加努力工作实现组织目标。

(6) 员工激励。采用激励理论和方法,对员工的各种需要予以不同程度的满足或限制,引起员工心理状况的变化,以激发员工向企业所期望的目标而努力。协调和改善企业与员工之间的劳动关系,进行企业文化建设,营造和谐的劳动关系和良好的工作氛围,保障企业经营活动的正常开展。

(7) 培训与开发。通过培训提高员工个人、群体和整个企业的知识水平,提升其能力,改善其工作态度,进一步开发员工的智力潜能,以增强人力资源的贡献率。

(8) 职业生涯规划。鼓励和关心员工的个人发展,帮助员工制定个人发展规划,以进一步激发员工的积极性、创造性。

此外,企业人力资源管理还需要关注公平就业机会和积极的反歧视行动、员工健康和安全、争议处理和劳资关系。

4.1.3 商业伦理融入人力资源管理的必要性

1) 企业人力资源管理中存在歧视、不公平的现象

在企业人力资源管理过程中,各种歧视、不公平现象随处可见。许多单位存在性别歧视,在招聘广告中"男士优先"现象层出不穷,有的企业甚至要求女性一被聘用,一定年限内不得生育;年龄限制也经常可见,许多单位的招聘广告中经常出现"40岁以下"的字眼;有些单位在发布求职信息时,关于身高、形象、气质等外形的要求也随处可见。我国很多企业中超时加班加点的现象也十分突出,如互联网大厂的"996""007"加班文化;企业员工的工作环境安全存在较大问题,2021年1月山东栖霞市西城镇正在建设的五彩龙金矿发生爆炸事故,井下22名工人被困;很多企业的招聘、绩效考核、晋升等过程中"萝卜招聘""萝卜晋升"等现象比较常见,存在不同程度的公平缺失问题。

2) 企业员工存在的非伦理行为影响组织绩效

随着信息时代的到来,员工在工作时间"摸鱼"、欺骗雇主、因私使用公司资源等现象日趋严重;员工泄露公司技术秘密、携带公司技术转投竞争对手等情形屡见不鲜,办公场所里工作偷工减料、性骚扰等现象也很常见。国外学者通过调查研究发现,曾经有过欺骗雇主或是故意损坏公用物资行为的员工比例高达33%至75%;NIOSH通过研究估计整个美国每个星期都会有大约18 000名员工在工作场所受到生理或者心理上的伤害。上述行为也给员工所在组织带来了极大的负面影响,例如统计发现,每年都会有约2 000亿美元的损失是由于组织内部员工的偷窃行为造成的;一项调查结果显示,有高达4 000亿美元的损失是由员工的欺骗行为引起的(MSNBC)。

企业和员工的这些非伦理行为除了会给企业带来巨大的经济损失之外,还会降低员工的组织归属感、认同感和工作满意度,也会降低企业的生产效率,影响企业的社会形象。

4.2 人力资源管理中常见的伦理问题

4.2.1 劳动关系中的伦理问题

劳动关系,又称为雇佣关系,通常是指受雇人向雇佣人提供劳务,雇佣人支付相应报酬,形成权利义务关系。雇佣关系是雇主和受雇人在达成契约的基础上成立的,雇佣合同可以是口头的也可以是书面的。

1) 就业歧视问题

通常认为歧视就是不平等看待,在不同的领域里,表现程度也各不相同。随着社会的发展,歧视的种类越来越多,如年龄歧视、性别歧视、地域歧视、分数歧视、毕业院校歧视、特长歧视、血型歧视、价格歧视、姓名歧视,等等。

国际劳工组织1958年通过的《就业与职业歧视公约》(第111号公约)中界定:"基于种族、肤色、性别、宗教、政治见解、民族、血统或社会出身的任何区别、排斥或特惠,其效果为取消或损害就业或职业方面的机会平等或待遇平等。"另外,"有关成员在同雇主代表组织或工人代表组织——如果这种组织存在——以及其他有关机关磋商后可能确定其效果为取消或损害就业或职业方面的机会平等或待遇平等的其他区别、排斥或特惠",也是歧视。"包含得到职业培训的机会、得到就业的机会、得到在特殊职业就业的机会以及就业条件"。

(1) 年龄歧视

年龄歧视通常是指在招聘信息中限定求职人员年龄不能超过某个限制。在一些招聘广告中,经常可以看到有关年龄的限制性条件,比如招收行政人员,一般要求年龄在22岁至28岁,招聘服务员,要求年龄不超过35岁等。同时,由于中国人口众多,就业结构出现年轻化的趋势,有的用人单位在招聘时规定了几近苛刻的年龄界限,将一大批年龄较大的求职者排斥在外,越来越多的企业在招聘员工时,将用人的年龄限定在35岁以下。有的单位采用强迫的方法使达到一定年龄的受雇者自动离职或者退休,或者当受雇者达到一定年龄,其升迁就受到影响。

> **链接**
>
> **遴选、遴选,35岁何时才能不再是道坎?**
>
> 5年的基层工作最低服务年限将满之际,一名在中部山区县任职的干部决定继续留在县里,这与他最初的计划有些不同:"最初还想参加公开遴选,但现在发现年龄成了'硬杠杠',超过了35岁就基本没有机会了。"多位基层干部介绍,公开遴选本是促进基层与上级机关人员流动的重要方式,也是上级机关选拔基层优秀人才的方式,但对于年龄,往往有着明确要求。近年来,35岁逐渐成为一道坎。
>
> 《半月谈》记者发现,相关的规定被直接写入了许多地方开展遴选工作的"报名范围和条件"之中。中部一省,2020年省直机关遴选公务员时,列出了21家省直单位52个一级主任科员以下及相当层次职级职位共97个计划。

遴选公告中明确指出——除公开遴选职位对年龄有特殊要求外,年龄不超过35周岁(1984年9月3日以后出生)。其中,报考专门面向选调生的遴选职位,报名人员现为乡科级副职或三级、四级主任科员及相当层次职级的,年龄在32周岁以下(1987年9月3日以后出生);现为一级科员以下及相当层次职级的,年龄在29周岁以下(1990年9月3日以后出生)。

这样就相当于直接把一部分人拒之门外了,让他们根本没有通过遴选进入更高的平台的机会。就这样,公开遴选本该是公务员录用中的"二次择优",却因为年龄限制较为严苛,提前拦住了一批基层干部。

资料来源:《半月谈》微信公众号,2021年2月21日。

(2) 性别歧视

广义上看,性别歧视指在性别上存在的偏见,指一种性别成员对另一种性别成员的不平等对待,尤其是男性对女性的不平等对待。两性之间的不平等,造成社会的性别歧视。但也可用来指称任何因为性别所造成的差别待遇。在人力资源管理领域,性别歧视包括职业歧视和工资歧视两种形式。职业歧视是指,女性在同等条件下不能找到同等的岗位,更多的被雇佣在低于个人能力的工作岗位上。工资歧视是指女性与男性干同样的工作,却不能得到同样的薪酬以及职务晋升方面的待遇。

链接

2019年7月28日,在第13届西宁FIRST青年电影展的闭幕式上,海清代表中年女演员发声,引发网络热议。海清指出中年女演员"是被动的",难以接触到优秀的作品,但其实她们有经验有阅历、宽容善良、善于沟通、足够专业,便宜又好用,希望能有更多机会和青年导演们合作。姚晨和梁静也表示,并不喜欢监制、制片等工作,希望能有更多机会出演好角色。

这也不是中国独有的现象,电影中关于性别和年龄的歧视普遍存在。2016年,数据网站Polygraph的研究证实,男演员变老时,所适合的角色越来越多;女性的遭遇却正好相反。22岁至31岁的女性角色台词只占38%;42岁至65岁的女性角色台词跌至20%。而大部分台词,属于42岁至65岁的男性。近几年的奥斯卡金像奖获奖者,也越来越呈现出年轻化的趋势,尤其是"最佳女主角"这一奖项:詹妮弗·劳伦斯和布丽·拉尔森分别出生于1990年和1989年,艾玛·斯通摘得影后桂冠时只有29岁。

2017年,美国南加州大学的一项语言学研究,也支持同样的结论。该团队分析了约1 000部电影剧本,其中男性有超过37 000段对话,而女性只有15 000多段对话;女性扮演的角色略多于2 000个,而男性扮演的角色将近4 900个;而且女性电影角色平均比男性角色年轻5岁。

资料来源:钱婧,《新京报》,2019年8月4日。

(3) 户籍歧视

户籍就业歧视是指发生在许多就业过程中,一些企事业单位以户籍限制为要求,不考虑求职者各项综合指标的匹配度,而直接拒绝求职者应聘要求的一种就业歧视。常见的户籍歧视包括限制招聘特定户籍员工、同工不同酬、非城镇户籍雇员没有社保和福利等。

> **链接**
>
> 2013年4月，安徽宣城籍女大学生J想应聘东部地区N市人力资源和社会保障局电话咨询中心话务员，却因非N市户籍被拒，她认为遭遇户籍歧视，于是决定诉诸法律，经过15个月的马拉松维权之战，女大学生J已于2014年8月7日下午拿到了1.1万元的赔偿款，这也为该例户籍就业歧视案画上了一个句号。
>
> 资料来源：根据网络资料改写。

(4) 学历歧视

学历歧视通常也称为第一学历歧视，是指用人单位不根据应聘者的能力和岗位需求，而是根据应聘者高考后取得的第一学历，对应聘者进行的不科学评价和不合理筛选。我国高等教育进入普及化阶段，高等教育有本科与专科之分、"211"与"985"之分，还有重点与非重点之分。大多数用人单位会在招聘要求中标明"全日制本科""985高校毕业"等硬性规定。近年来，由于应聘者供过于求，用人单位有了更多选择的机会与权力，学历限制也就顺理成章地为招聘单位构筑起上岗门槛。

> **链接**
>
> ### 如何消除"非全日制"学历歧视
>
> 近期，有网友反映，自己是2017年后的统招非全日制硕士研究生，在参加内蒙古鄂尔多斯杭锦旗和准格尔旗的教师招聘时，均被以"学历不符，非全日制学历"的理由拒绝。鄂尔多斯市人力资源和社会保障局对此回应称，确实存在有关考试组织人员不了解相关政策，在资格审核时对非全日制学历未予通过的现象，为此郑重道歉。
>
> 仅仅因为所持的硕士研究生学历系"非全日制学历"，便被相关招录单位认定为"学历不符"，这种做法显然并不合理，明显属于学历歧视。这种学历歧视，不仅涉嫌侵犯劳动者的平等就业权，实际上也明显违背了教育部的相关要求。今年2月，教育部办公厅等五部门《关于进一步做好非全日制研究生就业工作的通知》明确要求，各级公务员招录、事业单位及国有企业公开招聘要根据岗位需求合理制定招聘条件，对不同教育形式的研究生提供平等就业机会，不得设置与职位要求无关的报考资格条件。
>
> 资料来源：若夷，《北京青年报》，2020年9月1日。

除上述几种常见的情况以外，种族歧视、健康歧视、相貌歧视等也是就业歧视的表现，对员工和社会存在潜在的危害。

2) 假劳务外包问题

劳务外包是指劳务发包单位将本单位部分业务的劳务发包给具有合法资质的劳务承包方，双方签订劳务外包协议，劳务承包方按劳务外包协议的约定完成劳务承包任务，劳务发包单位按劳务外包协议的约定向劳务承包方支付劳务外包费用的一种外包承揽经营形式。因此，劳务外包的准确定位应当属于经营模式的一种而非用工模式的一种。随着《中华人民共和国民法典》(简称《民法典》)修订,对劳务派遣在用工编制、工资总额等方面规定日趋严格,有的实行工效挂钩管理的企业为了绕开上级监管,打着劳务外包的幌子,以"真派遣、假外包"方式突破工资总额限制、隐匿人力成本、偷逃企业所得税税款、规避用工单位责任。

> **链接**
>
> 根据国家统计局公布的中国经济运行数据,我国服务业占比快速增长,2013年首度超过工业,到2019年全年全国服务业生产指数比上年继续增长,第三产业增加值占国内生产总值的比重为53.9%,比上年提高0.6个百分点。数据显示随着服务业占GDP总额的比重不断增加,劳动人口将不断向服务业转型,并占据就业人口的更大比例。
>
> 灵活用工则是服务业主要的用工方式。灵活用工区别于固定全职用工,是企业基于用人需求的波峰波谷,灵活地按需雇佣人才,企业与人才不建立正式的全职劳动关系的全新用工模式。
>
> 随着数字经济的发展,灵活用工平台应运而生。灵活用工平台一般为大型生活服务平台提供灵活用工解决方案;为生活服务行业企业客户提供第三方业务管理平台;为平台上劳动者提供个人成长和技能提升机会。灵活用工平台企业提供的服务通常包括外卖即时配送、网约车司机管理、保洁家政、共享单车运维等多个场景。
>
> 资料来源:根据网络资料整理。

3) 裁员问题

企业裁员的理由很多,总体上以经济理由居多。但是,也不乏企业为了规避法律要求采取软裁员、突击裁员的方式。软裁员,又称为变相裁员,是指用工单位采取的变相裁员的方式,以降薪、换岗和换工作地点等方式,迫使员工主动辞职,从而避免《中华人民共和国劳动法》(简称《劳动法》)的一些规定和补偿,是一种变相的裁员手段。容易遭受软裁员的员工一般是拥有3年至7年工作经验的员工,这类员工通常在企业中为专业技术人员和初级经理,但多数不在关键员工名单中,而其收入则是高于新员工。在成本控制偏紧的状况下,这类人员容易出局。

此外,在一家企业连续工作10年以上或者连续订立2次固定期限劳动合同,员工可以要求与企业订立非固定期限劳动合同,3年至7年工作经验正是一个敏感点。此外,软裁员还包括提高业绩指标、撤并部门等其他手段。

裁员或许是可以理解的,但是资本无视员工权益而裁员却毫无正当性、合法性。资本强权逐渐成为恶化劳资关系的主要因素,从而也成为导致社会不和谐的重要原因。

> **链接**
>
> **沃尔玛突击裁员**
>
> 2007年,在新《中华人民共和国劳动合同法》出台前夕,沃尔玛中国区将近100名员工突然被辞退,占到该企业全球裁员人数的50%。有相关人士指出,沃尔玛在新《中华人民共

和国劳动合同法》实施前裁员,不排除有降低人力成本的考虑。而沃尔玛称此次裁员是该企业优化重组的一部分。

在市场经济条件下,企业大规模裁员与企业大规模招聘,都是常见的现象,只有坐惯"铁交椅"、端惯"铁饭碗"的人才会对此大呼小叫。

但在制度健全的国家或地区,企业裁员却须经繁复程序和反复博弈,方能成为现实,并不是一脚就可以把员工踢出门的。

沃尔玛中国区的这次裁员,问题不在其裁员,甚至也不在其裁员有无正当理由,而在于它"突击"。今天告知你被裁,今天你就得滚蛋,再也别想跨进公司的大门。这种突击式裁员,未经任何程序,也不打算与任何人任何组织进行任何协商,其蛮横粗暴的特征暴露无遗,员工的人格尊严与合法权益在瞬间被击得粉碎。

资料来源:http://star.news.sohu.com/20071104/n253046907.shtml(作者:滕朝阳)

劳动关系管理中还有其他一些伦理问题,例如劳务派遣用工遭到用工单位歧视或不公平对待,没有足额或仅按照最低标准缴纳社保和公积金,没有年金或福利,缺乏培训机会和职业晋升通道,对用工单位重大事项没有知情权和建议权等。

此外,随着平台企业的快速发展,存在新型劳动关系下劳动方的权益保护不足问题。

> **链 接**

E外卖平台骑手猝死引关注,新型劳动关系下如何保障权益?

2020年12月,E外卖平台43岁骑手H先生在外卖配送途中猝死,倒在了工作岗位上。由于他的身份是众包骑手,与平台不构成劳动关系,起初E外卖平台表示只愿提供人道主义补偿2 000元,此事迅速引发质疑和争议。

在H先生猝死后,他的家属才发现,每天上线接单,E外卖平台会先扣掉3块钱,其中1.06元买了保险,而且险种居然是"旅游人身意外险",猝死最高赔偿3万元。对此,平台客服的解释难以自圆其说。

"因为您每天在平台上跑单,我们跟保险公司合作的话,也是帮您去处理后续的问题,所以接单之后,我们会首先扣除你一个平台上的服务费。"

E外卖平台的重要竞争对手M平台的外卖骑手小磊介绍说,这份职业人员构成比较复杂,如果是平台专送,平时有比较稳定的工资,还有工伤保险、劳动保障等福利。如果在众包等第三方平台兼职,虽然穿的是一样的工作服,但实际待遇会大大缩水。

"我们M平台每单是需要出几毛钱的保险费,众包这种兼职就没人给你上,因为他没有公司。按理说不管是专送还是众包,都得有个保障,用你这个APP跑了,不管能行吗?"

2021年1月8日,E平台发布最新回应,把H先生猝死的抚恤金提升至60万元,但回应中并没有进一步厘清劳动关系性质。中国人民大学劳动人事学院教授在接受媒体采访时曾表示,灵活就业因工时长、收入不稳定、大部分没有进入社保,导致问题突出,应高度重视。在企业长期从事人事工作的刘女士认为:

"可能是迫于舆论,最后还是赔偿了。就算是没有劳务雇佣关系,但你作为一个平台,你还是承担了平台的管理责任的。应该事先明确责任和义务,不是简单地买个旅游保险,这样才会避免后续出现这种情况。"

资料来源:根据网络资料整理改写。

4.2.2 激励体系中的伦理问题

1) 薪酬体系设置问题

首先,由于企业经营者与所有者之间存在信息不对称,经营企业的高级管理者存在"私有信息"和"不能够投入",可能会利用自己的信息优势进行机会主义行为,在薪酬体系设计中实施一些利己但不利于企业长远发展的行为。对于高管薪酬问题,在美国,20世纪70年代,102家大公司负责人的平均收入是普通全职人员工资的40倍,21世纪初,CEO的年薪超过900万美元,是普通工人工资的367倍[1]。有数据显示,2016年在美国社会占总人口0.1%的最富有家庭,拥有占人口90%的家庭的财富总量。美银美林的数据显示,过去的30年间,占人口比重90%的美国底层家庭获得的财富比例下降了13个百分点,而相反,占人口比重仅0.1%的最富有家庭的财富占比却在不断攀升。两者之间的差距不断拉大[2]。企业高管薪酬额度与普通员工之间的鸿沟成为大家关注的问题。人们普遍认可应当明确最低工资标准,为员工提供最低生活保障,但是设置工资上限,或者高管工资与最低工资的倍数应当是多少则难以确定。毋庸置疑,公司高管具备管理能力、市场开拓能力等为企业创造价值,应当获得相应的薪酬,但是高管的薪酬水平的设定仍然需要综合考虑多方因素。

其次,同工不同酬现象仍存在。编制通常是指组织机构的设置及其人员数量的定额和职务的分配,由财政拨款的编制数额由各级机构编制部门制定,财政部门据此拨款。编制通常分为行政编制、事业编制、银行编制等。对于同工不同酬的社会现状,主要包括正式员工与非正式员工、事业编制与非事业编制、新员工和老员工等之间的薪酬差异,他们的工作内容几乎都是相同的,但是他们工作人员的属性不同。有人是"编内"工作人员,有人却是"编外"工作人员,仅仅是一字之差,最终两人的所有待遇福利和社会保障全部不同,但是工作内容几乎没有差别。

【链接】

马斯洛需求层次理论

美国心理学家亚伯拉罕·马斯洛于1943年在《人类激励理论》论文中提出马斯洛需求层次理论。马斯洛需求层次理论主要分为以下五个层级:

第一层:生理需求(physiological needs)。生理与种族繁衍需求是马斯洛需求层次的第一层,也是金字塔模型的最底层,其作用巨大,不可或缺,主要表现于对空气、食物、住房、交通及其他生理上的需求。

第二层:安全需求(safety needs)。安全需求指能满足个体免于身体与心理危害恐惧

---

[1] 保罗·克鲁格曼. 美国怎么了?:一个自由主义者的良知[M]. 刘波,译. 北京:中信出版社,2008.
[2] 任琳. 贫富差距成为美国的治理难题[N]. 光明日报,2017-01-03.

的一切需求。主要体现在对工作保障、安全(身心)保障及稳定的需求。企业良好的福利政策及给予员工良好的职业发展机会可以使员工的安全需求得到满足。

第三层：归属和爱的需求(belongingness and love needs)。归属和爱的需求也被称为社会需求，是在安全需求这一基础上发展而来的。

第四层：尊重需求(esteem needs)。尊重需求是对地位、名誉、认可及权利的需

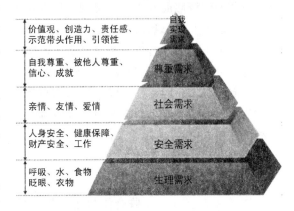

求。通过良好的晋升制度、奖励和表彰制度，例如通过提供工作职称、头衔、与岗位配套的职权和待遇等来满足此需求。

第五层：自我实现需求(self-actualization needs)。自我实现需求是对晋升、成就感、完成有挑战性的工作、发明和创造等这一类的需求，主要通过实现自我人生目标，扩大个人影响力来满足自己自我实现的需求。

马斯洛的需求层次认为，当低一层次的需求相对满足后就会向高一级需求发展，低一层次的需求就不再成为主导需求或主要动力，邻近的高一级需求则变成主导需求和动力，整个需求的出现和转换都是逐步由低级向高级发展的。

资料来源：根据百度百科等网络资料整理。

2) 利益冲突问题

利益冲突是指个人由于受到特殊利益的驱使，而使其独立性或客观性被削弱。这里的特殊利益，主要包括建立在父子(女)、母子(女)和夫妻等亲属关系、社会中重要人际关系基础上的关联利益，或者对公司利益构成潜在损害的商业贿赂、回扣等。

首先，外部利益冲突是指企业雇员与和本公司有业务竞争关系，或有其他各种业务往来的任何组织或个人中的雇员存在亲属关系或其他特殊利害关系，这些关系，可能在该员工履行本公司职责时，影响他对问题的判断或决定，进而导致实际的或潜在的利益冲突的发生。例如，采购人员将其利益关联方纳入供应商，采购价格高于市场公允价格，并从中获取个人利益。

其次，内部利益冲突是指两名或两名以上的雇员在公司内部处于互相监督或制约的岗位上，包括相互汇报的岗位上存在亲属或其他特殊利害关系，而这些关系，可能在雇员履行职责时，影响他对事件判断的客观性和公正性，进而导致实际的或潜在的利益冲突的发生。例如出纳人员负责记账、内部审计人员参与监督对象的管理决策等。

4.2.3 特殊员工群体管理的伦理问题

1) 雇佣童工问题

根据联合国数据，在全球一些最为贫穷的国家，存在数量庞大的童工，全球有数千万17岁以下的儿童参与农业劳作，矿业也"吸引"了不少儿童，其中一些出苦力的童工年仅6岁。

都拉斯有关机构此前公布的一份调查报告显示,2009年该国童工数量已经高达40万,童工数量约占该国儿童总数的14%。这批过早开始劳作的儿童中,70%集中在乡村地区,年龄介于5岁至14岁之间,男童和女童所占比例分别是74%和26%。随着这些儿童年龄的增长,他们所承担的劳动量和强度也逐步增加。贫穷和法律观念缺失是造成使用童工现象在部分国家屡禁不止的主要原因。过早参与劳动的儿童受教育的权利大多会被剥夺,而繁重的劳作将对他们的身心发育造成不良影响。未成年工或童工的工作环境恶劣、工作时间超负荷,其身心健康受到损害、缺乏福利保障、容易成为暴力侵害对象。

> **链接**
>
> **联合国报告:全球童工数量高达1.68亿**
>
> 国际劳工组织总干事莱德在6月12日的"世界无童工日"发表特别声明,呼吁世界各地政府、雇主和工人组织、民间组织以及亿万民众联合起来,聚焦冲突和灾难对童工的影响。
>
> 莱德指出,在全球范围,每年受灾害影响的青少年儿童超过1亿人,生活在武装冲突地区的相关人数则为2.3亿。随着危机的蔓延,学校被摧毁,许多家庭失去谋生手段,社会保障体系也随之崩溃,由此加剧了童工的风险;儿童难民和境内流离失所者,特别是与亲人失散的儿童尤为脆弱,很容易沦为人口贩运和童工劳动的牺牲品。迄今为止,已有数百万儿童因冲突和灾难而被迫从事童工劳动。国际社会必须采取紧急行动,解决受冲突和灾难影响地区的童工现象。
>
> 联合国粮食及农业组织当天也发布通报称,全球约有1.68亿童工,其中超过9 800万都在从事农业劳动;他们没有报酬,而且面临诸多危险,包括农药、危险的机械设备、沉重和长时间的劳动等。有证据表明,儿童和青少年在农业活动中伤亡的比例高于成年人。粮农组织强调,农业部门有极大的潜能,在危机之前、之中和之后挽救生命、促进生计、扶持农户、确保体面就业,以及针对最恶劣童工形式等提供替代办法。
>
> 为此,联合国粮农组织当天发布了题为《长期危机、脆弱和人道主义背景下的农业童工现象》指南,敦促将童工问题纳入危机和灾害期间农业、粮食安全和营养计划。指南指出,将提供实际步骤,确保各项计划中青年能够获得培训的机会,最终促进青年可靠就业,并确保针对弱势家庭的扶持工作不会导致鼓励童工的意外后果。例如,有偿劳务计划可能吸引大量成人参与,这将会加重家庭农场中儿童所承担的劳动负担。
>
> 资料来源:朱雄、汪璐,中国经济网,2017年6月13日。

2) 一线员工劳动负荷较重的问题

随着社会竞争压力加大,"时间就是金钱""效率就是生命"的观念深入人心,有的企业特别是互联网公司加班文化浓厚,有的企业以某种形式促使员工自愿放弃带薪年休假,同时给予员工相应的待遇。这在催生经济飞跃的同时也对企业员工的身心健康造成一定影响,"996""过劳死",甚至"自杀"等问题日益暴露,不时引发社会热议。例如2020年11月,37岁财通基金量化投资部负责人徐某突然离世,金融行业的工作强度和高压力引发关注;2016年6月,南方医科大学附属医生金某于医院宿舍逝世,年仅45岁,同事称金医生离世前两天仍从清早工作到晚10时许;2017年6月,浙江大学医学院附属邵逸夫医院内,25岁的麻醉科规培住院医生陈某被发现猝死医院宿舍内,其生前发过一条朋友圈,在连续长时间工作后感叹:还活着真好;2016年6月,天涯社区副主编金某在北京地铁站台上突发脑出血不幸去世,同事们说他工作太拼,长期加班熬夜,看似身体强壮,实已积劳成疾……

在《工作致死》一书中,美国斯坦福大学教授杰弗瑞·费弗发现,工作是导致人们死亡的第五大原因,高于肾病和阿尔茨海默病。他估计,全球每年由于工作压力致死的人数高达100万。

该问题产生有多方面的原因,包括劳动法对工时制度的规定及法律责任规定得比较模糊、劳动者无法自主自治地联合起来与资方进行平等谈判,以及社会各方整体上法治意识还比较薄弱、GDP导向等。

> **链接**

拒绝加班判赔偿案

案情如下:扬州某公司员工王某和李某,被要求加班完成产品检验,否则公司将违约。两人为逼公司续签劳动合同拒绝加班,导致公司赔偿12万元。公司将其告上法庭,两人被判赔1.8万。法官:员工有权拒绝加班,但遇紧急任务要求加班必须服从。

法院的角度是,劳动者须有契约精神,要服从公司的工作安排,不能在关键时刻掉链子,因之导致公司损失的,须赔偿。另一方面,《劳动法》有社会属性,对于赔偿不能根据实际损失来计算,而是要考虑劳动者的收入、过错大小、与损失的因果关系等,故酌情赔偿损失的15%,即1.8万元。

但是有专家认为,法院的这个判决考虑不全面,有偏向资方之嫌。其理由如下:

第一,对于"紧急情况"认定过宽。如果一般的订单需求也认定为紧急情况,则加班有被公司滥用之虞,使员工不得不加班,否则面临索赔。这样会造成劳资关系的紧张,反而不利于生产。

第二,《劳动法》有人身属性,员工拒绝加班,就如辞职。对于辞职是不能索赔的。举重以明轻。辞职都不赔,拒绝加班更不要赔偿。看来,劳方是需要一个工会组织来与资方交涉。

第三,《劳动法》关于加班的规定。法律规定对于加班,资方要与工会和劳动者协商,不能一方强制要求加班。同时规定必须加班的三种情况,除此之外,不能加班。条文如下:

《劳动法》第四十一条:"用人单位由于生产经营需要,经与工会和劳动者协商后可以延长工作时间,一般每日不得超过一小时;因特殊原因需要延长工作时间的,在保障劳动者身体健康的条件下延长工作时间每日不得超过三小时,但是每月不得超过三十六小时。"

第四十二条 有下列情形之一的,延长工作时间不受本法第四十一条规定的限制:

(一)发生自然灾害、事故或者因其他原因,威胁劳动者生命健康和财产安全,需要紧急处理的;

(二)生产设备、交通运输线路、公共设施发生故障,影响生产和公众利益,必须及时抢修的;

(三)法律、行政法规规定的其他情形。

第四十三条 用人单位不得违反本法规定延长劳动者的工作时间。

专家认为,该案中的"紧急情况"必须是《劳动法》第四十二条规定的类型(该加班有社会公益性一面），才可以强制加班，否则员工可以拒绝加班，无须赔偿。对于资方来说，要让员工关键时刻不掉链子，则雇工时候要有眼光，以及要以待遇等吸引员工忠诚，但不能以强制加班的方法来管理。

资料来源：http://js.people.cn/n2/2020/0504/c360299-33993645.html（作者：王庆凯）

深圳市 2021 年 1 月 1 日起施行《深圳经济特区健康条例》第六十三条规定：用人单位应当合理配置人力资源，安排员工作息时间，对脑力或者体力劳动负荷较重的员工实行轮休制度，避免对员工健康造成人体机能过度损耗或者身心健康伤害。用人单位应当严格依法执行员工带薪休假制度。人力资源保障部门和工会等组织应当加强对用人单位落实员工带薪休假制度的监督检查。其中的强制休假制度针对的是加班加点过多、劳动时间过长、过劳现象严重、劳动者休息休假权经常受损害等社会问题。

> **链接**
>
> 《劳动法》规定：国家实行劳动者每日工作时间不超过八小时、平均每周工作时间不超过四十四小时的工时制度。用人单位由于生产经营需要，经与工会和劳动者协商后可以延长工作时间，一般每日不得超过一小时；因特殊原因需要延长工作时间的，在保障劳动者身体健康的条件下延长工作时间每日不得超过三小时，但是每月不得超过三十六小时。用人单位违反本法规定，延长劳动者工作时间的，由劳动行政部门给予警告，责令改正，并可以处以罚款。
>
> 国务院《职工带薪年休假条例》规定，单位确因工作需要不能安排职工休年休假的，经职工本人同意，可以不安排职工休年休假。对职工应休未休的年休假天数，单位应当按照该职工日工资收入的 300% 支付年休假工资报酬。
>
> 资料来源：根据网络资料整理。

此外，学生工、农民工等劳动者群体也面临超时加班、被拖欠工资、求职困难等问题。

4.3 人力资源管理中的伦理要求

4.3.1 企业主导塑造良好劳资关系

企业应当主动塑造良好劳资关系，增强企业凝聚力，调动与发挥员工的创造性与积极性。企业能迅速良性发展与管理层的管理思想，特别是对劳资关系尤其是人的因素的重视，有直接的关系。企业必须关心职工的生活与福利，但是这还不够，要使得企业成为一个有凝聚力和竞争力的组织，有必要关注员工的合理需求，不能把员工单纯地看作"经济人"，而要把员工看作"社会人"，这样，协调了劳资关系，员工同企业之间关系就适应，企业效率必然逐步上升。

> **链接**
>
> **效率的源泉**
>
> 效率问题是经济界最关心的问题之一。一家企业有没有效率或效率的高低，直接关系

到这家企业的前途。那么,效率的源泉究竟在哪里?这又是可以进一步讨论的。效率来自机制。在有利于效率增长的机制下,人们才会选择投入最少或产出最多的经济增长方式,才会考虑最佳的生产要素组合。机制的背后又是什么?这就涉及人的创造性的调动与发挥了。这是因为,先进的设备是人来操作的,有效的管理模式是人来设计与实施的。假定不调动与发挥人的创造性、积极性,再先进的设备也提供不了高效率,再好的管理模式也会形同虚设。

那就要问,怎样才能调动与发挥人的创造性、积极性?工作纪律、强制性措施、惩罚手段等等,尽管是必要的,但依靠它们未必能把人的创造性、积极性调动起来。奖励,也是必要的,并且有可能激发起人们的积极性,但奖励的作用毕竟有一个限度,奖励不是万能的。当人们的想法发生了变化,或者当人们的收入达到较高水平而物质奖励相形之下只占较少份额时,奖励就不像以往那样起作用了,于是"适应"便取而代之。"适应"是指主体与客体协调一致,使客体感到自己与主体不可分,也使主体感到自己与客观不可分。"适应"意味着人际关系的协调,从而使每一个人从内心迸发出积极性。人际关系的协调是效率的真正源泉,它带来的是效率的持续增长。

由此我们可以了解到一个十分重要的问题:效率具有相应的道德基础。关于效率具有物质基础这一点,经济界一般是公认的。一定的生产资料、一定的技术条件和一定的社会基础设施(如交通运输、通讯、能源供应等)之下,会产生一定的效率。这就是效率的物质基础。什么是效率的道德基础呢?要知道,既然效率增减的原因不仅在于物质条件是否具备,而且在于人际关系是否协调、人的创造性与积极性是否被调动起来,以及企业内部的适应关系是否建立,所以,效率的道德基础就在于一个群体的成员对群体的事业与目标的认同,在于群体的凝聚力的形成与发展。企业是一个群体,企业的职工是这个群体的成员。只要这家企业有强大的凝聚力,能把广大职工凝聚在一起,职工把企业的事业、企业的目标视为自己的事业、自己的目标,职工的创造性、积极性就被调动起来了,这就会产生高效率,企业的发展也就顺利了。

资料来源:厉以宁为《卢作孚文集》(增订版)所作序。

1) 保障雇员法定权利

雇员的法定权利是雇员在雇佣法律关系中的基本权利。这些权利主要来源于《中华人民共和国宪法》(简称《宪法》)、《劳动法》和《民法典》等法律,主要包括以下几个方面。

劳动权。有劳动能力的公民以获取劳动报酬为目的,依法享有的平等就业和选择职业的权利。

平等就业和选择职业的权利。劳动者根据自己的意愿选择适合自己能力和爱好的职业,劳动者就业不因民族、种族、性别、宗教信仰不同而受到歧视,妇女享有与男子平等就业的权利。

劳动报酬权。劳动者基于劳动关系,通过提供一定劳动或服务而获得相应的回报或收入,用人单位应当按照劳动合同约定和国家规定,向劳动者及时足额支付劳动报酬。

休息权。劳动者在劳动过程中经过一定的体力和脑力的消耗后,依法享有的恢复体力、脑力以及用于娱乐和自己支配的必要时间的权利。用人单位应当保证劳动者每周至少休息一天，在元旦、春节、劳动节、国庆节及法律法规规定的其他休假节日期间应当依法安排劳动者休假。

劳动保护权。劳动者在劳动过程中享有要求用人单位对其生命安全和身体健康保护的权利，概括起来，现阶段劳动者拥有的劳动保护权主要包括：获得安全卫生环境条件的权利、取得劳动保护用品的权利、获得法律规定的休息时间的权利、定期健康检查的权利、依法获得特殊保护的权利、防止工伤事故和职业病的权利等。

职业培训权。《宪法》规定，公民有受教育的权利和义务。《劳动法》规定，国家通过各种途径，采取各种措施，发展职业培训事业，开发劳动者的职业技能，提高劳动者的素质，提高劳动者的就业能力和工作能力。

社会保险和福利权。社会保险权是劳动者因暂时或永久丧失劳动能力时，依法享有的物质帮助权。社会福利权是指劳动者依据国家制定的社会福利制度所享有的权利。

协商权和要求劳动仲裁权。协商权是指员工有要求与用人单位就涉及其切身利益的相关规章制度或者重大事项的制定或者实施进行协商确定和修正完善的权利。劳动仲裁权是指当员工权利与用人单位的要求出现利益冲突而且不能就谁的利益受到严重侵犯的问题达成一致的时候，员工有要求采取第三方协商、仲裁与和解的方式来调解冲突的权利。[①]

2）尊重和关怀员工

员工受雇于企业，是身心独立的个体，企业不应当视员工为企业的私有财产，不能合则用，不合则弃。自由是相对的，但是企业不应当动辄以企业制度为由直接或间接限制员工的人身自由，不应当侵犯员工的言论自由、宗教自由等自由权利。不能将员工视作冷冰冰的"工具人"，应当给予员工人文关怀。

> **链接**
>
> ### 员工为何被开除
>
> 2021年1月，A公司前员工W在某平台发布视频，表示被公司开除了，引发网络热议，该视频已有上百万次观看。
>
> 视频称，2021年1月8日，W因看到一名单位同事被一辆救护车送走，于是在某匿名社交平台发帖，发帖后30分钟内，A公司迅速识别出这名匿名发帖的员工，随即公司多名HR找W谈话，要求W辞职，并让他签一份闭口协议。W拒绝了，然后就被赶出了公司。
>
> 有A公司离职员工称，公司限制员工私下建群，表示"有些同部门员工直到同事离职都只知道花名"，员工往往是通过匿名社交平台了解公司有关信息，公司逐渐开始严格限制员工用餐时间，公司会屏蔽办公区域手机信号等。还有员工称，一次几名技术人员在周六值班时间离开公司就餐，外出时间稍长，结果几天后这批员工被公司集体开除。
>
> 资料来源：根据网络信息整理。

让劳动者超时工作、透支健康，是违法操作，是对商业伦理道德的背离。加强对劳动者

---

① 刘爱军，钟蔚，等．商业伦理学[M]．北京：机械工业出版社，2016．

合法权益的保护,让员工健康工作,让企业发展更有温度,才是优秀的企业该有的样子。

3) 建立科学的绩效评价体系

绩效评价是组织激励体系的核心。绩效评价是指组织按照预先确定的标准和程序,运用科学的评价方法,对员工等评价对象的绩效进行定期和不定期的考核和评价。绩效评价体系中的标准是重要的"指挥棒",科学的绩效评价体系可以有效地激励评价对象,帮助企业做出合适的晋升、调薪等决定,促进企业目标实现,例如基于平衡计分卡的绩效评价体系能广泛应用于不同的评价对象,从财务、客户、内部流程、学习与成长四个层面多角度评价绩效。

4.3.2 员工尽心尽力认真履责

1) 员工在工作中应该认真履职

认真履职强调尽心尽责,是指无论一个员工因为什么原因而面临怎么样的工作形势,都应当对自己的工作结果及过程完全负责。员工在工作中还应当追求卓越表现,不断地追寻"我怎么做才能更好"。员工在工作当中会遇到各种困难,解决方法不会自动现身,员工必须开动脑筋努力寻找、创造解决方案。员工还必须敢于对工作结果负责,尤其是当工作结果不尽如人意的时候。

> **链接**
>
> **别忽视异样的沉默　别吝啬"小案"的付出**
>
> "你好,我是沙坪坝区分局石井坡派出所民警邹兴华。"办案十几年,这句话无数次出现在邹兴华所负责案件的当事人手机短信上。
>
> 刑侦民警,每个人都有一些独特的小习惯,与职业有着密切的联系。寻人破案,对方不接电话,遇上卡点,像"投石问路"一样先发个短信,是邹兴华的习惯。
>
> 10月7日,石井坡一辆奥迪车被划,车主报警后发现一位10岁男孩有"最大嫌疑",男孩家长向车主赔偿了3 500元。民警邹兴华发现,男孩极力否认满脸委屈,为了查清真相,他在电脑前坚守三天,调看了40 GB的事发车辆的监控录像,发现该车早在两天前就有划痕,还给了孩子一个清白。
>
> 在这件事上,孩子的声音没有得到及时的尊重与信任。孩子父亲说,虽然当时孩子肯定地回答"没有划车"! 但围观的人七嘴八舌地议论,不停地问各种问题,让孩子感到委屈,辩解的声音带着烦躁的情绪。
>
> "看到孩子委屈烦躁的眼神,辩解无力后异样的沉默,心里突然有个地方软了下去。我有种预感:真相可能在别处。"邹兴华说。
>
> 接着,他发现更多疑点:孩子手里为何没有工具? 孩子怎么可能划出那么深的划痕?
>
> 此后的事实为大家所熟知。三天的追查,让事件反转真相大白。
>
> 资料来源:平安沙坪坝微信公众号,2020年10月19日。

2) 员工应当忠于职守

员工忠于职守,首先是建立在企业与员工之间相互尊重、相互信任,视彼此为合作伙伴的基础之上的。从员工的角度来讲,首先要立足岗位积极参与企业的管理,工作中积极思考,尝试改善工作流程与工作方法,从岗位角度对公司的发展有着独特的见解,积极为公司未来的发展进言献策。其次,员工应当认真学习并遵守公司的规章制度,积极为公司制度的完善和执行提出善意的建议,不钻制度的漏洞。最后,员工应当积极维护公司的形象与品牌,关心公司的外部形象,不以公司名义做不良的事情,注重个人的社会行为。

链接

员工忠诚的三大误区

误区一:行为服从＝员工忠诚

老板通常习惯地认为,听话的员工才是忠诚的员工,因为听话,他们的行为极其符合领导和上司的意愿,正所谓"唯马首是瞻",因此行为服从容易成为员工忠诚的代名词。然而,有时候行为服从反映的恰恰是员工对企业的漠不关心,不论领导说什么,不论对错,都不顾实际情况坚决执行,必然导致决策主观化等问题的出现。

误区二:思维趋同＝员工忠诚

企业要发展,必须重视员工差异的价值。员工的忠诚绝不能建立在思维趋同的基础之上。当企业中聚集了大批思维相似的员工,必然会导致企业发展中遭遇盲点。盛田昭夫在任索尼公司副总裁时,田岛道志为董事长,两人常有不同意见,对此盛田昭夫坦诚表态,如果你发现我们在一切问题上的意见都一致,那么这家公司确实没有必要给我们两个人发薪水。

误区三:从一而终＝员工忠诚

企业与员工之间是一种双向选择的关系。企业有用人的权利,员工也有选择雇主的权利。员工只要遵守企业劳动合同中的各种承诺和约束,在合同有效期内为企业服务并做出自己的贡献,而不必强求从一而终。因为企业的经营策略以及对岗位人才的需求都是随着环境变化的,这些都是员工无法影响和改变的,一旦曾经为之奋斗的原则不存在了,那么适当的人员流动无疑对劳资双方都是有利的。

资料来源:赵斌.企业伦理与社会责任[M].北京:机械工业出版社,2011.

3) 员工应当遵循相应的职业道德

员工需要承担具体的工作任务、完成相应的工作目标,而对于特殊岗位的员工,因其工作特殊性,还应当遵守相应岗位的职业道德,例如会计职业道德、审计职业道德、医生职业道德、教师职业道德、科研人员职业道德等。员工不能为了谋求个人利益而做出违反伦理道德的行为。

链接

基因编辑婴儿

2018年11月26日,某科技大学副教授H宣布一对名为LULU和NANA的基因编辑婴儿于11月在中国健康诞生,由于这对双胞胎的一个基因(CCR5)经过修改,她们出生后即能天然抵抗艾滋病病毒HIV。这一消息迅速激起轩然大波,震动了世界。

2018年11月26日,国家卫健委回应"基因编辑婴儿"事件,依法依规处理。11月27日,时任科技部副部长表示,本次"基因编辑婴儿"如果确认已出生,属于被明令禁止的,将按照中国有关法律和条例进行处理;中国科协生命科学学会联合体发表声明,坚决反对有违科学精神和伦理道德的所谓科学研究与生物技术应用。11月28日,国家卫生健康委员会、科学技术部发布了关于"免疫艾滋病基因编辑婴儿"有关信息的回应:对违法违规行为坚决予以查处。

2019年1月21日,从广东省"基因编辑婴儿事件"调查组获悉,现已初步查明,该事件系该科技大学副教授H为追逐个人名利,自筹资金,蓄意逃避监管,私自组织有关人员,实施国家明令禁止的以生殖为目的的人类胚胎基因编辑活动。12月30日,"基因编辑婴儿"案在深圳市南山区人民法院一审公开宣判。3名被告人因共同非法实施以生殖为目的的人类胚胎基因编辑和生殖医疗活动,构成非法行医罪,分别被依法追究刑事责任。

资料来源:根据百度百科有关资料整理改写。

本章小结

近年来,国内外人力资源管理领域的伦理问题不断出现,要求人力资源管理以伦理原则为基本标准。

人力资源管理主要就是针对组织内部的人员实施的管理,具体来说可以分为人力资源规划、招聘与配置、培训与开发、绩效管理、薪酬管理、员工关系管理。人力资源管理伦理是指人力资源管理过程中产生的各种伦理关系及其道德原则、道德规范和道德实践的总和。

人力资源管理中常见的伦理问题包括劳动关系中的伦理问题、激励体系中的伦理问题、特殊员工群体管理的伦理问题等。

企业应当保障员工合法权益,员工应当尽心尽责履行对企业的责任,积极构建企业与员工的利益共同体。

关键词

人力资源管理　人力资源管理伦理　劳动关系　激励体系　特殊员工群体　歧视

练习题

一、判断题(对的在括号里打√,错的在括号里打×)

1. 管理大师彼得·德鲁克认为改善员工的工作环境是提升企业经营绩效的最佳方法。
（　）

2. 能动性是指人是价值创造过程中最为主动的因素,人对自己的价值创造过程具有可控性,人的工作动机会直接影响到工作的结果以及实现的价值。（　）

3. 人力资源管理就是获取、培训、评价员工以及向员工支付薪酬的过程。（ ）
4. 某企业招聘信息中所有岗位要求"本科毕业于 985 或 211 学校,有海外求学经历优先"属于就业歧视。（ ）
5. 利益冲突是指个人由于受到特殊利益的驱使,而使其独立性或客观性被削弱。这里的特殊利益,就是指父子(女)、母子(女)和夫妻等亲属关系基础上的关联利益。（ ）
6. 企业应当保障雇员的法定权利,但是只要企业发展到了关键时期,就可以将企业发展放到第一位,暂不考虑雇员权利。（ ）
7. 员工需要承担具体的工作任务、完成相应的工作目标,而对于特殊岗位的员工,因其工作特殊性,还应当遵守相应岗位的职业道德,例如会计职业道德、审计职业道德等。
（ ）

二、思考题

1. 简述人力资源管理中常见的几大类伦理问题。
2. 如果你是人事部主管,你在职场中可能会遇到什么样的伦理冲突?
3. 作为企业的员工,你认为应该如何为企业负责?

三、案例讨论

海底捞的人力资源管理

1994 年四川人张勇在家乡简阳利用业余的时间做起了麻辣烫生意。随着时间的推移,海底捞的运营规模不断地扩大,资本的累积也达到了新的高度。2020 年《财富》中国 500 强排行榜发布,海底捞国际控股有限公司以 265.558 亿元排名第 350 位。数据显示,截至 2019 年底总门店数达 768 家,员工人数近 7 万人。其中 716 家位于中国大陆,52 家位于中国港澳台及海外地区。照此计算,平均每 1.2 天就有 1 家海底捞开张。根据公开数据,公司 2019 年收入达 265.56 亿元,同比增长 56.5%;归母净利润 23.45 亿元,同比增长 42.5%,实现营收、净利双增长。

（一）薪酬

海底捞在职员工的工资待遇在同等条件下,已高于住宿餐饮行业的业界同行水平。除了向员工支付一定的劳动报酬,海底捞还为员工提供了相应的住宿条件,通常员工从住所到上班地点步行时间可以控制在 20 分钟以内。这样既能解决了员工的住宿问题,也解决了员工上班途中的交通问题,节省了通勤时间。此外,这样的做法为员工节省了租房支出,还相当于增加了员工的收入和隐性福利。

（二）关怀

对于处在社会底层的劳动者来说,他们除了要解决基本的衣食住行外,还面临着医疗、子女教育及失业等问题。也许通过自己的劳动可以满足家人的基本需求,但是却没有足够的能力去应对随时可能发生的突发事件,最终导致生活没有安全感。

对于海底捞来说,除了要帮助员工解决最基本的生理需求以外,还要关怀他们的家人,消除他们因生活压力带来的恐惧感。比如在他们的住所中装配空调和暖气,请保洁工定期帮他们打理卫生及建设员工子女寄宿学校等。通过这一系列的举动,让海底捞的员工不用再为生活上琐碎的事情而感到困扰。同时对家庭成员的照顾也使得他们不再为生活所带来的压力而感到恐惧,这一点很好地帮助他们解决了马斯洛需求层次中的安全问题。

(三) 同事关系

海底捞帮助员工解决了基本的生理需求和安全需求后,员工就容易在企业里安定下来,同时也能够降低离职人员的数量,从而在企业内部构建一个稳定的组织架构。在这样稳定的组织架构下,员工除了能够很好地完成自己的本职工作外,在生活中,也能彼此建立起深厚的友谊,彼此成为家人和朋友,互相照顾,最后形成一个社交圈。而这种通过组织架构建立的社交圈相比于其他的社交圈则多了同事这样一个元素,感情的建立会更加深厚,圈子也更加稳定,能够更好地解决员工的社交需求。

同时,这种社交圈的建立也会反作用于组织的架构。员工间感情的建立有利于其企业内部工作的开展,因为彼此对对方都有深入的了解,故能在工作中建立良好的合作机制,最终巩固企业组织架构的稳定性。

(四) 信任与授权

海底捞的员工根据其职位的不同在单位里都有一定的经费使用权。比如财务副总、大区域经理都有100万以下的经费签字权,店长有3万元的经费使用权,就连服务员都有免单的权利。事实上这就是企业对于员工的一种认同,把所有的员工都当作是企业的管理者。这种权利的赋予对于员工来讲恰好是赢得尊重的体现。所以海底捞通过赋予员工相应的权利,让他们获取更多的认同感,解决了他们对尊重的需求。

(五) 自我价值

对于海底捞的员工来说,他们的生理需求、安全需求、社交需求及尊重需求都已经得到了满足,那他们仍然能够这样努力勤奋地工作到底是为了什么呢?也许就是在追求自我价值的实现。而海底捞这种良好的管理模式,恰恰为员工提供了实现自我价值的平台,这一做法充分满足了他们对自我价值实现的渴望。

资料来源:综合网络与海底捞公司有关公开信息改写。

讨论:

1. 企业在人力资源管理领域常见的不道德的行为有哪些?

2. 请结合马斯洛的需求层次理论,探讨海底捞的人力资源管理是如何发挥员工的积极性和创造性的?

第5章　企业营销管理中的商业伦理

> **本章提要**
>
> 本章介绍营销和营销管理的基础知识,围绕营销活动中产品、定价、渠道、广告、营销竞争等主要环节,分析营销管理领域常见的商业伦理问题,阐释企业营销管理中的伦理要求。

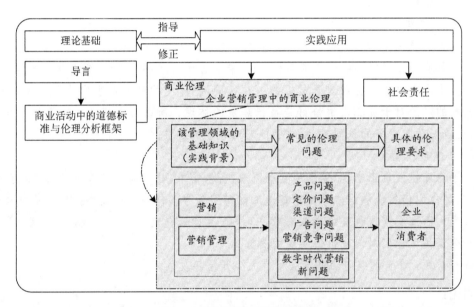

图 5.1　本章结构与内容示意图

> **引例**
>
> ### 广告:用花呗给女儿过生日
>
> 广告中称,一位37岁的施工队队长,用花呗借钱给女儿过了生日。文案写道:"一家三口的日子,再精打细算,女儿的生日,也要过得像模像样。"
>
> 广告画面为一家三口为女儿庆祝生日,桌面上摆着蛋糕和丰盛的食物,充满温情的广告,却遭到网友的质疑和反对。不少网友认为,将普通劳动者心酸经历作为营销素材是赤裸裸的滥用亲情营销,背后代表的价值观让人无法认同。有人认为,用了花呗,又不是不用还;也有人认为,用花呗没啥不妥,有免费账期干吗不用?还有网友质疑:花钱才有仪式感?才能获得幸福?
>
> 资料来源:https://new.qq.com/omn/20201006/20201006A04AGI00.html

企业在对产品或服务进行市场营销的过程中存在系列的伦理问题,例如上面提到的广告存在面向特定人群用情怀、欲望、家庭责任等理由鼓励他们超前消费。针对企业营销管理中在产品、定价、广告等领域存在的伦理问题,本章分类进行了阐述,最后阐释企业营销管理中的伦理要求。

5.1 营销与营销管理

5.1.1 营销的内涵与特征

1) 内涵

营销(marketing),也被称为"市场营销""市场营运""销售""推销"等。一般认为,营销是以组织或个人通过预测、刺激、提供方便,协调生产与销售以满足公众对产品、服务及其他需求的经济活动。营销的观念是企业在市场上从事经营活动的指导思想和价值目标,其核心是如何对待顾客。

市场营销发端于社会活动中的物品交换,随着工业革命的出现及其对生产力的促进,现代意义的市场营销逐渐形成,当信息技术革命推动了商业活动全球化和信息化,市场营销活动呈现全球化特点。

受经济技术及社会发展水平等因素的影响,市场营销的内涵不断发生变化。美国西北大学凯洛格管理商学院终身教授,被誉为"现代营销学之父"的菲利浦·科特勒对市场营销内涵的认识也先后发生过改变,早期他认为,市场营销是企业"识别目前尚未满足的需要和欲望,估量和确定需求量的大小,选择本企业能最好地为其服务的目标市场,并决定适当的产品、服务和计划,以便为目标市场服务"的活动,到了20世纪90年代末期,他认为,市场营销是指"通过创造与交换产品及价值,从而使个人或群体满足欲望和需要的社会过程和管理过程"。新的定义更强调市场营销的价值及过程属性。

通过梳理美国市场营销协会(American Marketing Association,AMA)对市场营销的理解可以发现,随着经济社会的发展,市场营销的内涵逐渐凸显过程性及价值传递性。20世纪30年代,市场营销被认为是一种引导产品和服务从制造商流向消费者的商业行为。20世纪五六十年代,市场营销被认为是引导货物和劳务从生产者流向消费者或用户所进行的一系列企业活动。20世纪80年代,市场营销被认为是计划和执行关于商品、服务、创意的观念、定价、促销和分销,以创造符合个人和组织目标交换的一种过程。20世纪初期,市场营销被认为是一种组织功能,是一系列创造、交换和传递价值给顾客并通过满足组织和其他利益相关者的利益来建立良好客户关系的过程。根据AMA最新的定义,市场营销被认为是系列的活动,是制度的组合,同时也是为了顾客、合作伙伴以及社会的整体利益而创造、传播、传递、交换价值的一系列活动。从市场营销实践中看,企业与其所面临的内外部环境在不断进行着人力、财务、资源、信息等要素的交换,实现产品价值从研发、生产到消费的传递,市场营销的过程性、价值传递性和系统性凸显。

2) 特征

营销具有综合性、实践性、艺术性的特点。

综合性是指营销活动涉及经济学、组织行为学、社会学、心理学、广告学、管理学、美学等多学科的知识和理论。

实践性是指营销活动对应的企业的具体实践,在企业与顾客、合作伙伴之间发生资源等要素的交换,例如将具体的产品、服务以特定的价格和渠道提供给客户。

兼具科学性和艺术性。营销活动是有规律可循的,但是由于营销对象存在差异性,因此具体应用中要有一定的艺术性。例如,惠普(中国)原首席知识官高建华曾经说过,西方企业的营销是80%科学加20%艺术,而中国本土企业的营销是20%科学加80%的艺术,中国的企业很多还在艺术经营阶段。

5.1.2 营销管理的内涵与主要内容

1) 营销管理的内涵

菲利普·科特勒认为,营销管理(Marketing Management)作为艺术和科学的结合,它需要选择目标市场,通过创造、传递和传播优质的顾客价值,获得、保持和发展顾客。菲利普·科特勒指出,"市场营销理念主要基于4个支柱,即目标市场、顾客需要、整合营销和盈利能力",以需求中心论为指导的市场营销理念的形成,标志着市场营销学走向成熟。

因此,营销管理是企业规划和实施营销理念、制定市场营销组合,为满足目标顾客需求和企业利益而创造交换机会的动态、系统的管理过程。营销管理是企业经营管理的重要组成部分,是企业营销部门的主要职能。

2) 营销管理的主要内容

营销管理主要内容包括产品、定价、渠道、促销等。

(1) 产品。产品包含产品定位、产品设计及产品建设。产品是营销的基础,产品是营销的根本,无产品不营销,就是对产品重要性的最好写照。产品关系着营销管理的定价决策、渠道决策和促销决策。

菲利普·科特勒认为产品是能够提供给市场以满足需要和欲望的任何东西。一般来说,产品的整体概念包括核心部分、形体部分和附加部分三个层次的内容。产品的核心部分,即满足消费者某种需要所必须具有的功能和效用,是消费者购买产品时所追求的中心内容。产品的形体部分,即产品所具有的,满足不同消费者需求的质量、特色、包装、款式等具体内容。产品的附加部分,即消费者在购买产品时期望的附加服务和利益,如送货、安装、维修等。

(2) 定价。定价主要研究商品或服务的价格制定和价格变更的策略。在激烈的市场竞争中,价格是企业参与市场竞争的重要手段之一,与企业生存发展密切相关。定价需要考虑对企业成本的补偿、满足消费者对价格的接受能力、考虑产品的生命周期和阶段特征等方面的内容。

(3) 渠道。渠道通常是指产品或服务从生产商或服务提供商到最终消费者所经过的途径或通道。产品价值的实现要求产品抵达消费者或者用户手中。市场经济条件下,从生产者到最终消费者或用户,任何一组相关的推动产品进入消费领域的市场组织机构,就是一条商品销售渠道。渠道成员主要包括生产商、批发商、零售商、代理商和储运企业等,甚至还包括消费者。

(4) 促销。促销主要包括广告、公共关系等。广告是指广告主用一定的费用,通过特定媒介将企业及其产品的特点和优点传递给目标消费者,唤起消费者的注意,向消费者促销产品的一种方式。广告活动的开展必须具备广告主、广告对象、广告信息、广告中介、广告媒体、广告费等要素。广告是一种重要的促销手段,广告策略被越来越多的企业所认可、采用并创新。广告可以宣传企业自身和企业产品,引起消费者的注意和消费者的购买欲望,所以广告是很好的促销方式。公共关系是指某一组织为改善与社会公众的关系,促进公众对组织的认识、理解与支持,达到树立良好组织形象、促进商品销售的目的而进行的一系列活动。

5.1.3 商业伦理融入营销管理的必要性

1) 营销活动中存在大量的伦理问题

作为企业中最活跃的部门,营销部门最容易遇到伦理问题。营销活动要与各种各样的利益相关方打交道,每一方都有自己的期望与要求,所以利益冲突是在所难免的,导致伦理问题广泛存在于企业的营销活动之中。例如,产品质量低劣、隐瞒产品缺陷、设计有缺陷的产品、冒充名牌、包装信息不真实、产品认证虚假等。再如,企业采用价格歧视、掠夺性定价、垄断价格等定价策略,破坏正常的市场竞争等。此外,促销过程中销售人员利用内部信息进行利益输送、侵犯企业利益、制作发布虚假广告等伦理问题层出不穷。

营销活动中的非伦理行为直接侵害消费者利益,对企业造成负面影响,最终由社会对企业的非伦理行为买单,因此与营销活动有关的伦理问题可能带来严重的经济社会后果。

链接

小林化工造假40年,当地媒体曝光其"8大过错"

日本制药企业小林化工公司因为生产的一款口服药混入过量催眠成分导致多人健康受损,2021年2月9日被其所在地福井县政府勒令停业整顿。当地媒体说,这一事件还牵扯出该公司长期造假、其高管人员默许违规等"8大过错",部分造假行为甚至长达40年。

据《朝日新闻》等媒体2月10日报道,由于一系列违规操作,小林化工公司制造的治疗脚癣等病的口服抗真菌药伊曲康唑片中,混入了达日本相关规定最高限量2.5倍的催眠成分,导致服用这一处方药的239名患者健康受损。部分患者服用该药后失去意识,造成22起交通事故。另有2人服下这种药后死亡,但目前不清楚这两起死亡事件与服用该药之间是否存在因果关系。上述违规操作的后果于2020年12月曝光。福井县政府2月9日勒令该公司停业整顿116天,这是迄今日本药企因违反本国《药品与医疗器械法》受到的停业时间最长的处分。日本广播协会电视台2月9日报道说,小林化工公司还存在制药原料使用不当、制药过程违规、用阴阳账簿应付检查、捏造部分质量检验结果、发现异常后依然发货等"8大过错"。据共同社2月9日报道,福井县和日本厚生劳动省调查发现小林化工公司从约40年前开始就存在捏造部分质量检验结果等问题。例如在该公司生产的约500种药品中,约80%的药品有虚假的制造记录,公司现任社长小林广幸等高管人员长期默许违规行为。目前这家公司已主动召回了41种药品。

资料来源:《环球时报》微信公众号。

2）营销理念发生变化

20世纪70年代以后，随着消费者保护主义、环境保护主义运动的兴起，企业营销活动的道德层面得到了越来越多的强调，要求企业把盈利与社会责任统一起来，推动营销观念的变化，不同的营销理念从不同角度阐释了商业伦理融入营销管理的必要性。

社会营销理念认为，企业的中心任务是确定目标市场消费者的需要，并在保护和增进消费者与社会长远整体利益的前提下，以比竞争者更有效的方式，将能够满足消费者需求的产品和服务提供给他们，从而达到企业的经营目标。因此企业既要认真研究市场需求，发挥自身优势，也要重视维护消费者的长远利益和社会福利。

道德营销理念认为，道德营销是合乎伦理道德、社会公序良俗的营销，要求企业在经营活动中坚持义利统一，将社会利益、企业利益和其他相关者利益结合在一起，达到一个相对的平衡和统一。学者认为，道德营销是指个人和组织在通过产品和价值的交换，实现自身利益的行为中，对道德良知与正义的向往和坚持的一种社会活动过程。

绿色营销理念认为，随着环境污染造成温室效应、海平面上升等问题日益威胁人类的生存和发展，企业应当以环境保护理念为企业的经营指导思想，以绿色文化为价值观念，以消费者的绿色消费为中心和出发点，力求满足消费者绿色消费需求。绿色营销强调企业在进行营销活动时，要把经济利益和环境保护结合起来，保持人与自然的和谐，这对于企业、消费者、社会都是有益的。

5.2 营销管理中常见的伦理问题

5.2.1 产品的伦理问题

产品的伦理问题主要是指产品策略中的道德问题，包括新产品开发、产品包装以及产品的质量问题等。为顾客提供货真价实的优质产品是企业基本的产品伦理要求。但是在现实商业活动中，一些企业的产品策略往往违背产品伦理，主要包括产品设计的伦理问题、产品包装中的伦理问题、产品质量安全中的伦理问题。

1）产品设计中的伦理问题

产品设计中的伦理问题包括安全问题、环境保护问题和人性关怀问题等。有缺陷的产品设计会导致灾难性的后果，例如玩具上的锋利边缘，可能导致儿童割伤事故。产品设计中的环境保护问题可能导致浪费资源和能源，加剧环境污染和生态破坏，例如"一次性"用品、塑料制品等。

> **链接**
>
> **三星 Galaxy Note 7 的电池问题**
>
> 三星 Galaxy Note 7 于 2016 年 8 月 2 日北京时间 23:00 在美国纽约、英国伦敦、巴西里约同步发布。
>
> 2016 年 9 月 2 日，三星电子宣布将召回最新款智能手机 Galaxy Note 7，原因是该款手

机发生爆炸,调查证实其电池存在不良问题。但三星电子仍宣布,将在2016年9月2日晚11点在中国地区正式推出该款智能手机,三星方面称,在中国销售的手机并没有采用问题供应商提供的电池。

2016年10月10日,三星要求全球停止Note 7的销售,建议用户关机停用。2016年10月11日,在国家质检总局执法督查司进行约谈和启动缺陷调查情况下,三星(中国)投资有限公司向国家质检总局备案了召回计划,决定自2016年10月11日起,召回在中国大陆地区销售的全部SM—N9300 Galaxy Note 7数字移动电话机,共计190 984台(包含2016年9月14日公告首次召回的1 858台产品)。

2017年1月23日,三星电子召开发布会,三星移动总裁高东真在发布会上表示,Note 7的电池尺寸与电池仓不匹配,存在设计和制造缺陷,导致电池过热,从而起火爆炸。

资料来源:百度百科。

2) 产品包装中的伦理问题

产品包装中的伦理问题主要包括过度包装、欺骗性包装、模仿包装等。过度包装是指产品包装超过其需要的程度,形成了不必要的包装保护,其主要表现为包装层次过多、耗用材料过多、分量过重、体积过大、成本过高、不利于回收利用等,大大超过保护和美化商品的需要,给消费者一种名不副实的感觉。欺骗性包装是指产品只有精美的包装外壳,而其内在质量却很低劣,所谓"金玉在外、败絮其中"的包装会严重误导消费者,损害消费者的正当权益。包装模仿是指一些不法企业通过对知名产品包装的模仿,生产"山寨产品",误导消费者购买。

链接

网友关于月饼过度包装的讨论

2020年的中秋节很特别,"双节"合一,更添喜庆。浓情佳节,月饼是少不了的标配。不过,月饼的过度包装之风久被诟病,却常年未衰减。新的一个中秋季,我们来看看网友们怎么看。

许多人关注月饼过度包装,首先是由于垃圾分类、保护地球、保护环境的考虑。如有网友表示,要说粮食浪费,月饼可能稳居浪费之首。还有人"怀疑部分过火彩妆设计师都是被老板们从月饼厂里挖来的人才,过度包装一个比一个狠,能不能更环保一点啊"!另外一位网友指出:"每年端午中秋家里堆满的礼盒,偌大的盒子只装寥寥的粽子和月饼,真的大可不必。为了地球的明天,拒绝过度包装,从我做起!"

不少网友出发点是反对浪费(包括资源和钱财浪费、节约粮食等),许多过度包装的月饼带来了价格虚高,品质却没跟上。微博的另一位网友表示,他们公司发月饼了,但是"这些节假日礼盒太过度包装了,浪费资源浪费钱"。一位微博网友指出,要真正节约粮食,就要少生产月饼,少送月饼,每年在月饼上浪费都很大。过度包装的月饼,给消费者增加了经济负担。如微博的一位网友说:"为什么月饼过度包装的问题说了好多年了,卖礼盒的还是那么多?逛了一圈淘宝,我得出结论,月饼这种齁甜齁甜还难吃的东西除了送人,谁还会买了自己吃……"

大部分网友认为,月饼应该返璞归真,没有必要极度奢华。

十九大报告强调,中国特色社会主义进入新时代,我国社会主要矛盾已经转化为人民日益增长的美好生活需要和不平衡不充分的发展之间的矛盾。新的生态文明时代,月饼市场该如何迎合老百姓对于美好生活需要的期盼?

资料来源:https://www.thepaper.cn/newsDetail_forward_9356307

在产品包装方面的问题还包括给消费者制造错觉,有的通过设计使包装物显得容量较实际更大,例如某品牌酸奶增大盖子的厚度、某餐具生产企业为餐盘设计厚厚的底座;有的通过设计包装物减小实际容积,例如设计容器时增加饮料瓶底部凹进去的体积、增加瓶体曲线减少实际容积等。

3) 产品质量安全中的伦理问题

产品质量安全的伦理问题主要包括生产销售假冒伪劣产品和产品安全问题。生产销售假冒伪劣产品通常表现为以次充好,可能给消费者带来身体上的伤害,例如劣质食品、衣物等,或者给消费者带来经济上的伤害,让消费者利益受损,浪费了许多精力和金钱。

链接

海 参 养 殖

山东即墨是我国主要海参养殖区域之一。2019年10月,正是海参苗培育期,记者来到某养殖基地,发现一个池塘边堆放着近百个玻璃瓶,上面写着:敌敌畏。养殖户坦言,为了清除不利海参生长的其他生物,他刚刚往池塘里加入了不少敌敌畏。

恒生源是当地规模较大的海参养殖基地之一,基地内的养殖户也承认经常要用到敌敌畏:敌敌畏,一个池子我使三箱、四箱,鱼虾都死了。记者在山东即墨调查发现,这种现象非常普遍。

一位兽药店经营者告诉记者:海参抗药性是最厉害的,敌敌畏都药不死海参。此外,养殖户告诉记者,使用过农药的海水还会被重新排回大海。对于周边环境的影响,他们心里十分清楚。

2019年11月,到了海参苗出苗的时间,记者再次来到了山东即墨,发现来这里收购海参苗的,大都是来自南方的商人。

从业者向记者透露了一个鲜为外人所知的行业秘密:海参养成后,还会再次大费周折拉回北方市场加工、销售。

一位业内人士透露:销路都靠北方人,市场里面,80%是我们南方海参。一些经销商告诉记者,真正的北方海参生长周期长,肉质紧实,价格高,而南方海参生长周期短,价格低,一般消费者很难辨别,因此不少商家都会用南方海参冒充北方海参。

资料来源:据央视财经直播整理。

此外,产品的主要伦理问题还包括商品信息不真实,具体表现为产品包装信息不真实、产品实际质量或功效与宣传不符、产品认证虚假等问题。消费者购买商品时希望通过商家传递的信息买到符合自己需求的商品,而一些企业通过各种手段故意夸大或隐藏产品的真实信息,例如虚报"年龄"牟取暴利的白酒、红酒等。

5.2.2 定价中的伦理问题

市场营销中定价策略是比较重要的内容,但是有的企业会选择采用价格歧视、掠夺性定价、垄断价格等定价策略攫取不正当的高额利润,侵害消费者权益。从公平的角度看,产品定价应当公平合理,但事实上企业的定价可能会存在伦理问题。例如,企业对其出售的同一种产品进行差别化定价,对同一种产品索取两种或两种以上的价格,适用于不同的消费者群体,形成价格歧视,而企业这种价格的差异并非是由产品和服务成本的差别造成的,而是由于信息不对称决定的。部分企业甚至故意向消费者宣传虚高的"出厂价"或"批发价",同经销商建立"价格共谋",共同欺骗消费者。企业的定价会影响消费者的购买行为,由于企业掌握定价权处于相对有利地位,消费者只能进行选择从而处于相对弱势地位,而企业的定价策略也可能进一步带来其他的利益冲突。

链 接

"弃程"是一种"省钱诀窍"吗?

所谓"弃程"就是在中途转机的城市步出机场,不使用剩下的航段。航空公司极尽所能防止大批乘客使用"弃程"购票方式来获取便宜机票。但是有业内人士认为"弃程购票这个问题是航空公司自身造成的"。

2019年2月德国汉莎航空公司起诉了一名旅客,这名旅客为了省钱放弃了一张往返机票的最后一段航程。某乘客想从波士顿飞休斯敦,但是该航程的机票价格太贵。于是该乘客购买一张起点波士顿、终点拉斯维加斯,但在休斯敦转机的机票,因为票价比从波士顿直飞休斯敦要便宜。乘客飞抵休斯敦后即离开机场,余下机票上还有的一程航班则弃而不用。这样一来,乘客实际上并未完成机票上的全部航程,但却因此省了一笔钱。汉莎航空这次提出诉讼要求该旅客赔偿2 000美元。

分析人士指出,在商言商,航空公司需要竭尽所能来获取最大利益。但是有的航空公司的机票价格高低取决于飞到哪个机场,而不是距离长短。于是当航空公司推出的航班定价方式,使飞到某些枢纽机场的票价高得离谱,就可能导致乘客弃程。

例如,分析人士认为:"如果A航空公司有一个低票价的竞争对手,那么A航空就会降价竞争;如果没有这样的竞争对手,那么A航空就会加价。降价还是加价全部取决于竞争。这也就是为什么航空公司会在一些航线上进行战略性降价,而在其他航线则不会这么做。……航空公司表示不想失去某些航线的市场份额,甘愿冒风险,因为觉得值得这样做。"

有业内专家指出,"拿波士顿—拉斯维加斯这个航线来说,这是一个休闲旅游的航线,机票价格就要有弹性。而波士顿—休斯敦则是商务客多的航线,因此票价则较高。就市场竞争和定价敏感度而言,这是两个非常不同的市场。因此从波士顿飞拉斯维加斯这条航线的票价定得低,尽管波士顿到拉斯维加斯的距离比波士顿到休斯敦的距离还要远。这是完全有道理的,尤其是竞争对手推出的波士顿到拉斯维加斯的直飞航班票价仅为199美元之时。"

分析师认为,旅客弃程就不能让航空公司的收入最大化,因为如果航空公司直接将座位卖出,就很可能获得更高的票价收入。因此,弃程降低了航空公司从每个座位上获得的收入,并且让这笔利润率本就很低的生意更趋复杂。

有的分析人士认为,航空公司以给定的价格销售座位,而且获取了这笔钱,乘客弃程就没有问题;有的分析人士认为,为一件商品付款并不表示必须使用这件商品;有的分析人士认为,航空公司的垄断势力是造成此问题的原因之一。

资料来源:https://www.sohu.com/a/303041745_100085730(作者:RCMI)

下面分别说明定价中常见的伦理问题:暴利价格、价格欺诈与误导性定价、歧视性定价、掠夺性定价等。

1) 暴利价格

暴利价格是指企业产品的定价远远超过了产品生产所需要的成本,从而产生了过高的利润。有些产品的高利润是由于高风险引起的高回报,比如芯片等高科技产品研发时间长、投入高、成功率低、产品生命周期短,因此不属于这里所说的暴利价格。但是,也有的企业利用自己的垄断优势来制定暴利的价格,或者利用消费者信息的不对称来制定暴利的价格,尤其是在娱乐业、商业、饮食业等行业,因为生产型公司产品的高价不容易被接受,而服务业的服务产品价格又难以准确衡量,这就使一些商家制定暴利价格有机可乘。还有的企业利用重大公共事件在市场上物资短缺的时候不道德地提高商品售价,牟取暴利,例如新冠疫情暴发初期,日本国内口罩等防护物品的价格飞涨,库存紧缺,普通的一盒医用口罩甚至可以卖到20万日元(约12 937元人民币),平均每只5 000日元(约323.5元人民币)。

2) 误导性定价

误导性定价行为是指经营者在经营活动中使用容易让公众对产品价格产生误解的表达方式。性质更恶劣的又被称为价格欺诈,又称欺骗性价格,是指经营者利用虚假或者使人误解的价格条件,诱骗消费者或者其他经营者与其进行交易的行为。例如,有的机构以"分红型"养老公寓产品为名行非法集资之实,行骗者往往以党和政府以及党媒、官媒等做背书,对此一些普遍相信政府的老年人会买账,进而上当受骗,带来严重的社会问题。

> **链接**
>
> ### 价格欺诈的常见表现形式
>
> 欺诈性的标价行为:标价签、价目表等所标示商品的品名、产地、规格、等级、质地、计价单位、价格等或者服务的项目、收费标准等有关内容与实际不符,并以此为手段诱骗消费者或者其他经营者购买的;对同一商品或者服务,在同一交易场所同时使用两种标价签或者价目表,以低价招揽顾客并以高价进行结算的;使用欺骗性或者误导性的语言、文字、图片、计量单位等标价,诱导他人与其交易的;标示的市场最低价、出厂价、批发价、特价、极品价等价格表示无依据或者无从比较的;降价销售所标示的折扣商品或者服务,其折扣幅度与实际不符的;销售处理商品时,不标示处理品和处理品价格的;采取价外馈赠方式销售和提供服务时,不如实标示馈赠物品的品名、数量或者馈赠物品为假劣商品的;收购、销售商品和提供服务带有价格附加条件时,不标示或者模糊标示附加条件的。
>
> 欺诈性的价格手段:虚构原价,虚构降价原因,虚假优惠折扣,谎称降价或者将要提价,诱骗他人购买的;收购、销售商品和提供服务前有价格承诺,不履行或者不完全履行的;谎

称收购、销售价格高于或者低于其他经营者的收购、销售价格,诱骗消费者或者经营者与其进行交易的;采取掺杂、掺假,以假充真,以次充好,短缺数量等手段,使数量或者质量与价格不符的;对实行市场调节价的商品和服务价格,谎称为政府定价或者政府指导价的;其他欺诈性价格手段。

资料来源:根据百度百科等网络资料整理。

3) 歧视性定价

歧视性定价通常指商品或服务的提供者在向不同的接受者提供相同等级、相同质量的商品或服务时,在接受者之间实行不同的销售价格或收费标准。歧视性定价中经营者并非依据销售成本,而是针对不同买主制定不同的价格。歧视性定价,实质上是一种异常的价格差异。例如,电商利用大数据分析消费者的消费能力,进而进行歧视性定价。

> **链接**
>
> **电商大数据"杀熟"为何屡禁不止?**
>
> 近日,北京韩女士在某电商平台购物时,中途错用另一部手机结账,竟然意外发现同一商家的同一件商品价格不同。在她注册约12年且经常使用、总计消费金额近26万元的一个高级会员账号上显示的价格,反而比仅注册5年、很少使用、总消费不过2 400多元的一个普通账号贵了25块钱。
>
> 韩女士坚定地认为这是大数据"杀熟",但电商辩称:这是因为普通账号可领一张"满69减25"的优惠券,系统会为"新用户"跟进账号信息,自动发送优惠券,因此并不是每一个账号都能收到。在促销期或者营销阶段趁混作乱,对价格不太敏感的就不打折,这种"区别对待",从性质上来讲,就是"杀熟"。电商商品明码标价,有区别就说得明明白白。规则不清,难有公平合理,这也是"价格歧视"。
>
> 电商促销"杀熟",年年都在说,年年都还有。类似大数据"杀熟"现象,在酒店业、机票销售等领域被曝光后,业已为公众所普遍诟病。由此引发的消费焦虑,事实上已经严重影响到公众享受服务的质量。公众的焦虑情绪倒逼相关部门有所作为,这还因为消费中的"杀熟"行为严重地伤害到消费者的感情。
>
> 商家的"杀熟"手法日新月异,各种设计后的小心思令人防不胜防。一波又一波的算法算计忠诚的"粉丝",要么定价,要么控制商品的可见性,由此导致的电商伦理缺陷,对社会经济秩序和环境的伤害,恐怕更令人忧心。
>
> 其实只要说清楚,企业(平台)利用优惠券或更低的价格拉拢新用户,也没有什么太不合理。如果有些老客户有想法,可以选择把APP或者平台客户端卸载了,再下载一下,成为新用户。但不能用各种不透明伤害客户的知情权。
>
> 当下,解决大数据杀熟无法根治的问题,最终还得靠监管。因为信息不对等,消费者个人很难因为"警惕"而免于被算计。所以,解决"杀熟"问题,一方面要提高监管和惩处力度。另一方面,还需在定价权的立法中予以关注。各个电商平台也应意识到,"杀熟"行为最终会牺牲客户的良好体验,有悖商业伦理,理应立足长远自我约束,合理化规避。
>
> 资料来源:http://sh.xinhuanet.com/2020—11/05/c_139493556.htm(作者:秦丹)

4) 掠夺性定价

掠夺性定价又称驱逐对手定价,是指企业为了形成和巩固自身的行业垄断地位,以把对手挤出市场和吓退试图进入市场的潜在对手为目的,采取的降低价格的策略。掠夺性定价的最终目的是等对手退出市场之后再提价并获取高额利润的一种价格策略。掠夺性定价的负面效果非常隐蔽,因为掠夺性定价,会出现有一段时期产品大幅度降价,并且给消费者带来暂时的利益,但是当企业达到了打败竞争对手或者独占市场的目的之后,价格往往会大幅度上升,而这个时候消费者没有更多的选择余地。掠夺性定价直接损害了竞争对手的利益,违背了公平竞争原则,从长远看也必然会损害到消费者的利益。事实上,掠夺性定价对企业自身而言,并不是必然形成市场垄断地位,它使企业承担阻碍自身发展的重大风险,使企业难以在定价、品质和品牌形象之间保持协调和一致,因此掠夺性定价妨碍了市场的有序竞争。定价方面的伦理问题通常违背公平原则,侵犯消费者权利。

> **链接**
>
> **电商平台的价格大战**
>
> 京东:2012年8月14日上午10点出现两条微博,京东大型家电三年内零毛利,所有大家电保证比国美苏宁连锁店便宜10%以上,将派员进驻苏宁国美店面。
>
> 苏宁易购:2012年8月14日下午4点,苏宁易购回应,保持价格优势是其对消费者最基本的承诺,苏宁易购包括家电在内的所有产品价格必然低于京东,任何网友发现苏宁易购价格高于京东,苏宁易购都会即时调价,并给予已经购买者两倍差价赔付。明天9点开始,苏宁易购将启动史上最强力度的促销,一定能够提前、超额完成减员增效目标。
>
> 京东:连发6条微博回应,表示京东所有大家电价格都比苏宁线上线下便宜!并且无底线便宜,如果苏宁敢卖1元,那京东的价格一定是0元!
>
> 国美:当天晚上10点左右表态加入价格战并表示,国美从不回避任何形式的价格战,从2012年8月15日9点开始,国美电器网上商城全线商品价格将比京东商城低5%。并且从本周五开始,国美1 700多家门店将保持线上线下一个价。
>
> 2012年8月15日,根据第三方提供的"战后信息",6大电商的大家电商品11.7万余件中,仅有5 000多件商品价格有所下降,占比约4.2%。而调查显示,网友发现可比价的商品并不多,多数网友对价格战并不认可。更有数据显示,在价格战的前夜,京东提高了一些大家电产品的售价,随后再进行降价活动。以松下一款55英寸LED液晶电视为例。该商品在2012年8月13日、14日售价均为12 999元,到15日零点,价格变为20 999元,随后在白天宣布降价9 500元,降至11 499元。而以14日价格计算,实际降价1 500元。
>
> 资料来源:根据百度百科等网络资料整理。

5.2.3 渠道中的伦理问题

渠道中的伦理问题主要涉及两个方面。一是生产商与中间商之间的伦理问题,例如生产商与中间商不能完全履行经营合同,或者生产商供货不及时、供货不足;有的生产商对渠道成员的选择极度苛刻,并对渠道成员进行过分压榨;也有实力雄厚的中间商,不认真履行协议,存在返款不及时等现象;还有的制造商和中间商之间存在着较为严重的收受回扣、商业贿赂等问题。二是经销商与消费者之间的伦理问题,例如,企业在销售过程中做出空头承诺、误导信息、以次充好、商品调包、窜货、价格同盟,以及生产商与经销商相互推诿售后服务责任等现象,严重损害消费者利益。渠道中的伦理问题通常包括传销、囤货、商业贿赂等。

1) 传销

传销,是指组织者或者经营者发展人员,通过对被发展人员以其直接或者间接发展的人员数量或者销售业绩为依据计算和给付报酬,或者要求被发展人员以交纳一定费用为条件取得加入资格等方式牟取非法利益,扰乱经济秩序,影响社会稳定的行为。

常见的传销行为包括以下三类,一是组织者或者经营者通过发展人员,要求被发展人员发展其他人员加入,对发展的人员以其直接或者间接滚动发展的人员数量为依据计算和给付报酬(包括物质奖励和其他经济利益,下同),牟取非法利益;二是组织者或者经营者通过发展人员,要求被发展人员交纳费用或者以认购商品等方式变相交纳费用,取得加入或者发展其他人员加入的资格,牟取非法利益;三是组织者或者经营者通过发展人员,要求被发展人员发展其他人员加入,形成上下线关系,并以下线的销售业绩为依据计算和给付上线报酬,牟取非法利益。

传销不仅违反了国务院禁止传销的规定,还违反了国家有关法律、法规的规定,伴随传销发生的制售假冒伪劣商品、非法集资、虚假宣传等大量违法行为,给经济秩序和社会稳定造成破坏。传销侵害的多是弱势群体,被骗参加传销的人员中,大多是农民、老年人等社会弱势群体,近年来还出现在校学生、少数民族群众等被骗参与传销的情况,大多数参加者被骗后血本无归,有的甚至生活无着。传销引发治安违法行为和刑事犯罪行为。一些人被骗后走上了偷盗、抢劫、械斗等违法犯罪的道路,给社会治安带来隐患,给社会稳定造成了严重危害。传销对社会伦理道德造成冲击,引发的夫妻反目、父子相向,甚至家破人亡的惨剧时有发生。

链接

传销 A 级老总自述:传销是骗局 请远离传销

广西南宁警方日前在 2021 年打击传销"清源行动"一号行动中(下称:"清源行动"),抓获了一名传销 A 级老总鲁某。鲁某被警方抓获后,向警方坦白了自己这几年深陷传销泥潭的经历,同时也揭露了传销看似光鲜亮丽背后的真实面目。

"警方揭开传销的骗局以后,我感觉像掉进冰窟一样,心情差到极点了,我的一切都破碎了,啥都没有了。"鲁某称,他在传销五年过程中,过得非常凄惨。因传销地点居住环境恶劣,他偷跑外出租房。"没有钱,租不起小区,只能居住 400 多元每月的出租屋。因为没有钱,车也不经常开,加不起油。我在当上老总之前,传销组织就让我拉人头,号称每人投资 69 800 元,回报 1 040 万。这一发财的机会,让我感觉生活看到了希望,前程一片光明。"

直到被捕,鲁某才看清了传销的"真面目"。鲁某表示,在做传销的几年里仿佛"做梦"一样,转眼间什么都失去了。"所有的一切都是假的,现在你们也看到了,我现在这种生活,非常拮据,不舍得吃,不舍得穿,把自己的亲戚朋友都害了。"

据了解,在"清源行动"中,南宁市各级执法部门抽调1 180名人员组成76支队伍,对市内重点区域、出租屋、城中村自建房、城乡接合部以及"游走式"传销活动开展了严厉打击和地毯式清查整治。本次行动共清查出租屋335间,查获传销人员16人。

据悉,为了能警醒更多的人远离传销,南宁警方以鲁某为原型,制作了一条名为《传销A级老总的双面人生》短视频。该视频通过还原鲁某在传销活动中的生活,再现了传销人员的窘迫惨痛境地,具有很好的警示宣传教育意义,时刻告诫了人们传销的危害,远离传销泥潭。

资料来源:http://www.chinanews.com/sh/2021/02－20/9414934.shtml(作者:吴优,范家宇)

2) 囤货

囤货就是把手上的商品囤积起来,或者预测产品将在未来有回暖的趋势,而将产品进行囤积的方式。对于一些热销商品或者是紧俏商品,企业可能会将该类商品暂时囤积到库存中,择机再重新开放销售谋取更高的利润。由于囤货的目的是谋取更高的利润,在供给正常或产品对社会公共安全影响不大的情况下可以归属于正常的商业行为,但是特殊情况下当危及社会公共安全,囤货就属于严重违反伦理道德的行为。

> **链接**
>
> **囤积口罩,重罚!广东严厉打击囤积居奇哄抬价格**
>
> 2020年1月,受湖北省武汉市等多个地区发生新型冠状病毒感染的肺炎疫情影响,广东省部分地市出现口罩等防控医药用品热销现象。广东省市场监管局迅速行动,采取多项措施部署开展相关医药用品价格监管工作,稳定价格秩序。
>
> 1月20日上午,广东省市场监管局下发通知,要求全省市场监管部门在加强2020年春节期间市场价格监管工作的同时,重点关注涉及防控新型冠状病毒感染肺炎相关医疗用品、药品的舆情和价格动态,迅速查处各类哄抬价格、囤积居奇、价格欺诈等价格违法行为。1月21日上午,广东省市场监管局部署全省市场监管部门立即组织执法力量,加大巡查力度,及时处理投诉举报,坚决打击捏造、散布涨价信息,哄抬价格,推动价格过高上涨等不正当价格行为。广东省市场监管局会同相关行业协会于1月21日下午组织省内相关医药销售公司、连锁企业召开防控新型冠状病毒感染肺炎相关医药用品价格提醒告诫会。会议要求,相关企业要积极履行社会责任,采取多种措施保障供应,加强价格自律,稳定相关医药用品价格。
>
> 广东省市场监管局表示,将继续加强疫情防治期间的价格监督检查工作,继续加强市场价格监管力度,密切关注广东省内防控新型冠状病毒感染肺炎相关医药用品市场价格秩序情况,督促各地做好价格专项检查和提醒告诫工作。其次继续加强对经营者的引导。加大价格法律法规的宣传力度,广泛采取警告、提醒、告诫等措施促进经营者价格自律,推进价格监管关口前移。同时继续加强协调联动,加强部门协调,配合相关主管部门开展各项工作。

根据《中华人民共和国价格法》（简称《价格法》），经营者不得有捏造、散布涨价信息、囤积居奇、哄抬价格等价格违法行为。如存在上述价格违法行为，按照《价格违法行为行政处罚规定》有关规定，可以没收违法所得，并处违法所得5倍以下的罚款；没有违法所得的，处5万元以上50万元以下的罚款，情节较重的处50万元以上300万元以下的罚款。

资料来源：《人民日报》微信公众号，2020年1月21日。

3) 商业贿赂

商业贿赂是一种职权职务性利益交换行为，指经营者以排斥竞争对手为目的，为争取交易机会，暗中给予交易对方有关人员和能够影响交易的其他相关人员以财物或其他好处的不正当竞争行为。收受商业贿赂双方都是为了谋取不正当的经济利益。

根据反不正当竞争法，经营者在交易活动中，可以以明示方式向交易相对方支付折扣，或者向中间人支付佣金。经营者向交易相对方支付折扣、向中间人支付佣金的，应当如实入账。接受折扣、佣金的经营者也应当如实入账。但是，经营者不得采用财物或者其他手段贿赂下列单位或者个人，以谋取交易机会或者竞争优势，包括交易相对方的工作人员、受交易相对方委托办理相关事务的单位或者个人、利用职权或者影响力影响交易的单位或者个人。

一些不法商人因利益驱动，不择手段"围猎"经营相关方，包括企业有关管理人员以及有关党政领导干部，商业利益驱使产生出与之相关的系列道德败坏问题。

> **链 接**
>
> **腾讯发反舞弊通报：60余人被辞退，10余人被移送司法机关**
>
> 腾讯集团发布反舞弊通报，2019年前三季度，腾讯反舞弊调查部共发现查处违反"高压线"案件40余起，其中60余人因触犯"高压线"被辞退，10余人因涉嫌违法犯罪被移送公安司法机关。
>
> 通报指出，腾讯发布的《腾讯阳光行为准则》明确了"腾讯高压线"，"高压线"是腾讯文化和价值观不能容忍的行为界线，员工个人行为一旦触及此界线，一律开除。
>
> 据通报，腾讯前三季度违反"高压线"的行为，主要集中在侵占公司资产、收受贿赂等。通报列出15起典型案例，同时指出，在相关案件中，腾讯的供应商或业务合作伙伴向腾讯公司工作人员行贿，或者通过其他手段谋取不正当利益的，都将被列入腾讯黑名单，永不合作，不再接受其提供的任何产品或服务。如违反国家规定，还将移交工商、公安等执法机关处理。
>
> 此外，通报中还附加了腾讯2019年新增永不合作主体清单，涉及10余家公司。
>
> 资料来源：阳光腾讯微信公众号，2019年12月26日。

商业贿赂中行贿者的动机是谋取商业利益。根据《联合国反腐败公约》，商业贿赂又是一种腐败行为，带来恶劣影响：造成经营者之间的不平等竞争，破坏了公平竞争秩序；造成有的商品物价虚高，例如一些医药企业实行高定价、高回扣，加重了国家和群众的负担；严重败坏了社会道德和行业风气；使制售假冒伪劣商品的违法犯罪活动有可乘之机，假冒伪劣商品流入市场，消费者深受其害；国家工作人员接受贿赂，严重破坏了国家廉政制度建设;受贿者暗中出卖本单位利益,损害组织利益和组织内部其他人利益。商业贿赂对市场经济和国家发展有百害而无一利。

> **链接**
>
> ### 黑龙江省人防系统的腐败"生意经"
>
> 黑龙江省人防系统腐败案牵涉人防系统工程建设、开发管理等各个方面,涵盖违规审批、倒卖批文、违规减免、垄断牟利、侵吞私分、滥发奖金等各种形式,集中反映出半军半民管理体制下,人防系统长期"不设防"成为监管"真空区",导致事关国防安全的人防工程变成"腐败工程"。主要表现包括:
>
> 利用建设人防地下商业街项目腐败。人防地下商业街等项目投资回报丰厚,一些领导干部禁不住利益考验,在开发商开出的"优厚条件"诱惑下,大搞权钱交易、官商勾结。黑龙江省人防办原主任武某违规审批人防地下商业街项目40多个,收受贿赂1 130万元;哈尔滨市人防办原主任肖某违规审批通江街、大安街等地下商业街项目,仅倒卖审批手续就净赚2 300多万元。
>
> 利用垄断人防基本建设项目市场腐败。人防部门所属企事业单位或指定企业垄断承揽人防基本建设项目,自己设计、自己建设、自己监理、自己验收,滋生大量腐败。2013年以来黑龙江省人防办审批的17个地下商业街项目,16个项目由其直属事业单位人防设计院设计,获取巨额利益。黑龙江省人防办原总工程师王某退休后开设审图公司,承揽了省人防办审批的全部人防工程审图业务,先后5次送给黑龙江省人防办原主任武某200多万元。
>
> 利用人防投资管理的关联企业腐败。把人防投资管理的关联企业当成"摇钱树""唐僧肉",大搞自肥交易、利益输送。2012年哈尔滨市人防办下属百汇商城将7 600平方米人防工程,以明显低于市场价格出租给某超市,并无偿提供100余万元的设施供其使用;哈尔滨市人防办下属服装城,以房屋漏雨、平改坡名义在原人防工程基础上违规加盖一层商城,班子成员和部门经理每人分得一个摊位;2013年到2016年,省人防办及所属事业单位违规发放战备值班费和"下洞费"483万元。
>
> 资料来源:http://www.ccdi.gov.cn/toutiao/202102/t20210210_235808.html

5.2.4 广告的伦理问题

广告是市场营销活动的重要内容。对纸质媒介和电视为主的传统广告而言,一般认为,广告伦理问题是广告主体和广告受众围绕广告内容、为了实现自身利益的最大化而引起的利益冲突问题。常见的广告伦理问题包括虚假广告、误导性广告、侵犯性广告等。

1) 虚假广告

在广告活动中,广告信息的真实性是前提。虚假广告,就是指广告内容是虚假的或者是容易引人误解的,一是指商品宣传的内容与所提供的商品或者服务的实际质量不符,另一就是指可能使宣传对象或受宣传影响的人对商品的真实情况产生错误的联想,从而影响其购买决策的商品宣传。这类广告的内容往往夸大失实,语意模糊,令人误解。有一些企业违反职业道德,制作发布虚假广告,使消费者对产品的质量、价格、性能等产生错误的认识。

> **链接**

合肥市查处违法广告案件的典型案例

据合肥市市场监督管理局微信公号消息,截至2020年11月底,合肥市共查处各类违法广告案件325件,罚没款248.61万元。合肥市市场监督管理局公布了"2020年合肥市广告违法典型案例通报"。

典型案例:CH市WY食品有限公司发布违法广告案

广告类型:食品广告

主要违法情形:使用与药品相混淆的用语。

当事人在其自设网站中,对其产品"蟹黄瓜子仁"的宣传描述有"防止衰老,提高免疫力,预防心血管疾病等作用"。当事人的行为违反了《中华人民共和国广告法》(简称《广告法》)第十七条的规定,被巢湖市市场监管部门责令停止发布广告,并处罚款10 000元。

资料来源:合肥市市场监督管理局微信公号,2020年12月25日。

2) 误导性广告

误导性广告提供的信息,也许是有真实需求的,但是由于艺术表现形式过于夸大或言语具有强烈的煽动性而对消费者产生了误导,从医疗器械、减肥、增高、美容等广告,到乙型肝炎、白癜风、红斑狼疮等疾病的治疗,不一而足。这些广告引导消费者的认知,在无形中逐渐改变消费者的价值观,例如使消费者过于追求漂亮的外表,例如使青少年以瘦为美,而忽视自身修养的提高。有些广告着力宣传一种过于奢侈酷炫的生活方式,这个在很大程度上会误导消费者的审美观和价值观,将消费者引至崇尚消费主义和享乐主义至上,倡导了一种盲目的、超出其偿债能力的高消费、非理性消费。

> **链接**

减肥=代餐?专家:部分广告存误导嫌疑,不建议长期食用

琳琅满目的代餐产品背后是巨大的市场潜力。有媒体报道:"欧睿国际数据显示,2017年,全球代餐市场达到661.6亿美元,其中,中国达到57.11亿元,预计2022年中国代餐市场会达到120亿元。"

但在现实中,作为食品生产的代餐的广告宣传往往与减肥紧紧捆绑,成为销售的一大"利器"。

"2倍高蛋白,曲线喝出来。"记者在某电商平台输入"代餐"进行搜索,跳出的第一个产品在介绍中"郑重承诺",食用本产品一阶段(30天)保底轻体10~25斤,若少于10斤可联系客服免费补发一阶段。随后,记者采访了该产品的生产公司,询问广告语中是否可以做出这样的保证。公司工作人员表示,他们只是这款产品的代工厂,他们并不知道产品是如何做宣传。"公司是国家第一批批准的特殊膳食生产企业,有很多客户和我们合作。我们只负责生产不同配方的产品,广告这块我们不负责。"

"我的顾客几乎都是五盒起,瘦15~20斤,可以说比任何减肥产品都安全有效……"某

社交平台上关于代餐产品的宣传写道。

对于许多代餐产品"夸张"的宣传,专家表示,广告中出现的有关产品效果的实质性信息都要有相关数据支持。虽然这个证明并非必须在广告中注明,但当消费者行使知情权,或者监管部门提出询问的时候,商家要提供相应依据加以证明。

"从其广告内容来看,代餐广告中的表述可能存在因果不符的嫌疑。"换句话说,很多人吃代餐减重并不完全是代餐的功效,摄入量少才是根本原因。专家认为,如果代餐和减重之间缺乏双向联系,就不能证明产品有宣传中的功效,这就可能是虚假广告或者引人误解的广告。即使广告里出现:不能暴饮暴食,只能吃代餐的提示,也不能规避广告的虚假宣传风险。

资料来源:https://www.sohu.com/a/405813087_255783?_f=index_pagefocus_2&_trans_=000014_bdss_dklgqxj

3) 侵犯性广告

在互联网和数字时代,信息技术的应用和社交媒体的兴起极大地弱化了传统媒体的广告传播伦理问题,新的广告形态的诞生又催生了新的伦理问题。分析广告传播的伦理问题不仅要考虑信息的发出者和接收者,还要扩展到信息的制作者、投放者和载体,广告利益相关方的行为都应当要纳入伦理道德的考量范围内。例如,常见的某小视频平台,会在APP使用者连续观看若干个小视频后,跳出来一个广告,由平台直接推送给观众,而非观众主动选择。

> **链接**
>
> **比弹窗广告骚扰更让人不爽的,是你拿它没辙**
>
> 近段时间,很多"剁手族"甚至"缩手族"都成了各式弹窗广告的"肉靶子"。新华社日前对"霸屏"的网络弹窗广告乱象进行了起底:弹窗广告已形成完整的产业链条,投入2万元即可弹窗100万次;还有的是按受众点击量收费,每次点击收费0.1元至0.3元。
>
> 随着移动互联网兴起,现在的弹窗广告也不仅仅是活跃在PC端了,你打开手机、点开APP都可能遇到。而且,这类弹窗已经进化成为智能广告,你前一天浏览过某个商品或某条信息,第二天在很多页面你都会收到与之相关的广告。这种量身定制不仅烦人,而且"扰人"——有些网络弹窗广告除了造成视觉污染外,还存在侵犯用户隐私、暗含违法信息等问题。
>
> 比弹窗广告骚扰更让人不爽的,是你可能拿它没辙。很多用户都面临这种尴尬:我被弹窗了,点不掉,甚至被带入下载页面;发生这种情况,用户的权益已经被侵犯。
>
> 绝大多数用户选择关闭网页,继续工作,至于究竟该如何投诉这些弹窗广告,究竟谁侵犯了用户的权利,往往不是很清楚。
>
> 在新华社报道中,有广告公司人员就吐露出了一个细节:一些弹窗广告的关闭按键其实只是摆设,用户点击后非但不能关闭广告,反而会进入广告页面;即便用户安装了过滤屏蔽软件,公司技术人员也有办法强制给用户推送。
>
> 资料来源:《人民日报》微信公众号,2019年11月8日。

5.2.5 营销竞争中的伦理问题

营销竞争是指企业为了获取市场交易机会,占据市场优势,追求利润的最大化与其他竞争者展开的一种争夺或较量。市场营销的本质是逐利的,贯穿于营销管理活动的整个过程,企业在营销竞争当中应当是理性的,符合法律规定和道德规范的。营销竞争中的伦理问题主要包括侵犯商业秘密、混淆商业标志、诋毁竞争对手信誉等。

1) 侵犯商业秘密

商业秘密是指内容不公开,但被法律和道德规则允许,并可以得到法律和道德规则保护的企业特有的信息和知识。通常指的是那些不为公众所熟知的,能给权益人带来经济效益,具有现实的或潜在的商业价值,经过权益人采取合理的措施进行保密的技术信息和经营信息。例如,包装设计、程序、产品配方、制作工艺、制作方法、管理诀窍、客户名单、供应商名单、采购价格、产品成本构成、货源情报、销售策略、招投标中的标底及标书内容等信息。

侵犯商业秘密就是通过不正当的手段获取、披露、使用或允许他人使用权利人商业秘密的行为。在营销竞争中侵犯商业秘密的手段主要有两种,一是员工的非正常流动,二是收买竞争对手的内部员工。

员工的非正常流动往往对应"跳槽""挖墙脚"等,企业通过把竞争对手的重要员工拉到自己的企业,从他们那里掌握竞争对手的商业秘密,以了解竞争对手的优势和劣势,进而在市场上取得竞争优势。人才的频繁流动给企业带来了巨大的影响和冲击,有的专家认为"人才流动与商业秘密保护从来就是一对孪生兄弟"。2005 年,Google 与微软展开了一场长达 5 个月的诉讼,主要原因是 2005 年 7 月,一位微软全球副总裁 L 突然跳槽到 Google,担任 Google 中国区总裁。由于 Google 与微软之间的竞争关系,加上 L 在微软的敏感地位,微软随后在美国将 Google 和 L 告上了法庭,称 L 违反了当初与微软签订的竞业禁止协议。随后 Google 在加州反诉微软,要求法官宣布微软与 L 协议中的竞业禁止条款无效。随后,法院做出裁决,L 可以为 Google 工作,微软同 L 签署的竞业禁止协议真实有效,因此 L 在 Google 工作不能涉及他以前在微软参与开发的产品服务和项目。随后微软与 Google 宣布达成和解。

收买竞争对手内部员工就是企业通过一定的利益诱惑,包括给付物质利益或其他好处,收买竞争对手内部的重要员工,使其告知公司内部一些重要决策及技术信息,从而获取竞争对手的商业秘密。

侵犯商业秘密是一种不正当的竞争行为,不仅违反了企业之间公平竞争的原则,还会破坏社会秩序的稳定及经济的有序发展。

链接

金某侵犯商业秘密案

被告人金某,1981 年生,案发前系温州菲涅尔光学仪器有限公司(以下简称菲涅尔公司)法定代表人、总经理。

温州明发光学科技有限公司(以下简称明发公司)成立于1993年,主要生产、销售放大镜、望远镜等光学塑料制品。明发公司自1997年开始研发超薄型平面放大镜生产技术,研发出菲涅尔放大镜("菲涅尔放大镜"系一种超薄放大镜产品的通用名称)批量生产的制作方法——耐高温抗磨专用胶板、不锈钢板、电铸镍模板三合一塑成制作方法和镍模制作方法。明发公司根据其特殊设计,将胶板、模板、液压机分别交给温州市光大橡塑制品公司、宁波市江东精杰模具加工厂、瑞安市永鑫液压机厂生产。随着生产技术的研发推进,明发公司不断调整胶板、模板、液压机的规格和功能,不断变更对供应商的要求,经过长期合作,三家供应商能够提供匹配的产品及设备。

被告人金某于2005年应聘到明发公司工作,双方签订劳动合同,最后一次合同约定工作期限为2009年7月16日至2011年7月16日。其间,金某先后担任业务员、销售部经理、副总经理,对菲涅尔超薄放大镜制作方法有一定了解,并掌握设备供销渠道、客户名单等信息。金某与明发公司签订有保密协议,其承担保密义务的信息包括:(1)技术信息,包括产品设计、产品图纸、生产模具、生产制造工艺、制造技术、技术数据、专利技术、科研成果等;(2)经营信息,包括商品产、供、销渠道,客户名单,买卖意向,成交或商谈的价格,商品性能、质量、数量、交货日期等。并约定劳动合同期限内、终止劳动合同后两年内及上述保密内容未被公众知悉期内,不得向第三方公开上述保密内容。

2011年初,金某从明发公司离职,当年3月24日以其姐夫应某甲、应某乙的名义成立菲涅尔公司,据2011年度浙江省地方税(费)纳税综合申报表载明金某为财务负责人。菲涅尔公司成立后随即向上述三家供应商购买与明发公司相同的胶板、模具和液压机等材料、设备,使用与明发公司相同的工艺生产同一种放大镜进入市场销售,造成明发公司经济损失人民币122万余元。

资料来源:https://www.spp.gov.cn/jczdal/202102/t20210208_508845.shtml

商业秘密作为企业的核心竞争力,凝聚了企业在社会活动中创造的智力成果,关系到企业生存与发展。依法保护商业秘密是国家知识产权战略的重要组成部分。依法严惩侵害商业秘密犯罪,对保护企业合法权益,营造良好营商环境,推进科技强国均有十分重要的意义。商业秘密是否成立,通常要关注以下几方面内容:一是信息是否不为其所属领域的相关人员普遍知悉和容易获得;二是信息是否具有商业价值;三是权利人是否采取了相应的保密措施,例如保密措施与商业秘密的商业价值、重要程度是否相适应,是否得到实际执行等。

2) 混淆商业标志

在激烈的营销竞争中,企业为了使自己的产品区别于竞争对手,往往会通过一定的手段使自己的产品具有某种特色,以此获得竞争优势。企业除了通过提高产品质量来赢得市场认可以外,也会通过特定的商标、名称、包装、装潢等外在标志,使产品与竞争对手的产品区分开来。这些商业标志对企业的营销活动至关重要,帮助企业取得并保持竞争优势。

商业标志混淆是指通过假冒或仿冒商业标志,借助别人的商业信誉来销售自己的产品。这里提到的商业标志主要是指注册商标、商品名称、包装、装潢、企业名称、产品姓名、认证标志、名优标志、产地等。例如"饿了吗"混淆"饿了么",再如,"山寨"产品冒充品牌商品:"娃啥啥"山寨"娃哈哈"、"椰对"山寨"椰树"、"粤利粤"山寨"奥利奥"、"大个核桃"山寨"六个核桃"等,还有公司拟直接改名碰瓷知名企业,例如"信阳毛尖集团"拟更名为"中国国龙茅台集团"等。

> **链 接**
>
> **邓某、双善食品(厦门)有限公司等销售假冒注册商标的商品案**
>
> 2017年5月至2019年1月初,被告人邓某明知从香港购入的速溶咖啡为假冒"星巴克"注册商标的商品,仍伙同张晓建(在逃)以每件人民币180元这一明显低于市场价(正品每件800元,每件20盒,每盒4条)的价格,将21 304件假冒速溶咖啡(每件20盒,每盒5条,下同)销售给被告单位双善公司,销售金额383万余元。被告人邓某、陈某明知百益公司没有"星巴克"公司授权,为便于假冒咖啡销往商业超市,伪造了百益公司许可双善公司销售"星巴克"咖啡的授权文书。2017年12月至2019年1月初,被告人陈某、甄某、张某、甄某以双善公司名义从邓某处购入假冒"星巴克"速溶咖啡后,使用伪造的授权文书,以双善公司名义将19 264件假冒"星巴克"速溶咖啡销售给无锡、杭州、汕头、乌鲁木齐等全国18个省份50余家商户,销售金额共计724万余元。
>
> 案发后,公安机关在百益公司仓库内查获待售假冒"星巴克"速溶咖啡6 480余件,按实际销售价格每件180元计算,价值116万余元;在被告单位双善公司仓库内查获假冒"星巴克"速溶咖啡2 040件,由于双善公司向不同销售商销售的价格不同,对于尚未销售的假冒商品的货值金额以每件340元的最低销售价格计算,价值69万余元。
>
> 资料来源:https://www.spp.gov.cn/jczdal/202102/t20210208_508845.shtml

3) 恶意抢注商标

恶意抢注商标是指一些公司以极低的成本抢先注册热门商标,再通过收取转让费、授权费来对受害人进行敲诈勒索。鉴于中国的商标注册以"申请在先"为一般原则,一旦商标被抢注,企业或个人想要再拿回来,不得不踏上漫长的诉讼之路。

近年来,随着图文、视频等自媒体行业的快速发展,一些"商标流氓"便盯上了网红经济这块肥肉。很多网红缺乏相关知识产权意识,一些公司便利用信息不对称下手抢注,令原使用者措手不及,给网络红人的姓名权、名誉权以及经济利益带来极大损害。

从本质上看,恶意抢注商标的行为是一种对知识产权的滥用。《2018阿里巴巴数字经济营商环境报告》显示,截至2018年底,各种滥用知识产权进行的恶意投诉,占阿里巴巴知识产权保护平台投诉总量的24%,这其中阿里已经识别出的恶意注册商标就有1 500多个。本来,包括商标权在内的知识产权制度设计是一种保护创新的利益平衡,意在通过设置一定垄断权来刺激创新主体、激发创新动能,而一些"以保护之名渔利"的行为不仅没有创造任何价值,反而给知识产权保护抹了黑。

4) 诋毁商业竞争对手

诋毁商业竞争对手主要是指商业诋毁行为,即企业为了在市场中占据竞争优势,针对同类竞争对手故意捏造或者散布有损其商业信誉和商品声誉的虚假信息,以削弱其市场竞争能力,使其无法正常参与市场交易活动,从而使自己在市场竞争中取得优势地位的行为。商业信誉是一个企业的生命,是企业在长期的生产经营活动中逐渐形成的,对企业的发展和竞争有着非常重要的作用。

常见的诋毁商业竞争对手的方式主要有以下三种情形。一是自我宣传中贬低他人,通过夸大自身企业及其产品的优点和特色贬低他人,从而抬高自己。二是虚假投诉,组织自身或收买他人,以消费者的名义向工商行政管理机关、消费者协会等部门,进行关于竞争对手侵犯消费者权益的虚假投诉。三是利用新闻或者自媒体诋毁竞争对手。

> **链接**
>
> ### 现实生活中的商业诋毁行为
>
> 现实生活中存在形形色色的商业诋毁行为。
>
> 有的是利用公开信、召开新闻发布会、刊登对比性广告和声明性广告等形式,制造、散布贬损竞争对手商业信誉、商品声誉的虚假事实。例如,某日用化学品厂在电视台发布一则广告,用对比的手法宣称:用其他各种洗衣粉或洗涤剂30分钟也洗不掉的污斑,用了该厂生产的洗涤剂仅5分钟就洗干净了。而事实并非如此。这属于片面夸大并歪曲事实的比较性广告,其行为已构成了对他人的洗涤产品商誉的侵害。
>
> 有的是在对外经营过程中,向业务客户及消费者散布虚假事实,以贬低竞争对手的商业信誉,诋毁竞争对手的商品或服务的质量声誉。例如,某公司在自己的微博、抖音账号上发布针对竞争对手A产品的诋毁视频,并对比自己公司的同类产品,宣称自己的产品为100分,以此对竞争对手的A产品进行贬损。类似这种为了竞争目的,编造、散布损害竞争对手商业信誉的例子在现实生活中常有发生。
>
> 有的利用商品的说明书,吹嘘本产品质量上乘,贬低同业竞争对手生产销售的同类产品。例如,有的洗涤剂厂在其所出售的洗衣粉产品包装说明上写道:"普通洗衣粉、肥皂均含磷、含铝,会诱发人体患老年痴呆症、组织学骨软化、非缺铁性贫血和助长肺病的发生等多种疾病",声称本厂生产的无磷、无毒洗衣粉无上述缺点,可放心使用。
>
> 资料来源:根据百度百科等网络资料整理。

5.2.6 数字时代营销领域新伦理问题

数字时代市场营销领域新的伦理问题包括用户信息甚至用户隐私容易遭到泄露、互联网巨头容易获取独特的用户数据形成垄断获取利益、软文的出现使广告的识别相对困难等。大数据下广告表现形式更加多样化和隐蔽,由于大数据技术使网络用户的浏览习惯留下痕迹并被加以计算分析,消费者在网络中浏览和阅读时给广告传播、软文推送提供了余地。

1) 不当获取用户信息甚至用户隐私

网络用户个人信息遭到泄露,不良商家利用网络用户个人信息实施广告推送,对个人造成进一步的干扰甚至骚扰。

通常网站、软件应用可以免费下载安装并为用户提供免费服务,例如常见的游戏软件、新闻网站、网上购物软件等。为了使用该应用程序、获取有关服务，用户需要在安装后应用前授予该应用程序相应的权限，例如存储、电话（读取通话状态和移动网络信息）、位置信息、相机、麦克风、通讯录、日历等。目前在用户使用应用程序前会看到相关的告知书或协议，告知用户有关数据收集、使用方面的原则，用户需要同意协议内容。不过实际上很多告知书、声明或协议往往是内容烦琐，堆砌大量专业术语，看似严谨科学，但是用户阅读起来往往艰涩难懂，一般不会详细阅读或没有能力专业解读，于是绝大多数用户忽略声明的内容并直接选择同意。此外，应用程序在获取用户信息的深度方面，存在着一定的灰色地带，由于用户并不是消息技术专家，不知道应用程序设计的原则或路径，应用程序就有可能通过算法技术持续追踪、记录用户行为，深度挖掘个人信息，形成更精准的用户画像，导致用户的个人信息被过分获取。

一般情况下，大多数企业会严格遵循保护客户隐私的规定，在未经授权的情况下以机构的名义转让用户的个人信息、泄露用户隐私的情形并不常见。但是仍然不排除有的网站、应用程序获取这些信息后，为了各种目的可能将其拥有的用户信息售卖给有需要的机构，例如网络小贷公司、个人贷公司、房产中介、培训机构等，而用户在接到营销电话、看到广告推送时，甚至都不知道是谁、是什么时候、是以什么价格转让了自己的个人信息。

2）获取独特的用户数据形成垄断获取利益

少数互联网巨头、移动运营商拥有庞大的用户数量，个别巨头甚至占据绝对优势，他们拥有流量入口，垄断了相关领域大部分的用户数据，例如购物平台往往会掌握用户消费习惯、价格偏好、送货地址等信息，外卖平台会逐渐掌握用户用餐习惯、消费价格等信息。大量的用户消费数据的积累能够增强相关平台企业的营销能力和盈利能力，可以将有关数据用于平台内对用户的精准推送和投放，例如，用户长期在某网站购置服装，当该用户登录购物网站后网站一般会推送特定店铺、特定产品或特定价格的商品。客户消费的可能性大大提升，为商家进而平台带来超额的利益。

3）运用软文混淆新闻与广告

广告的可识别性作为法律规定的硬性要求，却逐渐演变为数字时代一大广告传播伦理问题。广告通过具有可指认特征的、显性的载体将品牌或商品信息传递给消费者。在以往广告的常用载体——报纸、杂志中，广告有其特定的存在版面，在广播、电视中，广告有其特定的播放时段，这样就保证了广告的独立性和可识别性，同时消费者也拥有了对广告性质的知情权。

链　接

近日，总台央视记者调查了一批商业资讯APP发现，有的APP不但违法刊登没有明确标识的广告，还充斥着大量售卖假冒产品的违法广告。

资讯　APP以"软文"形式变相发布广告

我国《广告法》明确规定：大众传播媒介不得以新闻报道形式变相发布广告。广告应当具有可识别性，不得使消费者产生误解。任何图片、视频和文章如果是广告，必须标注"广告"字样。

而在一些商业新闻资讯APP里，很多明显是广告的页面不仅不标注"广告"字样，甚至用夸大其辞的标题吸引读者。

例如中药材广告："营养是鸡蛋的14倍。"在某新闻客户端，一篇题为"营养是鸡蛋的14倍"的文章，不但把一条新闻报道的截图作为首页图片，而且没有任何广告标识。记者点击后发现这篇文章是一个中药材的广告，里面不但有商家的联系方式，还对中药材的功效做出了保证，甚至贴出一些所谓患者的服用效果证言。

例如图书广告："哈佛女校长"育儿建议。同样是某新闻客户端，一篇以"'哈佛女校长'育儿建议"为主要内容的文章也没有广告标识。文章开头建议家长和孩子多出去走走，增加阅历。但写到一半，文章建议没条件出游的家长，可以通过购买一套《环球国家地理绘本》弥补遗憾，并附上了价格和购买方式。

例如甜品店广告。在某新闻客户端，一篇文章标题说的是用枸杞制作甜品，但文章只写了四行字，就开始推荐一家甜品店，详细地介绍了店里的特色甜品，而且附上了地址和预约电话。

例如辅导机构广告。在某新闻客户端，一篇关于"暑假班"的文章也没有注明"广告"。点击之后，记者发现这是一家教学辅导机构的广告，里面详细地列出了各年级课程大纲和师资介绍。

律师介绍，这些推文再"软"，仍然属于广告，必须在文件或者在相关的显著位置明确标明属于广告，否则在发布形式上就属于一种违规行为。

记者在调查中还发现，有的商业新闻资讯APP不但违法刊登没有明确标识的广告，还充斥着大量售卖假冒产品的违法广告。记者点击某新闻客户端里的一个手表广告，页面马上跳转到了境外的一家售表网站，里面不乏世界顶级名表。一款市场价格近7万元的某品牌腕表，这家网站只卖1 780元。为验证真假，记者联系了某品牌腕表专卖店的客服人员。对方表示，该品牌没有任何网上销售方式。记者随后通过微信联系上了位于境外的卖家，对方承认自己卖的是顶级复刻表，也就是俗称的高仿产品。

中国消费者协会专家委员会专家表示，对明知、应知发布虚假广告的经营者，可以没收广告费并处广告违法所得的3倍以上5倍以下的罚款。如果两年之内又发布几起虚假广告的话，还要承担刑事责任。

专家表示，消费者通过相关平台广告链接购买商品或服务，导致权益受损，可以向广告主要求赔偿。如果平台不能提供广告主的有效联系方式，消费者也可以向平台提出索赔。而网络平台明知或者应知广告为虚假而没有采取屏蔽措施，消费者就可以要求平台承担连带责任。

资料来源：根据中央电视台新闻资料整理。

数字时代，为了减少消费者对硬广告的抗拒心理，实现广告传播效果的"软着陆"，广告制作团队拭去广告的显性指认特征，将广告信息"隐藏"于其他内容中，广告的形态产生了变异。如被法律明令禁止的广告新闻，以新闻、评论等形式呈现并不加广告或推广标志，主题却围绕着某一具体品牌和商家展开。用形式来掩盖内容，消费者往往在不知情的情况下接收了广告信息。广告新闻不仅危害新闻的真实性,也侵犯了消费者对于广告性质的知情权。

4) 制造话题吸引消费者

随着抖音、快手等短视频平台的崛起,通过视频、直播、社区社交、聊天社交等网络平台推销商品,成了一种新兴的销售方式。由于管理滞后,在短视频平台上出现了不少违背社会公德的现象,例如直播内容粗俗、侵犯他人隐私、盗用他人创意等,给网络空间的健康发展带来了危害。

艾媒咨询数据显示,2019年我国直播电商行业的总规模达到4 338亿元,预计2020年其市场规模将突破9 000亿元。带货网红拥有越来越庞大的粉丝群体,使短视频行业中蕴藏着的各种商业机会逐一彰显,进而使得部分人群不惜通过各种无底线炒作成为网红或话题热点、吸引大量粉丝进而开展网红带货并盈利的模式。

江苏省消费者权益保护委员会2020年开展的一项调查发现,消费者通过社交软件购物以短视频类平台为主,占比高达73.83%;影响消费者购买决策的各因素中,"网红推荐"占比达47.57%。当"网红+视频直播+电商"融合发力,其带货能力更是蹿升一大截。为了博取眼球,成为网红增加粉丝或视频点击数量,一些主播不惜采用各种方式,如公共场合大声喊叫、穿着奇装异服、言语粗俗出格、行为荒诞不经等,有的直播与流浪汉合影、有的直播自身的酒驾行为,无一不在挑战伦理道德底线。例如,在围观"博学流浪汉"过程中,一些女主播高举直播账号,高喊要嫁给这位流浪汉。

> **链接**
>
> **"流浪大师"与网红**
>
> 2019年3月,与上海一位"流浪大师"沈某有关的视频在网上大量转发,事情发酵后,沈某在一些"网红"、带货主播、微商的眼里成为"流量大师",谁能拍到他,谁就能火,甚至有主播直言"大师就是流量,你们要懂得用",显而易见为了蹭流量而不择手段。
>
> 有的带来哲学书,以与沈某"讨论"书中内容为由,拍摄直播沈某的言论;有的全然不顾沈某已经疲态毕现,仍然团团围着他要握手、要他配合拍视频、将直播镜头对准他;有的美女主播(微商)化着精致的妆容、穿着光鲜亮丽的服装,一个劲往"流浪汉"身边凑,举起手机自拍、直播,目的无非是为了蹭热度、吸引流量……一群人还在到处搜寻,为了能"抓住沈某,捧红自己",这些人,只是把这位博学的老先生当成了一个合影道具、一个吸粉工具,有网友直言:一堆所谓的好心人,消费一个好灵魂。
>
> 营销本是传递价值、放大价值的方法,但若起意并非本意,传递价值的背后裹挟着丑恶的目的,它终将变成通往深渊的"捷径",此刻获得了多少流量,最终也将获得同样数量的唾弃。
>
> 资料来源:根据网络信息整理。

可以看到,有的短视频内容违反伦理道德,有的打法律的擦边球,有的甚至已经违反了法律规定。在短视频日益火爆的趋势之下,这些现象的存在会破坏网络空间生态,将对整个行业的发展带来不利影响。推动短视频行业健康有序发展,必须对这些存在伦理问题的行为予以重视。

此外,由于电商行业发展中商家创造出了许多与买家新的沟通和交易方式,因此引发了一系列商业伦理方面的问题。例如"网络商业欺诈""虚假信息"等行为,对电商营商环境、社会诚信等方方面面造成负面影响,也值得进一步关注和研究。

5.3 营销管理中的伦理要求

5.3.1 企业树立诚信的营销理念

在社会活动中,企业不仅是经济组织,也是社会组织,所以企业在不断追求自我生存发展的同时,也要承担一定的社会责任。这就要求企业在进行营销活动时,要把消费者的需求、企业的利益和社会的要求结合起来考虑。企业必须认识到,不道德的行为所能带来的利益只是暂时的,只有自觉遵守道德规范,树立自己在消费者和社会公众心目中的良好形象,才是企业发展的长远之计。

企业塑造诚信经营的形象和品牌价值是企业宝贵的无形资产,可以给企业带来长远的经济利益。企业应当以消费者的利益为中心,坚持顾客至上,满足消费者的合理需求。诚信不仅是企业生存资本,更是企业营销之道,诚信本身就是最好的营销策略。

第一,企业应当制定营销活动的伦理准则,广泛开展营销伦理教育。

一个优秀的企业应当是道德高尚的楷模,它遵守社会公认的道德标准,形成自己特色的良好的道德体系,并通过各种途径让公众和员工知晓,提高企业的声誉。因此企业在营销中必须把诚信放在非常重要的位置,建立一套广泛而灵活的与企业产品开发、产品销售、定价、广告等有关的伦理准则,同时积极开展营销伦理规范的宣传和教育,让全体员工知晓企业的营销伦理规范,帮助员工在实践当中执行相关的规范,推动企业积极健康参加市场竞争。

第二,加强企业文化建设,强化营销道德意识。

企业文化是影响营销伦理的重要因素之一,企业应当大力塑造诚信文化。企业文化制约着企业营销决策的动机,规范着企业营销决策的内容,具有促进企业营销决策实施的作用。企业文化中的企业价值观和企业精神是企业凝聚力和向心力产生的源泉,优秀的企业文化能够塑造员工的共同价值和共同意识,发挥全体员工的积极性、主动性和创造力,把全体员工紧密连接在一起,以实现企业的发展目标。

第三,正确对待竞争压力,打造企业自身发展实力。

在激烈的市场竞争当中,面对众多的竞争对手,企业面临巨大的生存和发展压力,企业渴望脱颖而出,坚持诚信有助于企业在竞争中赢得信任、赢得市场。竞争对手给企业的生存和发展带来了巨大的压力,为了开拓市场,企业应当增强自身的竞争实力,提高营销各个环节的管理水平,做到专业化、精细化和系统性,着力培养营销人员的能力和素养。例如,企业应当保证其所出售的产品和所提供的服务的质量和安全性,对于售后发现问题的产品,企业有责任采取措施予以补救,包括无偿维修召回,并依据法律规定赔偿消费者的损失。

第四,建立良好的顾客关系,满足顾客合理需求。

顾客作为商品的购买者和使用者,形成了现实或潜在的市场需求。为了赢得顾客,企业应当始终牢记诚信原则,为顾客提供名实相符的优质的产品和服务,满足顾客的合理需求,不能只是为了追求短期利润,欺骗顾客。企业应当持续营造让顾客满意、对社会负责的诚信文化范围,进而提升企业的竞争力。需要强调的是,企业满足顾客的合理需求,并不意味着满足顾客的所有需求,例如毒品、成瘾类药物、高利贷等。

5.3.2 消费者树立正确的消费观念

消费者通常在市场交易当中处于弱势地位,经常由于对商品信息掌握得不充分而受到不道德营销行为的影响。要防止市场营销中的不道德行为,让自己免受侵害,消费者需要主观上提高自身的素质和识别能力,树立正确的消费观念,不断增强自我保护意识。作为消费者,面对商家强大的广告宣传攻势和产品的低价诱惑时,首先,需要保持清醒的头脑、理性的思考,抵制不道德企业的不合格商品,抵制贪小便宜、要面子、从众等不良心理。其次,加强学习,尤其是学会寻找权威、正规的信息来源渠道,例如专业书籍、政府部门官方网站、行业专家等。此外,消费者在自己的利益受到侵害的时候,要明确自己是受害者,过错方不是自己,必要时要积极地诉诸法律和媒体,或者保留证据曝光不道德的营销行为,让不道德企业受到应有的惩罚。

本章小结

市场营销是以组织或个人通过预测、刺激、提供方便,协调生产与销售以满足公众对产品、服务及其他的需求的经济活动。营销的观念是企业在市场上从事经营活动的指导思想和价值目标,其核心是如何对待顾客。营销管理是指企业为实现经营目标,对建立、发展、完善与目标顾客的交换关系的营销方案进行的分析、设计、实施与控制。营销管理主要内容包括产品、定价、渠道、促销等。

作为企业中最活跃的部门,营销部门最容易遇到伦理问题。随着消费者保护主义、环境保护主义运动的兴起,企业营销活动的道德层面得到了越来越多的强调,要求企业把盈利与社会责任统一起来,推动营销观念的变化,不同的营销理念体现了商业伦理应当融入营销管理的必要性。

企业的产品策略常见的伦理问题包括产品设计、产品包装、产品质量安全中的伦理问题等。定价中的伦理问题主要包括暴利价格、价格欺诈与误导性定价、歧视性定价、掠夺性定价等。渠道中的伦理问题通常包括传销、囤货、商业贿赂等。常见的广告伦理问题通常包括虚假广告、误导性广告、侵犯性广告等。营销竞争中的伦理问题主要包括侵犯商业秘密、混淆商业标志、诋毁竞争对手信誉等。

数字时代市场营销领域伦理问题呈现新的特点,典型表现包括用户信息甚至用户隐私容易遭到泄露、互联网巨头容易获取独特的用户数据形成垄断获取利益、软文的出现使广告的识别相对困难、制造话题吸引消费者等。数字时代可以通过加强行业自律和引导、建立完善技术规则、加强消费者教育、加强平台管理等措施应对广告中常见的伦理问题。

企业应当树立诚信的营销理念,消费者应当树立正确的消费观念。

关 键 词

营销　广告　定价　渠道　营销竞争　数字时代　伦理策略

练 习 题

一、选择题

1. 下列不属于商业贿赂的方式是(　　)。
   A. 赠送超市购物卡　　　　　　　　B. 提供各种佣金或费用、给予回扣
   C. 赠送节日贺卡并微信发送祝福　　D. 赠送高档烟酒
2. 新冠肺炎疫情期间,"天价口罩"违反的商业伦理类型是(　　)。
   A. 恶性价格竞争　　　　　　　　　B. 虚假宣传
   C. 暴利价格　　　　　　　　　　　D. 侵犯商业秘密
3. 2021年初任正非在华为内部心声社区就注册姚安娜商标事件进行道歉,注册姚安娜商标是为了防止出现(　　)的非伦理行为。
   A. 虚假广告　　　　　　　　　　　B. 产品设计中的伦理问题
   C. 恶意抢注商标　　　　　　　　　D. 侵犯性广告
4. 椰树和椰村两家饮料生产企业最可能涉及的伦理争端是(　　)。
   A. 夸大、虚假宣传　　　　　　　　B. 混淆商业标志
   C. 诋毁商业竞争对手　　　　　　　D. 侵犯性广告
5. 面对形形色色营销活动中的非伦理行为,消费者应通过(　　)来保护自己的权益。
   A. 只买便宜货
   B. 只买贵的
   C. 通过正规渠道了解商品信息
   D. 到商家门店拉横幅不让商家营业
6. 下列产品可能属合法但是不道德的是(　　)。
   A. 毒品　　　　B. 青少年游戏　　　　C. 高利贷　　　　D. 传销
7. 下列关于产品的伦理问题,表述正确的是(　　)。
   A. 根据委托方提供的图纸生产出的玩具上的锋利边缘可能导致儿童割伤事故,这属于产品质量安全中的伦理问题
   B. 高档精致、华而不实的茶叶礼盒属于产品设计中的伦理问题
   C. 某消费者网上购物收到货物后发现外包装破裂,属于产品质量安全中的伦理问题
   D. 产品只有精美的包装外壳而其内在质量却很低劣属于产品包装中的伦理问题

二、思考题

1. 营销的基本内涵是什么?
2. 营销领域常见的伦理问题有哪些?应该如何应对?

3. 数字时代市场营销领域的伦理问题有哪些表现形式？应该如何应对？

三、案例讨论

案例1：

"女孩考上清华后跪谢父母"，怎么都是套路？

近日，一段"女孩考上清华后感恩父母"的视频在网上火了。不过，这个点赞量超过百万的短视频，被眼尖的网友发现蹊跷，考上清华的姑娘是同一个，她爸爸的身份却换了好几个，一会儿是"工地上的工人"，一会儿是"捡瓶子的"，一会儿是"植物人"……

发现"不对劲"的网友，纷纷表示被视频欺骗了感情，原以为是"跪谢爸爸"真感恩，谁知竟是"究竟有几个好爸爸"的假感动。面对质疑，平台方认定该视频违规，对发布者账号限流10天。而视频拍摄者则满腹委屈，对此解释称："我只是段子手，想让小孩子知道父母不容易，上学感恩父母，我从来没说过我的段子是真实的。"

诚然，短视频创作拥有一定的创作空间，但这绝不等于可以放任其弄虚作假，打着传播正能量的旗号，消费公众同情心。如果真如视频拍摄者所言，这只是段子，其大可以注明"本故事纯属虚构"，而不是打擦边球、编造故事，想方设法戳人泪点。表面上传播正能量，撕下画皮，念的还是引流吸粉的生意经。

近几年，随着"短视频＋社交"的崛起，媒体格局和舆论生态不断重塑。媒介形式的多样化，让"短视频＋社交"发布消息比权威机构媒体，有了更多更快抵达受众的可能。这一趋势的"副产品"，则是为滋生假新闻提供了土壤，也让媒体关注产生失焦的可能，经常陷入"制造冲突""制造新闻"的无意义口水战。

正如微博官方账号江苏网警转发时的按语："希望大家能传播真正的正能量，而不是靠编造吸引毒流量。"如果媒介信息一再被社交媒体虚构内容所解构，大众感动一再被虚假内容所欺骗，严肃社会议题一再被造谣编故事所消解，这种"唯流量""唯爆款"导向下，伪造"真实"博眼球的趋势，不仅消费公众，更会让人们察觉被欺骗后，不敢再轻易伸出援助之手，对他人悲欢不再轻易产生共鸣。

近年来，类似编造"女孩考上清华跪谢爸爸"、电商冒充"滞销大爷"悲情营销，还有此前B站博主"虎子的后半生"被起底借癌症"卖惨"的争议事件，对"短视频＋社交"时代的媒介生态都有重要的启示。

随着公众媒介素养的不断提升，人们对于伪造事实、炒作噱头欺骗公众情感的"毒流量"越来越反感。无底线的炒作和制造爆款，或许能一时吸睛、短期涨粉。可一旦事实败露，不是徒留笑柄、全网群嘲这么简单，更会失掉粉丝的信任、用户的支持。就像"狼来了"故事里的放羊娃，满嘴谎言、不讲信用，结果只能自尝恶果。

为流量不择手段，"制造真实""编造故事"的把戏，或许能博受众一时泪目，却注定让受众最终怒目。重塑互信的网络舆论生态，除了需要社交媒体内容生产者秉持自律，更需要对挑战公序良俗的内容进行清理整顿，重新营造适合发展的网络空间。

资料来源：《光明日报》旗下"光明时评"微信视频号。

讨论：

1. 分析上述资料中存在的营销伦理问题有哪些？

2. 讨论应当如何应对上述营销伦理问题?
3. 你认为短视频营销中还存在哪些伦理问题,应该如何应对?

案例 2:

BD 搜索与魏某事件

在 BD 公司财报"风险因素"条目中,曾经提到媒体报道的 2016 年,一个身患癌症的大学生因为在 BD 公司竞价排名中搜索到一家医院,接受了不成功的治疗而离世的事例。

魏某在陕西咸阳成长、生活。2012 年,魏某以 603 分的成绩考入西安电子科技大学计算机科学与技术专业。他的梦想是毕业后到麻省理工学院这样的世界知名学府深造,以期将来能就职于谷歌、BD 公司、阿里巴巴这样的互联网巨头。

但 2014 年 4 月,魏某被确诊为腹壁滑膜肉瘤三期。这是一种发病率不高但生存率极低的恶性肿瘤。为了治病,一家人跑了全国各地 20 多家医院,魏某先后做了 3 次手术、4 次化疗、25 次放疗。在这过程中,魏某父亲和亲戚通过 BD 公司找到了一种名为 DK-CIK 的生物免疫疗法。2014 年 9 月~2015 年 7 月,魏某在北京某医院接受了 4 次这一号称源自美国斯坦福大学、全球先进的疗法。而在最初治疗的一年多里,为避免魏某心情受影响,家人只告诉他得的是一种介于良性与恶性之间的交界性肿瘤。

网友留存的截图中,当时用 BD 公司搜索"软组织肉瘤",北京某医院位列搜索结果首页的第二位。知乎上那条"你认为人性最大的恶是什么"的回答中,魏某写下了被骗的经过:BD 公司,……医学信息的竞价排名……这是一家三甲医院,号称疾病治疗有效率达到百分之八九十,保二十年没问题……

前后 4 次治疗总计花费 20 多万元后,当年 8 月底,魏某通过在美国留学的朋友得知,北京某医院所谓的名为 DK-CIK 的技术"国外临床阶段就被淘汰了,现在美国根本就没有医院用"。

2015 年 8 月左右,魏某开始在网上找寻国内外适用的疗法及临床试验。当时还在攻读医学博士的徐某,先后帮魏某联系了国内三家医院的靶向药临床试验,但因其正在使用的靶向药有效,不建议更换等原因,不符合入组条件。徐某向记者分析说,国内对于骨与软组织肉瘤治疗有经验的医生和医院并不多,而这类肉瘤的首诊和首次手术非常关键。如果在魏某患病之初,就给他推荐这一领域的权威医院和医生,他的生命长度或将一定程度延续。对魏某来说,最佳选择是在手术、放化疗之后,即用靶向药,生物免疫治疗只是在上述一切办法失效后,"没有办法的办法"。但搜索引擎和将科室承包给莆田系的该北京某医院,却将魏某引入歧途。

在给徐某的邮件中,魏某写道,在家里花费 50 万元之后,已经难有余力支付其他治疗。这 50 万元中,将近一半是在北京某医院接受生物免疫疗法的钱。

当时,魏某所处的另一大背景是生物免疫治疗在全国各地开花、一派红火的乱象。2009 年,原卫生部下发《医疗技术临床应用管理办法》,将免疫细胞治疗定义为第三类医疗技术,同年,《首批允许临床应用的第三类医疗技术目录》中,自体免疫细胞治疗技术也被纳入其中。此后几年里,免疫细胞治疗一直处于主管部门不明确,临床试验和临床应用界限模糊、管理不规范的境况中,各地不少医疗机构借机大肆开展细胞免疫治疗并高额收费。

有专家指出,魏某所用的DK-CIK免疫疗法,实质上是一种非特异性的抗肿瘤技术,对滑膜肉瘤效果有限甚至可以说是失败的。

魏某事件引起舆论广泛关注。

之后,相关部门组成的联合调查组进驻BD公司和上述医院。2016年5月9日,调查结果发布,认定BD公司搜索相关关键词竞价排名结果客观上对魏某选择就医产生了影响,BD公司竞价排名机制存在付费竞价权重过高、商业推广标识不清等问题,必须立即整改;该医院存在科室违规合作、发布虚假信息和医疗广告误导患者和公众等问题。

当年6月,BD公司董事长兼首席执行官在接受媒体采访时表示,有的医院很多科室外包存在很大风险。9月,BD公司又称,"因为这几个月的医疗事件,(BD公司)一个季度砍掉了20亿的收入"。

资料来源:根据《中国新闻周刊》(2020年1月20日总第933期)及网络有关内容整理。

讨论:

1. 魏某是因为BD公司推广误入北京某医院无效医治而不幸去世,BD公司推广在其中存在什么样的伦理问题?

2. 患者通过什么权威网络渠道,才能真正了解相关医疗科普文章和相关医院信息,进而保护自己的权益?

3. 监管条例落后于网络发展形势,对政府监管部门而言,面对类似问题应当如何更好履行其监管职能?

第6章 企业财务活动中的商业伦理

> **本章提要**
>
> 本章介绍财务和财务活动的基础知识,围绕财务活动中筹资活动、投资活动、营运活动、会计活动等主要内容,分析财务活动中常见的商业伦理问题,阐释企业财务活动中的伦理要求。

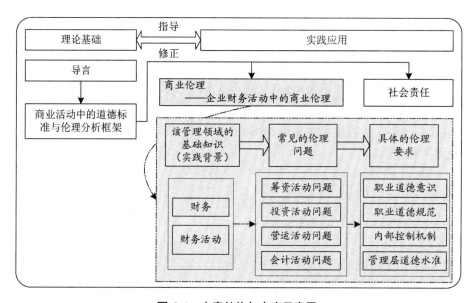

图 6.1 本章结构与内容示意图

引例

证监会对獐子岛公司违法事实的处理结果

根据证监会网站披露的信息,獐子岛公司存在以下违法事实:

一、獐子岛公司内部控制存在重大缺陷,其披露的 2016 年年度报告存在虚假记载,其中虚减营业成本 6 002.99 万元,虚减营业外支出 7 111.78 万元。综上,獐子岛公司 2016 年度虚增利润 13 114.77 万元,虚增利润占当期利润总额的 158.11%,獐子岛公司 2016 年年度报告存在虚假记载。

二、獐子岛公司内部控制存在重大缺陷,其披露的 2017 年年度报告存在虚假记载,其中虚增营业成本 6 159.03 万元,虚增营业外支出 20 595.54 万元,虚增资产减值损失

1 110.52万元。综上,獐子岛公司2017年年度报告虚减利润27 865.09万元,占当期披露利润总额的38.57%,獐子岛公司2017年年度报告存在虚假记载。

三、獐子岛公司披露的《关于2017年秋季底播虾夷扇贝抽测结果的公告》(以下简称《秋测结果公告》)存在虚假记载。2017年10月25日,獐子岛公司披露的《秋测结果公告》称,獐子岛公司按原定方案完成了全部计划120个调查点位的抽测工作。经与抽测船只秋测期间的航行定位信息对比,獐子岛公司记录完成抽测计划的120个调查点位中,有60个点位抽测船只航行路线并未经过,即獐子岛公司并未在上述计划点位完成抽测工作,占披露完成抽测调查点位总数的50%,《秋测结果公告》相关内容存在虚假记载。

四、獐子岛公司披露的《年终盘点公告》和《核销公告》存在虚假记载。

证监会依法对獐子岛及相关人员涉嫌违反证券法律法规案做出行政处罚和市场进入决定。证监会认为,上述行为涉嫌构成违规披露、不披露重要信息罪。证监会决定将獐子岛及相关人员涉嫌证券犯罪案件依法移送公安机关追究刑事责任。

证监会指出,獐子岛财务造假性质恶劣,影响极坏,严重破坏了信息披露制度的严肃性,严重破坏了市场诚信基础,依法应予以严惩。

资料来源:中国证监会网站,2020年6月15日。

獐子岛公司作为一家上市公司,其对外披露的财务数据会影响利益相关者的决策,会导致系列的利益冲突。有的公司高管等内部人员为了谋取私利进行财务数据造假,有的造假情节严重损害投资者等利益相关方利益,例如上面提到的獐子岛公司,以及康得新、绿大地、万福生科等。近年来国内外上市公司及IPO(首次公开募股,Initial Public Offering)中公司会计舞弊事件频频出现,引起国内外舆论及监管部门、投资者的广泛关注,如何有效防范财务活动中的非伦理行为的发生已成为众人关注的焦点,引发业界对现行的会计职业道德体系及会计职业道德教育的有效性进行反思。本章首先探讨财务活动的内涵及主要内容,然后阐述财务活动中常见的伦理问题,最后阐释企业财务活动中的伦理要求。

6.1 财务与财务活动

6.1.1 财务的内涵与特征

1) 内涵

广义上,从企业角度看,财务泛指与资金有关的事务,主要包括财务管理和会计相关工作。前者包括企业在生产过程中涉及资金的活动,以及企业财务活动中和各方面的经济关系;后者包括会计核算和会计监督。

2) 特征

综合性。财务作为一种价值管理,它包括筹资管理、投资管理、权益分配管理、成本管理、纳税管理以及经济活动的记录和反映等等,渗透在企业全部经营活动之中,涉及生产、供应、销售每个环节和人、财、物各个要素,是一项综合性强的经济管理活动。

及时性。财务直接参与企业经济活动,通过预算管理、标准成本等手段对经济活动进行预测、控制、决策,通过会计活动对经济活动实行有效的核算和监督,形成各种财务报表和财务分析报告等。财务信息的主要目的是帮助信息使用者制定决策,而只有及时的信息才具有决策参考价值。例如,企业对于已经发生的交易或事项,应当及时进行会计处理,不得提前或延后。

合法合规性。企业财务与资金运动和经营活动信息记录密切相关,影响股东、债权人、管理者、监管机构、政府等利益相关方的利益和决策,财务管理结果和会计信息具有外部性,要满足会计法、证券法等法律法规和国家统一的会计制度、会计准则的要求。例如《中华人民共和国会计法》(简称《会计法》)规定:"会计凭证、会计账簿、财务会计报告和其他会计资料,必须符合国家统一的会计制度的规定。"

6.1.2 财务活动的内涵与主要内容

1) 财务活动的内涵

一般认为,财务活动与企业生产经营过程中所发生的涉及资金流动有关。从企业内部角度看,财务活动有狭义、广义之分。狭义的财务活动着眼于资金的运动,通常是指财务管理活动,包括资金的筹集、资金的运用和资金的分配等一系列活动。广义的财务活动包含资金的运动和反映,通常包括财务管理活动和会计活动。在本章,我们从广义的角度开展讨论。

(1) 财务管理活动

王化成等认为企业财务管理是企业管理的一个组成部分,它是根据财经法规制度、按照财务管理的原则组织企业财务活动、处理财务关系的一项经济管理工作。刘玉平等认为财务管理就是组织企业财务活动、处理财务关系的一项经济管理活动,它是企业管理的重要组成部分。

因此,可以认为企业财务管理是企业组织财务活动、处理财务关系的一项经济管理工作,财务管理活动是企业组织财务活动、处理财务关系的一系列活动。

企业财务管理活动是以现金收支为主的企业的资金收支活动的总称。在市场经济条件下,一切物资都具有一定的价值,它体现了耗费于物资中的社会必要劳动量。社会再生产过程中,物资价值的货币表现就是资金。企业的生产经营活动,一方面表现为物资的不断购进和售出,另一方面表现为资金的支出和收回。企业的资金收支构成了企业经济活动的一个独立方面,这就是企业的财务管理活动。

企业生产经营活动的复杂性,决定了企业财务管理具有三个主要特点。一是财务管理与企业各方面有着广泛的联系。在企业的日常生产经营活动中,一切涉及资金的收支活动都与财务管理有关,因此财务管理会涉及企业生产经营管理的方方面面,例如采购、销售、研发、捐赠等。二是财务管理能够迅速地反映企业的生产经营状况和经营成果。在企业管理当中,决策是否恰当、经营是否合理、技术是否先进、产品是否畅销等,都可以迅速在企业的会计信息和财务指标中得到反映。三是综合性强。从内部来看,企业财务管理运用价值形式对企业经营活动实施管理,与企业内部计划、采购、生产、销售等各项工作密不可分;从外部来看,企业的投资、筹资、营运资金管理、利润分配等财务活动与投资者、债权人、股东、税务部门、监管机构、客户、供应商关系密切,财务管理需要协调整合各种财务关系。

(2) 会计活动

会计从产生到现在有上千年历史,关于会计的内涵并没有完全统一的定义,我们这里介绍两种国内外会计学界的主流观点。

第一种观点是会计信息系统论。会计信息系统论,就是把会计理解为提供信息以供决策的一个系统。例如有美国学者认为"会计是一门特殊门类的信息服务"(A. C. 利特尔顿),包括美国会计学会提出"会计是一个信息系统",我国学者余绪缨、葛家澍、唐予华等持该观点,例如葛家澍、唐予华认为"会计是为了提高企业和各单位的经济效益、加强经济管理而建立的一个以提供财务信息为主的经济信息系统"。

第二种观点是会计管理活动论。会计管理活动论认为,会计的本质是一种经济管理活动。将会计作为一种管理活动并使用"会计管理"这一概念在西方管理理论学派中早已存在。古典管理理论学派的代表人物法约尔把会计活动列为经营的六种职能活动之一,美国人卢瑟·古立克把会计管理列为管理化功能之一,20世纪60年代以后出现的管理经济会计学派,则认为进行经济分析和建立管理会计制度就是管理。我国学者杨纪琬、阎达五持该观点。他们认为,无论从理论上还是从实践上看,会计不仅仅是管理经济的工具,它本身就具有管理的职能,是人们从事管理的一种活动。杨纪琬教授认为会计管理的概念是建立在"会计是一种管理活动,是一项经济管理工作"这一认识基础上的,通常讲的会计就是会计工作。阎达五教授指出,会计作为经济管理活动的组成部分,它的核算和监督内容应该达到的目的受到不同的社会制度的制约。

可以看出,会计活动有专门的方法和程序,对经济活动进行连续系统全面的核算和监督,提供以财务信息为主的经济信息,为相关方决策服务,满足相关方的信息需求,因此会计活动也是经济管理活动的重要组成部分。

2) 财务活动的主要内容

(1) 财务管理活动的主要内容

基于财务管理的内涵,企业的财务管理活动可以分为四个方面,企业筹资引起的财务活动、企业投资引起的财务活动、企业经营引起的财务活动、企业分配引起的财务活动。上述财务活动的四个方面是相互联系、相互依存的,相应构成了企业财务管理的基本内容,即筹资管理、投资管理、营运资本管理、利润及其分配的管理。筹资管理包括筹资渠道、筹资方式、筹资成本等主要内容;投资管理包括对固定资产投资、证券投资和对其他企业的直接投资等;营运资本管理主要包括企业对全部流动资产和流动负债的管理;利润及其分配的管理包括企业销售、收入管理,利润管理和利润分配管理等。

理解财务管理,需要明确财务管理活动涉及的系列财务关系。企业的财务关系是指企业在组织财务活动过程中与各有关方面发生的经济联系。企业的财务关系包括:企业与其所有者之间的财务关系,企业与其债权人之间的财务关系,企业与其被投资单位之间的财务关系,企业与债务人之间的财务关系,企业内部各单位之间的财务关系,企业与职工之间的财务关系,企业与税务机关之间的财务关系。

(2) 会计活动的主要内容

本书基于企业会计角度进行分析,因此,按照企业会计活动的内容,主要可以分为企业财务会计活动、企业管理会计活动等。

企业财务会计活动的主要内容包括核算和监督。核算是指以货币为主要计量单位,运用会计的专门方法,对各会计主体所发生的经济业务,进行确认计量记录和报告,以便提供全面、系统、可靠和相关的会计信息。监督是指按照一定的目的和要求,利用会计核算所涉及、所提供的信息资料,对会计主体经济活动的合法性、合理性和有效性进行控制和指导,使之达到预期的管理目标。财务会计应当依据准则和规范形成企业经济活动的记录和报告。

企业管理会计活动的主要内容包括全面预算管理、企业责任部门的内部责任核算及其业绩评价、存货管理、成本管理等。管理会计履行预测、决策、规划、控制和责任考核的管理职能,开展具体工作。企业管理会计通过综合分析,向组织机构提供信息,帮助和支持组织机构进行战略规划、组织实施和管理控制,促使其做出合理决策活动,管理会计侧重于会计管理职能,在企业内部经营管理中发挥作用,履行管理职能。

6.1.3 商业伦理融入财务活动的必要性

1) 财务活动存在大量利益冲突

财务活动中存在大量利益冲突,当单位财务人员面临利益冲突或者利益诱惑的时候,需要基于职业道德原则妥善应对。其职业行为可能偏离诚信、客观公正、保密与良好职业行为等职业道德规范。利益冲突是指与单位财务人员所提供的职业活动相关的双方或多方之间存在某种形式的利益对抗,从而使其职业判断可能偏离客观公正等职业道德规范。例如,财务人员的好友在销售部门工作,好友将个人因私出行费用混入出差费用申请报销,这使得财务人员面临是否遵守单位报销制度的选择。

单位财务人员所面临的利益冲突通常分为两种基本类型,一是财务人员的职业活动会影响其他各方之间的利益,例如财务人员出具的绩效考核结果会影响不同责任部门的利益分配,再如,财务人员同时为合伙企业的双方合伙人提供专业服务;二是财务人员自身在某一特定事项当中存在利益,并且与该事项相关的其他方的利益存在冲突,例如,在单位中担任管理职务,负责审批企业的特定投资事项,而其中的某项投资将为其本人或其主要近亲属的投资组合带来增值。

职业组织发布的职业道德要求为财务人员应对此类利益冲突提供了专业建议。在职业活动中,财务人员应当对其面临的利益冲突保持关注,当面对利益冲突时,可以选择退出利益相关事项的决策流程,或者对某些责任和义务进行重新规划或分离等。在面临利益冲突时,国际会计师联合会(IFAC)和中国注册会计师协会(CICPA)鼓励财务人员积极向所在单位内部或其他专业人员寻求指导,例如,向专业机构、法律顾问或其他会计师寻求指导。当在单位内部进行披露、信息共享或者寻求第三方指导时,财务人员需要遵循保密原则。如果在对利益冲突产生的不利影响采取防范措施后,依然无法消除或者将风险降低至可接受的水平,财务人员首先应当在单位内部寻求解决,例如与上级商讨解决方案,如果在重大原则问题上仍然存在不一致,则应当与更高一级的管理层商讨解决方案。当财务人员尝试了所有的解决方法之后仍然不能解决,财务人员通常只能选择辞职,但是应当向所在单位提交一份信息备忘录,并在离职以后履行保密义务。

因此,面对财务活动当中的利益冲突,财务人员应当遵循商业伦理要求,以公众利益为导向,并且在保持客观公正的前提下,以公众利益优先于职业界利益、职业界利益优先于与冲突相关的各方利益、冲突相关的各方利益优先于财务人员个人利益的顺序,为处理冲突的原则。

2) 财务活动存在大量利益诱惑

利益诱惑是指用于影响他人行为的物质、情况或行为。利益诱惑的范围非常广泛,例如礼品、款待、娱乐、政治捐助、慈善捐助、满足情感需求、工作岗位、商业机会、特殊权利等。就利益诱惑本身而言,可以认为它是中性的,也就是说它可能含有也可能不含有不当的影响意图。当利益诱惑产生的时候,财务人员会产生某种压力,比如要求其接受宴请或礼品、供应商为其提供兼职工作,再如要求其提供利益诱惑,以对个人或组织的判断决策产生不当影响。法律法规可能会禁止在特定情况下提供或者接受利益诱惑,例如有关反腐败和反贿赂的法律法规,然而,在某些情况下,财务人员提供或接受利益诱惑,可能并没有被法律法规所禁止,但是仍然可能对财务活动及财务人员职业道德产生不利影响。

因此当财务人员接受或提供诱惑的时候,可能会因自身利益、密切关系或外在压力,对相关方利益以及自身对职业道德规范的遵循产生不利影响,可能会违反诚信、客观公正、良好职业行为等原则要求。

职业组织发布的职业道德要求为财务人员应对此类利益诱惑提供了专业建议。IFAC和CICPA规定财务人员不得接受(或提供)或者授意他人接受(或提供)利益诱惑,这里的利益诱惑是指自身认为或理性且掌握充分信息的第三方认为含有不当影响意图的利益诱惑。如果财务人员知悉或者认为利益诱惑可能有不当意图,可以采取以下防范措施,即拒绝、告知或变更。拒绝是指拒绝接受或提供利益诱惑;告知是指就该利益诱惑的相关情况告知所在单位或提供方所在单位的高级管理层、治理层;变更是指修改或终止与提供方之间的业务关系,或者移交相关业务给其他人员。

3) 全球会计舞弊行为普遍存在

会计舞弊是财务活动中最典型、最严重、最普遍的非伦理行为,舞弊手段多样。不同学者对会计舞弊的概念有不同的理解,有的学者认为会计舞弊包括会计信息失真、财务舞弊、财务报告舞弊、盈余操纵、盈余管理、管理舞弊、报表粉饰、会计丑闻、腐败、资产挪用等(陈汉文,韩洪灵)。美国注册会计师协会第99号审计准则(SAS99)早期将财务舞弊划分为挪用资产和财务报表舞弊,其中挪用资产是指偷盗或占用公司的资产并设法在财务报表中予以掩饰,财务报表舞弊是指通过失实的财务报表欺骗使用者,骗取资本市场的认可,试图影响投资者的决策。在2002年重新发布的《审计准则公告》第99号指出,会计舞弊是为了欺骗财务报表使用者,而对财务报告列示的数字或披露进行有意识的错报和漏报,这些有意识的错报或漏报,导致财务报表在所有重大方面未能与一般公认会计原则(Generally Accepted Accounting Principles,GAAP)保持一致。可以看出,会计舞弊行为的本质是对会计职业道德的严重违背,在微观上会损害投资者、股东、债权人、员工等利益相关者的切身利益,在中观上可能会破坏企业的商业信誉和证券市场的资源配置效率,在宏观上会对国民经济的可持续发展造成严重的阻碍。

美国注册舞弊审查师协会(ACFE)将广义的会计舞弊行为分为三个大类,腐败(corruption)、资产挪用(asset misappropriation)和财务报表舞弊(financial statement fraud)。关于腐败,主要包括利益冲突(如采购舞弊、销售舞弊)、贿赂(发票回购、操纵投标)、非法取酬、经济敲诈。关于资产挪用,主要涉及现金资产和存货及其他资产两大类。关于财务报表舞弊,主要包括增(减)利润、虚构(低估)收入、高估(低估)负债和费用、错估资产价值和不当披露等。美国注册舞弊审查师协会关于舞弊行为的分类总体上呈现了财务活动中常见的非伦理行为。具体分类如下(表6.1)。

表 6.1 ACFE 关于会计舞弊行为的分类

一级分类	二级分类		细目及具体行为
腐败	利益冲突		采购舞弊、销售舞弊
	贿赂		发票回购、操纵投标
	非法取酬		—
	经济敲诈		—
资产挪用	现金	库存现金盗窃	—
		现金收入盗窃	私吞销售额(未入账、少报收入)
			私吞应收账款(虚假核销、挪用、直接截留)
			私吞退款等
		舞弊性支出	虚假账单(壳公司、个人采购、先付后退等)
			薪资舞弊(假员工、假薪水等)
			费用报销舞弊(虚假费用、重复报销等)
			支票和付款篡改(伪造支票、伪造背书、变更收款人等)
			付款舞弊(虚假支付、虚假退款)
	存货和其他资产	滥用	
		盗窃	资产转移、虚假销售和运输、虚假采购等
财务报表舞弊	虚增利润		时间差异、虚增收入、低估负债和费用、错估资产价值、不当披露
	掩盖利润		时间差异、低估收入、高估负债和费用、错估资产价值、不当披露

会计舞弊案件在我国也频繁发生,例如近年来发生的银广夏、蓝田股份、绿大地、万福生科、康得新、康美药业等系列会计丑闻,此外,随着企业全球化布局,类似瑞幸咖啡这样实际控制人在境内、经营活动地在境内、在境外注册和融资的企业也出现重大财务数据造假丑闻。这些舞弊行为对于监管部门以及跨境监管合作提出新的挑战。

4) 会计舞弊行为造成多输局面

会计舞弊行为可能造成严重的经济社会损失。全球最大的反舞弊组织美国注册舞弊审查师协会(Association of Certified Fraud Examiners,ACFE)对于全球会计舞弊行为进行了长期的持续的调查和研究,每两年会发布一次研究报告,根据该组织《2018年全球舞弊研究报告》估计,2016年1月至2017年10月期间,全球会计舞弊行为导致的潜在总损失高达约40 000亿美元,相当于2018年德国GDP的总量。

随着安然公司、世界通信、瑞幸咖啡等重大会计舞弊丑闻的曝光,投资者信心遭到了沉重的打击、企业声誉受到侵害、市场信用基础受到了严重侵蚀,利益相关者和监管部门意识到会计舞弊已经演变成一个世界性的问题,并且没有迹象显示会计舞弊会逐渐减少或减弱。

> **链接**
>
> **为加薪实施财务造假 香溢融通4名前高管被采取市场禁入措施**
>
> 公开资料显示,香溢融通的上市时间可追溯到1994年2月,是宁波最早的一批上市公司之一,主营范围有典当、担保、融资租赁、财富管理、贸易等。
>
> 根据香溢融通公告,宁波证监局决定对香溢融通给予警告,并处以60万元罚款;6名责任人被给予警告,并处10万~30万元不等的罚款。时任董事、总经理邱某被采取终身证券市场禁入措施,时任董事长潘某及时任副总经理、总会计师沈某被采取10年证券市场禁入措施,时任副总刘某被采取5年证券市场禁入措施。
>
> 据了解,2018年,香溢融通董事会换届内部审计发现财报造假,并向证监会报告。2019年1月,证监会对香溢融通立案调查。经查,香溢融通涉嫌恶意违规确认投资收益导致2015年至2016年财报虚假。
>
> 公司公告详细披露了公司高管为牟取不当业绩奖励而实施财务造假的过程。香溢融通未按规定披露瑞龙7号、君证1号收益权转让业务的担保事项,提前确认投资收益实施财务造假,致使公司2015年至2016年财报披露不实。其中,2015年虚增净利润7 758万元,占2015年披露净利润的50%;2016年虚减净利润2 928万元,占2016年披露净利润的25%。
>
> 资料来源:新华网,2020年6月8日。

从投资者的角度看,财务活动中的会计舞弊等非伦理行为损害投资者和债权人的利益,挫伤投资者的投资热情,并要求监管部门追究舞弊者责任。企业必须按照规定在IPO、增发等融资公告当中注明融资的目的和融资的投向,而债权人和中小投资者一般是根据这些公开披露的信息,包括公司的公告、财务报告、以往的业绩、新闻报道等来决定是否进行投资。

从企业角度而言,财务活动中出现的非伦理行为,严重影响企业的声誉。企业的声誉其实是一种无形资产,对应的是经济主体在社会公众中的名声、在投资者眼中的信誉、在债权人眼中的能力,是社会公众和利益相关者对经济主体的行为与能力的一般看法和总体印象。在当前的资本市场当中,大量企业虚假披露信息、会计舞弊、挪用资金等的一系列非伦理行为,最终影响企业的竞争力和可持续发展能力,导致企业的市场信誉度不断下降,甚至使企业轰然倒塌,毁于一旦。

从其他利益相关者的角度来看,财务活动中的非伦理行为还会损害国家、股东、债权人、员工、供应商、消费者等其他利益相关者的利益。例如企业隐瞒利润偷税漏税,损害国家利益;再如,企业通过虚假贸易虚增销售收入、进而虚增企业利润,一旦资金链断裂,会损害供应链上下游中生产商、供应商、渠道合作伙伴和其他企业的利益;此外,当企业因为财务活动当中严重的非伦理行为违反法律规定,受到监管部门的惩处,可能就此一蹶不振,导致员工失业,甚至影响社会舆论导向。

> 链接

舞弊行为的动因

冰山理论。冰山理论最早由心理学家弗洛伊德于1895年提出,他认为人的行为只有很少一部分受到意识的支配,大部分难以由意识解释的行为是受到潜意识的支配。潜意识就像冰山隐藏在海平面以下的部分,虽然难以观察,但起到相当重要的基础性作用。有的学者将舞弊形容为冰山,表现为显性和隐性两部分,前者是可观察因素,例如公司治理、关键业绩、竞争压力等;后者是由管理者主观方面决定的不可观察因素,例如认知道德、价值观、管理理念等,这些不可观察的因素对舞弊行为的发生具有更加基础和根本性的作用,需要重点关注。

三角理论。美国的犯罪学家Donald R. Cressey于1953年提出犯罪学的三角理论。Cressey通过对250个因贪污或挪用公款而被指控的罪犯进行调查研究,发现这些罪犯具有三个方面的共同点:一是存在一个无法通过正常的收入渠道,得到满足的隐秘的财务需求;二是存在一个不被监管者发现的机会,违规行为容易在实施后被隐瞒起来;三是在道德层面都能找到一个自我说服的理由。后面的学者将三角理论的三个因素总结为:压力(Pressure)、机会(Opportunity)、自我合理化借口(Rationalization)。

GONE理论。这种观点认为,贪婪(Greed)、机会(Opportunity)、需要(Need)、暴露(Exposure)是构成舞弊行为的四个因素(Bologna等)。其中,贪婪和需要是舞弊者认为无法通过正常的收入渠道得到满足的一种心理特征和需求,机会是指舞弊者捕捉到实施舞弊行为而不被发现的时机的概率,暴露是指舞弊行为实施以后被发现的可能性。

菱形理论。这种观点在舞弊三角理论的基础上,进一步拓展,增加了舞弊能力因素。研究者认为,即使行为人感受到压力,且存在较好的舞弊机会,也有似乎合理的借口,但如果行为人估计自身能力不足以隐蔽地实施舞弊而不被发现,舞弊行为仍然不会发生。因此菱形理论强调,个人特质和能力在舞弊行为的发生中起到重要作用,典型的舞弊特质和能力表现为:关键人物所在岗位特殊,使其能够发现别人不能发现的舞弊机会;关键人物足够聪明,能够发现内部控制系统的缺陷;关键人物具有强烈的自负或强大的自信,相信自己可以轻易掩盖舞弊行为,并顺利逃脱制裁;成功的舞弊者,具备胁迫他人舞弊或帮其掩盖舞弊行为的能力;成功的舞弊者善于撒谎并能够"一贯坚持";成功的舞弊者还要善于应付和化解压力。

资料来源:根据网络资料整理。

6.2 财务活动中常见的伦理问题

6.2.1 筹资活动的伦理问题

企业从事生产经营活动,需要解决通过什么方式、在什么时间、筹集多少资金的问题。在筹资过程中,企业通过发行股票、发行债券、吸收直接投资等方式筹集资金,为企业带来资金的流入;而企业在偿还借款支付利息和股利以及付出各种投资费用时带来企业资金的流出。这种因为资金筹集而产生的资金的流入和流出,就是企业的筹资活动。

企业筹集资金的活动会使企业与股东、债权人之间发生相应的财务关系,在这个过程当中,常见的伦理问题包括:一些企业利用与投资者信息不对称的优势,以各种欺骗性手段进行资金筹集;有的企业伪造财务数据,从银行骗取贷款;有的企业虚报利润、虚增业绩,以骗取上市资格恶意圈钱;有的企业随意变更募集资金的投向;有的企业过度负债"绑架"利益相关方;等等。

链接

上市公司造假成本太低 全国人大代表提议欺诈发行判无期

国务院金融委会议在一个月内接连三次强调对资本市场造假行为"零容忍",坚决维护投资者利益。全国人大代表、深交所理事长王建军在2020年两会期间也提议修改刑法,将欺诈发行罪调整纳入"金融诈骗罪"范畴,将最高刑期提至无期徒刑,提高罚金额度,拓宽该罪规制范围,明确"关键少数"刑事责任。这是王建军第三年连续提出修改刑法,严打重惩欺诈发行的议案。

"信息披露是证券市场的基石,不说假话、不做假账、真实披露是最基本底线。"王建军指出,欺诈发行严重挑战信息披露制度的严肃性,严重侵蚀市场诚信基础,严重破坏市场信心,严重损害投资者利益,是证券市场的"毒瘤"。该类案件涉众性强,涉及金额大、范围广、人数多,直接危及国家金融安全和金融稳定,其危害后果远不止侵害企业管理秩序,也远比普通金融诈骗严重。

王建军举例称,2018年,金亚科技被证监会查实IPO造假,涉及募集资金4.18亿元,波及近6万户投资者。2015年,五洋建设欺诈发行公司债券,非法募集资金高达13.6亿元。但刑法上,欺诈发行罪被纳入"妨害对公司、企业管理秩序罪"范畴,最高刑期仅有五年,明显与其社会危害性不相匹配。

王建军认为欺诈发行应该以集资诈骗罪为参照,根据2011年最高院《关于审理非法集资刑事案件具体应用法律若干问题的解释》,欺诈发行罪与集资诈骗罪都属于非法集资类犯罪,但后者被刑法归入"金融诈骗罪"章节,且可处十年以上有期徒刑甚至无期。

相比之下,万福生科欺诈发行的募集资金达4.25亿元,涉及2.7万户投资者,主要责任人仅被判刑三年六个月;欣泰电气(现已退市)欺诈发行的募集资金达2.57亿元,涉及2.4万户投资者,主要责任人的刑期也只有三年,刑事处罚明显过轻,罪责刑实不相称。

近年来,随着资本市场迅速发展,欺诈和造假类案件也呈逐年上升态势,全面提高违法成本已成为各方共识。王建军特别指出,当前证券发行注册制已作为一项资本市场基础性制度写入新《证券法》。在科创板、创业板先行先试的基础上,注册制改革将向全市场推行,迫切需要加大刑法制度供给。注册制实行前端市场化准入,对便利企业融资、提升市场活跃度大有裨益,但如果对欺诈发行犯罪处罚力度不够,可能导致该类案件数量进一步上升,影响改革成效,阻碍改革进程,影响资本市场服务实体经济能力。

王建军补充道,新《证券法》全面完善了欺诈发行的行政责任和民事责任,包括提高行政罚没款金额,确立"责令回购""先行赔付"以及证券集体诉讼制度等,刑罚过轻的问题更加突出,短板亟待补齐。此外,新《证券法》还拓宽了证券品种范围,也需要刑法予以配套完善。

王建军建议称,将欺诈发行罪纳入"金融诈骗罪"范畴,全面提高刑期和罚金额度,拓宽该罪规制范围,明确"关键少数"刑事责任,使该罪的犯罪类型、刑罚配置与其社会危害性相匹配,建立健全"民行刑"三管齐下、齐头并进的责任追究体系,为全面实施注册制保驾护航。

资料来源:http://finance.caixin.com/2020-05-23/101557859.html(记者:刘彩萍)

6.2.2 投资活动的伦理问题

企业筹集资金的目的是把资金用于生产经营活动,以取得盈利,不断增加企业的价值。企业把筹集到的资金用于购置自身经营所需的固定资产、无形资产等,便形成企业的对内投资;企业把筹集到的资金用于购买其他企业的股票、债券,或者与其他企业联营,或者收购、并购另外的企业,就形成企业的对外投资。企业的投资活动会带来资金的流动,由于企业的资金是有限的,因此企业会尽量将资金投放在能带来最大回报的项目上,但是如果只关注投资活动所带来的回报,会带来一系列的伦理问题。主要包括,因项目资金投入大、回报率低而放弃企业社会责任等问题;在员工安全和健康方面、环境保护方面不投资或少投资等问题;过度投资造成产能过剩和资源浪费等问题;因企业合并或收购带来的员工再就业、资产流失等问题;因关联方投资带来的利益输送、利益转移等问题;跨国投资中在被投资国家面临的劳工权益保障、环境保护等伦理问题。

链接

得州风暴

2021年2月中旬,席卷美国得克萨斯州的冬季风暴引发关注。

受极地寒流影响,得州一周前遭遇冬季风暴突袭,多个城市气温跌破历史低点。但这么冷的天气里,州内各区域居然开始拉闸限电、中断供水。

美国公用事业追踪网站PowerOutage数据显示,截至当地时间2月15日17时,全州已有362万人失去电力供应。有些得州居民虽然有电可用,却接到电力公司通知,提醒电费账单"快要爆表"。居民阿莫斯吐槽说:"一天电费高达450美元,累计欠供应商2 800美元,我不过是用瓦斯加热器把家里温度控制在18摄氏度,电费怎么就这么高?"有市民说,得州电价在风暴来袭后疯狂飙升,一度电约合人民币65元。

有研究人员指出,1989年和2011年,得州曾两次在遭遇寒流后大规模断电,但当地电力可靠性委员会一直未对发电设备进行冬季防冻处理。微软创始人比尔·盖茨在2021年2月20日接受美国有线电视新闻网采访时称,得州极寒天气导致的死亡事件,本来可以避免。得州的天然气电站没有建成能够抵御极端天气的设施,进而导致该州数百万人遭遇断电危机。

美国电力产业结构复杂。全美有3 000余家电力企业,其中私营企业服务用户占全美电力市场70%以上。得州的电力市场由得州电力可靠性委员会管理,输配电系统由得州公共事业管理委员会管理,二者下设的供电公司多为私营,这使州政府、发电、输配电、售电企业在灾害面前,难以形成合力,终成乱局。

本州供电不足,外援同样难助。得州不仅在供电市场体系上独立于全美供电系统,在物理层面也与邻州保持极为有限的电气连接。即便可以协调支援,美国整体电网设施老旧、全美70%输电线路和变压器运行年限超过25年,实际输电可靠性也会大打折扣。

资料来源:根据侠客岛、《环球时报》微信公众号信息整理。

6.2.3 营运活动的伦理问题

企业在日常的营运过程当中会频繁地发生资金的流入和流出。企业要采购材料或商品,以便从事生产和销售活动;企业要支付员工工资、购置办公用品、支付房租水电等营业费用;企业将产品或商品销售之后可以取得收入,收回资金;当企业流动资金不足以支撑企业的经营活动,企业需要采取短期借款、票据贴现等方式来筹集运营所需要的资金。企业的日常营运活动会带来资金的流动,由于营运资金的流转速度直接影响特定期间的收入和成本费用,直接影响会计利润,因此企业会尽量加快资金周转速度,提高资金使用效率,在这个过程中企业与供应商、员工、客户、资金提供方、税收征管部门等会产生一系列的伦理问题。主要包括,企业不遵守合同约定长期恶意拖欠供应商货款;企业在票据融资中伪造票据、变造票据等票据欺诈行为;企业要求客户预付款随后卷款跑路,或者采取欺诈手段非法集资制造庞氏骗局等;资产处置中买受人与内部关键人员勾结进行利益输送等。

> **链接**
>
> **"优胜教育"被爆"崩盘":总部人去楼空,有家长交了40万,退费无门**
>
> 2020年10月,拥有超1100个校区的教育培训机构"优胜教育",被爆出崩盘"跑路"了。据多家媒体证实,家长到优胜教育北京总部办理学费退费时,其总部已经人去楼空,只剩下桌椅板凳堆叠在一起。
>
> 2020年10月19日,北京优胜教育总部内,前来退费的学生家长,以及被拖欠工资的优胜教育员工聚集在此维权。据前来维权的家长介绍,上午来维权的人最多,可达3 000多人。现场有学生家长反映,一名家长提前预付但未消费的金额少则两三万,多则十几万,有家长交了40多万元学费,退费无门。一个校区拖欠家长的费用大概在两三百万。与此同时,有网友爆料称优胜教育接近破产,有校区老师称公司已拖欠薪资长达半年,家长们缴纳的补课费用也无处可退,涉及金额高达上千万元。有消息称,优胜教育北京广渠门校区的学生家长已经提前预付学费但未消费完的不完全统计的未退学费已经超过900万元,深圳田贝翠竹维权群未退学费也已经近200万。
>
> 教育培训机构均采取预收学费的方式运营,资金流动出现问题后,学员及其家庭往往处于弱势地位,并因此受到经济损失。
>
> 资料来源:根据《中国质量报》、界面新闻及网络资料整理。

需要强调的是,有的企业在运营过程中所有资金活动以偷逃税款、骗取出口退税为主要目的,不仅违反了诚实守信的商业伦理要求,而且违反了法律规定,当事人必须承担相应的法律责任。

> **链接**
>
> **深圳破获"家族企业"出口骗税案,抓捕77名涉案人员**
>
> 国家税务总局深圳市税务局稽查局近期以企业疑点信息为线索,联合警方破获一起"家族企业"出口骗税案件。刘某梁等11名主要涉案违法人员因涉嫌虚开增值税专用发票、骗取出口退税、非法经营等违法行为,被公安机关依法刑事拘留。
>
> 2019年12月,国家税务总局深圳市税务局稽查局检查人员发现深圳市FL贸易发展有限公司(以下简称"FL公司")等15户企业的经营信息异常。这些企业均为2015年1月前后注册的外贸型进出口企业,在2015年1月至2019年12月期间,15户企业累计出口产品涉及金额11.95亿元,申报出口退税1.48亿元。经过进一步分析,发现这15户企业疑点突出。首先,15户企业出口经营的木家具、服装等产品是骗税违法多发的敏感商品类型。这些企业的上游供货商大多处于走逃或失联状态。其次,这些企业的注册地址均集中分布在深圳市罗湖区同一栋办公楼的四个楼层,且15户企业的法定代表人、股东、财务负责人和办税人员存在互相交叉任职情况。更为蹊跷的是,这15户企业当中,法定代表人和股东不少姓"刘",交叉任职人员主要为刘某梁等5人。
>
> 稽查部门立即通过税警数据互换平台,将相关人员信息反馈给公安机关。公安机关通过关联分析、身份信息追踪核查后发现,刘某梁等5人之间为直系亲属关系,另外4人分别为其父亲、儿子和女儿。检查人员经过初步核查得知,这些疑点企业的实际控制人就是刘某梁。
>
> 根据征管信息和预警分析线索,专案组了解到:FL公司主要从事外贸出口业务,法定代表人是刘某梁,从经营信息看,2015年至2019年企业累计购进木家具、服装7 236.65万元,购进的货物全部出口,出口目的地有法国、韩国、印度尼西亚等10多个国家。FL公司成立以来,其报关单信息记录多达6 000多条。
>
> 经查,刘某梁等人以家族关系为纽带,组成"家族式"违法团伙,家族成员分工明确,各自负责转账、结汇、办理涉税事务等工作。该团伙注册成立FL公司等15家具有退税资质的外贸企业后,通过支付手续费的方式,从上游93户企业取得品名为木家具、服装的虚开发票,再通过"配单"和虚假结汇的方式,虚构出口业务,涉嫌骗取出口退税1.48亿元。
>
> 资料来源:赖容锦,李牧雏,邹飞鹏,《中国税务报》,2021年2月2日。

6.2.4 会计活动的伦理问题

会计以货币为主要计量单位,使用特定的原理和方法,对经济单位的经济业务进行全面的、连续的、系统的记录计算分析和检查,并定期以财务报表的形式反映财务状况和经营成果。会计活动中出现的伦理问题,主要包括以下三类。

第一类与会计机构内部控制有关,包括现金保管、银行对账、不相容职务相分离等,例如财务人员挪用公款、出纳侵吞公司资金、企业对账人员伪造银行对账单、不相容岗位未分离、财务部门长期不轮岗导致舞弊行为长期无人发现等。

链接

一出纳挪用公司资金用于赌博 获刑三年四个月

90后女子陈某芳原是某公司出纳,却因深陷网络赌博泥潭而铤而走险挪用公司资金,最终致自己身陷囹圄。近日,福建省大田县人民法院对该案作出一审判决,依法判处被告人陈某芳有期徒刑三年四个月。

2017年12月开始,陈某芳担任福建某公司出纳员。其间,公司因管理需要让陈某芳以个人名义在中国银行、中国农业银行开设银行卡,用于该公司资金的流转。2019年2月至8月间,陈某芳利用其管理公司公款的职务便利,多次从上述银行卡内挪用公司资金共计人民币2 388 155.66元,转账至本人的中国建设银行卡,用于网络赌博。至2019年8月29日,陈某芳仍有挪用公司资金人民币1 640 057.73元尚未归还。2019年8月29日,陈某芳至大田县公安局投案,并如实供述自己的罪行。

大田法院经审理后认为,被告人陈某芳利用本人担任公司出纳管理公司现金的职务便利,挪用公司资金共计人民币2 388 155.66元,进行非法活动,数额巨大,已构成挪用资金罪,综合考虑其犯罪情节后,作出上述判决。

资料来源:https://www.chinacourt.org/article/detail/2020/09/id/5434164.shtml

第二类与会计信息生成和保管有关,包括会计信息记录、会计信息整理、会计档案保管等,例如会计人员缺乏专业技能、财务负责人指使或胁迫会计人员违规处理业务、故意不如实记录经济活动、隐匿销毁重要会计档案等。

链接

销毁会计凭证、账簿资料 财务人员等7人被追刑事责任

平遥县人民检察院指控,洪洞县华清煤焦化学有限公司(简称华清公司,前身为洪洞县官庄企业总公司)成立于2001年,李某生(另案处理)任该公司法定代表人、董事长。2014年4月份左右,该公司停产,李某生多次指示被告人李某萍将华清公司的小台账(记录公司销售的不含税的营业收入及不入账收入)整理出来,留下2014年的,其余年份全部销毁,同时让被告人李某萍通知公司财务人员将各自手头的财务资料整理出来销毁。之后华清公司的财务人员将各自手头的财务资料整理出来,李某萍也将公司的小台账的资料整理到纸箱和袋内。后,被告人李某萍安排被告人李某芳、王某玲等人将整理好的财务资料分几次焚烧,被告人李某萍因惧怕将私下设立的账外台账销毁后与公司银行账数额对应不上承担责任,将整理出来的小台账存放在二楼的档案室,没有销毁。随后,李某生又安排被告人李某萍将整理出来的资料交给被告人郝某华与销售处、原料处的有关资料一并销毁。后被告人郝某华、李某萍安排被告人李某芳等人将整理出来的财务资料和销售处、原料处整理出来的资料分两次销毁。

2014年7月份,李某生在被中纪委约谈返回公司后,详细询问了被告人李某萍被中纪委约谈内容和被专案组扣押账目内容(当时中纪委办案组江苏省镇江市公安局已经扣押华

清公司2001—2014年的会计账本和记账凭证；官庄村委的会计账本和记账凭证），并安排被告人李某萍整理并销毁剩余的财务资料。之后，被告人李某萍安排被告人王某玲、李某芳、宋某林、贾某福在华清公司的办公楼内整理出了2004年至2007年洪洞县华晋煤焦有限公司的会计账簿、会计凭证、会计报告等，及1999年至2000年官庄企业总公司的会计账簿、会计凭证、会计报告等，连同之前被告人李某萍整理的小台账一并交予被告人郝某华，被告人郝某华将上述资料用一辆黑色帕萨特轿车拉走，并将上述资料烧毁。整理期间，高某记（另案处理）协助提供床单包账本、参与搬运等帮助。

综上，被告人郝某华等人故意毁坏会计凭证、会计账簿、财务会计报告的涉案金额上亿元，犯罪情节严重。公诉机关认为，被告人郝某华、李某萍在李某生的授意下，安排被告人李某芳、王某玲、宋某林、贾某福将洪洞县华清煤焦化学有限公司、官庄企业总公司、洪洞县华晋煤焦有限公司应当保存或者应当向有关部门提供的会计凭证、会计账簿、财务会计报告等资料故意销毁，情节性质严重。被告人高某记予以协助，其行为均已构成隐匿、故意毁坏会计凭证、会计账簿、会计报告罪，提请本院依照《中华人民共和国刑法》第一百六十二条之一的规定对各被告人予以惩处。

根据山西省平遥县人民法院刑事判决书，被告人郝某华犯隐匿、故意毁坏会计凭证、会计账簿、会计报告罪，判处有期徒刑二年六个月，并处罚金人民币三万元；被告人李某萍犯隐匿、故意毁坏会计凭证、会计账簿、会计报告罪，判处有期徒刑二年六个月，缓刑三年，并处罚金人民币三万元；被告人李某芳犯隐匿、故意毁坏会计凭证、会计账簿、会计报告罪，判处罚金人民币二万元；被告人王某玲犯隐匿、故意毁坏会计凭证、会计账簿、会计报告罪，判处罚金人民币二万元；被告人宋某林犯隐匿、故意毁坏会计凭证、会计账簿、会计报告罪，判处罚金人民币二万元；被告人贾某福犯隐匿、故意毁坏会计凭证、会计账簿、会计报告罪，判处罚金人民币二万元；被告人高某记犯隐匿、故意毁坏会计凭证、会计账簿、会计报告罪，免予刑事处罚。

资料来源：https://www.sohu.com/a/116074525_467122（作者：税海涛声）

需要说明的是，企业必须依照《会计法》的规定办理会计事务，"单位负责人对本单位的会计工作和会计资料的真实性、完整性负责"，会计机构、会计人员应当依照《会计法》的规定"进行会计核算，实行会计监督"，"任何单位不得以虚假的经济业务事项或者资料进行会计核算"。

第三类与会计信息输出相关，集中表现在会计信息失真和会计信息披露等方面。会计信息失真主要是指会计系统输出的信息未能如实地反映客观的经济活动。会计信息失真的主要表现包括数据失真、业务失真、核算依据失真、账簿失真、报表失真等。会计信息披露制度起源于企业所有权与经营权分离和委托代理关系的形成。会计信息披露是指企业将直接或间接地影响到信息使用者决策的重要会计信息以公开报告的形式提供给信息使用者。会计信息披露中常见的伦理问题表现为违规披露、不披露重要信息，也就是说依法负有信息披露义务的公司和企业，向股东和社会公众提供虚假的或者隐瞒重要事实的财务会计报告，或者对依法应当披露的其他重要信息不按照规定披露，如果因主观故意的信息披露行为严重损害股东或者其他人利益，需要承担相应的法律责任。会计信息披露的关键在于披露的信息是否真实、可靠、完整,披露的信息是否充分及时,信息披露的对象之间是否公平,例如是否存在利用内部信息谋取不正当利益等。

链接

证监会通报豫金刚石信息披露违法案件调查情况

财务造假严重破坏市场运行基础,严重侵害投资者利益,始终是我会监管执法的重点。今年4月,郑州华晶金刚石股份有限公司(豫金刚石,300064)业绩"变脸",市场高度关注,质疑信息披露违法。结合对审计机构检查发现的问题,我会决定对公司立案调查。经查,豫金刚石涉嫌重大财务造假,2016年至2019年财务信息披露严重不实。一是连续三年累计虚增利润数亿元,二是未依法披露对外担保、关联交易合计40亿余元。调查还发现,在上述期间,实际控制人累计占用上市公司资金23亿余元。本案是一起上市公司长期系统性造假的典型案件,涉案金额巨大,违法性质严重,市场影响恶劣,我会将依法严肃追究相关单位和个人的违法责任。

下一步,证监会将全面落实党中央国务院关于依法从严打击证券期货违法活动的决策部署,按照国务院金融委关于"建制度、不干预、零容忍"的工作方针,紧盯资本市场造假、欺诈等恶性违法行为,综合运用行政处罚、刑事追责、民事赔偿等全方位、立体式追责体系,加大违法成本,净化市场环境,不断促进上市公司质量提升。

资料来源:http://www.csrc.gov.cn/pub/newsite/jcj/aqfb/202101/t20210120_390961.html

需要强调的是,会计信息输出有关的伦理问题往往对社会造成更大的影响,仅靠企业有关人员道德自律不能遏制住会计信息输出中的舞弊问题,需要监管部门加强管理、加大处罚力度。2021年2月3日证监会发布《关于上市公司内幕信息知情人登记管理制度的规定》,主要根据新《证券法》规定修订了有关内容,进一步明确内幕信息知情人、内幕信息的定义和范围,以明确上市公司防控内幕交易的主体责任,规定董事长、董秘等应当对内幕信息知情人档案签署书面确认意见;要求上市公司根据重大事项的变化及时补充报送相关内幕信息知情人档案及重大事项进程备忘录。

6.3 财务活动中的伦理要求

6.3.1 提升会计职业道德意识

提升会计职业道德意识是一项系统的、复杂的工程,要减少财务活动中的非伦理行为,应当提升有关人员会计职业道德意识,重点是加强会计人员自身教育和修养,需要各级财政部门、会计职业团体以及各单位齐抓共管,形成合力,加大会计职业道德教育和宣传力度,提升单位会计职业道德意识。

1) 加强会计职业道德规范教育

会计职业道德教育是终身教育。不同时期,对不同层次的会计从业者的道德要求等也有所不同,因而有必要开展全方位、多角度的会计职业道德教育,健全社会教育机制。在学历教育阶段，应对经济管理及有关专业学生加强会计职业道德教育，帮助学生了解有关法律法规，理解职业道德对于个人成长和职业发展的重要意义；在会计人员继续教育中，应把会计人员职业道德规范融入其中，采取灵活多样的培训方式，使会计职业者加强职业道德修养的自觉性。企业应当从实际出发，借助社会热点问题和与财务舞弊有关的案例，持之以恒地抓好会计职业道德教育，例如把会计职业道德作为重要岗位岗前培训的重要内容，帮助财务及有关人员熟悉和了解会计职业道德规范，把遵循会计职业道德的情况作为财务及有关人员考核、职称聘任、晋升、续聘、奖惩的重要指标。

2）加强会计职业道德宣传

会计职业道德对于财务人员固然重要，但是由于财务关系与企业众多岗位密切相关，需要制定切实可行的宣传方案，坚持不懈地在单位内部，尤其是财务活动有关人员中进行会计职业道德宣传。把以诚实守信、不做假账、客观公正为核心的社会主义会计职业道德观念和道德规范不断灌输到广大会计人员的灵魂深处，营造出会计职业道德自律的氛围，使广大会计人员都认识到会计诚信的重要性，努力营造诚信者受尊重、不诚信者遭鄙视的社会氛围。要紧紧抓住影响会计职业道德观念形成和发展的重要环节，以诚信建设为主线，充分结合单位的实际情况，加大会计职业道德规范的宣传力度，倡导诚信，弘扬职业正气，积极开展舆论监督，开展警示案例剖析，组织学习《会计法》等法律法规和规章的学习，使财务及有关人员充分认识到丧失诚信给会计职业和社会所造成的严重危害，帮助财务及有关人员增强会计职业道德意识。

6.3.2 遵循会计职业道德规范

会计人员职业道德

为了加强会计基础工作，建立规范的会计工作秩序，提高会计工作水平，财政部根据《中华人民共和国会计法》的有关规定，制定《会计基础工作规范》（2019年修订），明确会计人员应当遵循的职业道德。具体内容包括：

第十七条 会计人员在会计工作中应当遵守职业道德，树立良好的职业品质、严谨的工作作风，严守工作纪律，努力提高工作效率和工作质量。

第十八条 会计人员应当热爱本职工作，努力钻研业务，使自己的知识和技能适应所从事工作的要求。

第十九条 会计人员应当熟悉财经法律、法规、规章和国家统一会计制度，并结合会计工作进行广泛宣传。

第二十条 会计人员应当按照会计法律、法规和国家统一会计制度规定的程序和要求进行会计工作，保证所提供的会计信息合法、真实、准确、及时、完整。

第二十一条 会计人员办理会计事务应当实事求是、客观公正。

第二十二条 会计人员应当熟悉本单位的生产经营和业务管理情况，运用掌握的会计信息和会计方法，为改善单位内部管理、提高经济效益服务。

第二十三条 会计人员应当保守本单位的商业秘密。除法律规定和单位领导人同意外，不能私自向外界提供或者泄露单位的会计信息。

第二十四条 财政部门、业务主管部门和各单位应当定期检查会计人员遵守职业道德的情况，并作为会计人员晋升、晋级、聘任专业职务、表彰奖励的重要考核依据。

企业会计工作者应从爱岗敬业、诚实守信、廉洁自律、客观公正、坚持准则、提高技能、参与管理和强化服务八个方面遵循会计职业道德规范。

资料来源：摘录自财政部令第98号《会计基础工作规范》(2019年修订)。

1) 爱岗敬业

爱岗敬业要求会计人员热爱会计工作，安心本职岗位，忠于职守，尽心尽力，尽职尽责。爱岗敬业是做好会计工作的前提条件，是会计职业道德的基础。爱岗敬业就是要求会计人员充分认识本职工作在整个经济和社会事业发展过程中的地位和作用，珍惜自己的工作岗位，热爱本职工作，自觉地履行岗位职责，形成任劳任怨、一丝不苟、忠于职守、尽职尽责的工作态度和工作作风。爱岗敬业不仅仅是一种观念、一种精神、一句口号，它更需要有具体的行动来体现。会计人员必须对自己所从事的会计职业持一种笃信虔敬的态度，依靠自己对会计工作的敬业精神和良好的执业能力来获得社会的尊重、信任。也只有这样，会计工作才能有效率、有成果。

2) 诚实守信

诚实守信要求会计人员做老实人，说老实话，办老实事，执业谨慎，信誉至上，不为利益所诱惑，不弄虚作假，不泄露秘密。诚实守信是做人的基本准则，也是公民道德规范的主要内容。人无信不立，国无信不强。诚信作为一种文化传统，早已内化为我们民族的一种精神特质。诚信是做好会计工作的根本，是会计职业道德的精髓，关系到会计信息质量和会计职业的社会声誉。市场经济是"信用经济""契约经济"，注重的就是"诚实守信"。可以说，信用是维护市场经济步入良性发展轨道的前提和基础，是市场经济赖以生存的基石。诚实守信要求会计人员把国家和公众利益放在首位，堂堂正正，光明磊落。同时，依法保守商业秘密也是会计人员诚实守信的具体体现。

链接

潘序伦(1893—1985)，江苏宜兴人，会计学家、会计教育家、会计实务专家和会计实业家，被誉为"中国现代会计之父"。潘序伦1921年被保送到哈佛大学，两年后获企业管理硕士学位，翌年又获哥伦比亚大学商业经济学博士学位。学成归国后致力于西式簿记的引介与推广，以"诚信"立业，建"信以立志，信以守身，信以处事，信以待人，毋忘'立信'，当必有成"的24字校训，创立了会计教育、会计出版、会计实务"三位一体"的立信会计事业模式。他所创办的立信会计专科学校(现上海立信会计学院)、立信会计图书用品社(现立信会计出版社)、立信会计师事务所，迄今已有80多年历史。其独立或合作撰写论文90余篇，出版著作30部、译著17部。国务院原副总理李岚清称之为"现代会计学宗师，职业教育之楷模"；财政部原副部长王军称他为新式簿记的创始者、会计理论研究的引领者、培育会计人才的播种者、现代会计"产学研"一体化的拓荒者、会计诚信文化的首倡者。

资料来源：徐耀庆.潘序伦与立信会计品牌[J].会计之友,2014(16)：124-125.

3) 廉洁自律

廉洁自律要求会计人员公私分明、不贪不占、遵纪守法、清正廉洁。廉洁自律是会计人员的必备品质，是维护会计职业声誉的基石，是会计职业道德的前提。廉洁自律要求会计人员要树立科学的人生观和价值观，自觉抵制享乐主义、个人主义、金钱万能论等错误思想，加强自身的职业道德修养，遵纪守法，公私分明，不贪不占，尽职尽责。正人先正己，对会计人员尤为重要。会计人员的职业工作说到底就是理财，正是这种时时与钱物相联系的职业工作特点决定了廉洁自律是会计职业道德的内在要求，是会计人员的基本行为准则。这就要求会计人员必须是一个在经济上廉洁奉公、公私分明、严明自律的人，只有这样，会计人员才能正确行使反映和监督的会计职责，保证各项经济活动正常运行。

> **链接**
>
> ## 公款姓公，银行岂能沦为私人提款机
>
> 6月9日，山东省东营市中级人民法院公开审理恒丰银行原董事长蔡某案。检方指控蔡国华犯国有公司人员滥用职权罪、贪污罪、挪用公款罪、受贿罪、违法发放贷款罪五项罪名，涉案金额达103亿元。任职恒丰银行董事长期间，蔡某平均每天报销花费40万元。这家公家银行竟沦为了他的私人提款机，令人瞠目结舌。
>
> "坚持公私分明，先公后私，克己奉公"，《中国共产党廉洁自律准则》第一条就对如何正确对待公与私之间的关系做出了规范。蔡某却反其道而行，在思想上混淆了公与私的界限，先私而后公，甚至有私而无公，将私利凌驾于公利之上，最终导致违纪违法。报道显示，他的个人生活支出、家庭生活支出甚至雇佣保镖等都明目张胆地在恒丰银行报销。其中，红木家具一项就高达800多万元，还曾几次用公款租用公务机猎鹰7X到国外购买奢侈品。由于公私观错位，他把恒丰银行当作自己的私人领地，人、财、物均由自己一人"说了算"，架空行长，做出了一系列违规违纪违法行为：涉嫌挪用48亿元公款用于个人经营，违法发放贷款35亿元，在帮助一家公司获取贷款后索要时价达5.65亿港元的一套位香港港岛区太平山顶的别墅等。
>
> 缺乏正确的公私观念，成为现实利益的奴隶，作为董事长的蔡某，不仅自身腐败堕落，还带坏了队伍、制造了金融风险。他"以身示范"个人花费公款报销，让许多高管也紧跟其后，把银行公款当作唐僧肉。他被调查后，恒丰银行原副行长毕某等多名高管也相继被调查。作为12家全国性股份制银行之一的恒丰银行，最终形成逾1400亿元不良贷款，如处理失当，将会是一个巨大的金融风险。值得注意的是，为防范金融风险，近几年，中央纪委都对金融领域反腐败工作做出了部署。梳理中央纪委国家监委网站消息，已有一批金融领域党员领导干部被查处，蔡某的落马也是咎由自取。
>
> 南宋文学家周紫芝在《竹坡诗话》载：李氏家族有一人为官廉洁，公私分明。一天，他正在烛光下办理公务，有人送来一封家书。他当即灭掉公家的蜡烛，点上自家的蜡烛。看似不起眼的一件"小事"，却隐藏着为官从政的大智慧。划清公与私的界限，不单是金融领域党员干部的基本功，同样是每一名党员干部党性修养的必修课。蔡某案例警示我们，公款姓公一分一厘都不能乱花，公权为民一丝一毫都不能私用。
>
> 来源：慕振东，中央纪委国家监委网站，2020年6月10日。

4）客观公正

客观公正要求会计人员端正态度，依法办事，实事求是，不偏不倚，保持应有的独立性。客观公正是会计职业道德的根本。客观公正要求会计人员在处理会计事务时必须以实际发生的交易或事项为依据，以会计法律、法规和国家统一的会计制度为准绳，对经济业务事项进行客观、公允的判断，不掺杂个人主观意愿，不为单位领导的意志所左右，具有会计人员从业的独立性。如果会计人员没有追求客观公正的意识，就不可能具备对诚信的强烈要求，会计诚信也就不可能得到很好的体现。同时，社会经济是复杂的，会计人员只有不断提高专业技能，正确理解、把握并严格执行会计准则、制度，不断消除非客观、非公正因素的影响，才能最大限度地做到客观公正，从而为市场经济的正常运行、社会经济秩序的井然有序，为维护国家和社会公众利益做出自己的贡献。

5）坚持准则

坚持准则要求会计人员熟悉国家法律、法规和国家统一的会计制度，始终坚持按法律、法规和国家统一的会计制度的要求进行会计核算，实施会计监督。没有规矩，不成方圆。会计职业的"规矩"就是一系列的会计法律、法规和规章制度，是会计人员从事会计工作所遵守的行为规范或具体要求。坚持准则要求会计人员通过认真学习，熟悉准则，在处理业务过程中，严格按照会计法规制度办事，以准则作为自己的行动指南，在发生道德冲突时，应坚持准则，维护国家利益、社会公众利益和正常的经济秩序。对于注册会计师来说，就是要按照国家统一的会计制度和独立审计准则实施独立审计，并提供客观、公正的审计报告。例如，单位负责人要求财务人员虚增收入、减计支出以虚增当期利润，会计人员应当按照准则和制度要求进行核算，不能放弃准则和规矩。

6）提高技能

提高技能是指会计人员仅有会计道德意义上的责任感还不够，还需要有实现自己会计道德诺言的会计执业能力，这样，才能进行严格的质量控制，才能抵制做假账，才能出具真实客观的财务会计报告。提高技能要求会计人员具有不断提高会计专业技能的意识和愿望。而且，专业技能的提高和学习不可能是一劳永逸之事，必须不间断地学习、研究、充实和提高，"活到老学到老"。随着市场经济的发展，经济全球化以及科学技术日新月异，会计在经济发展中的作用越来越明显，对会计的要求也越来越高。随着信息技术的迅猛发展，以及云计算、大数据、人工智能等新技术的出现，我国会计职业的竞争越来越激烈。会计人员要想生存和发展，就必须使自身具有高层次的专业知识和技能，使自己的知识不断更新。提高技能要求会计人员增强提高专业技能的自觉性和紧迫感，勤学苦练，刻苦钻研，不断进取，提高业务水平。单位会计人员应当遵循专业胜任能力和勤勉尽责原则，只有在经过专门培训并获得足够的技能和经验后，才能够承担相应的工作。

7）参与管理

参与管理是会计核算职能的延伸，是会计职业道德的要求。参与管理要求会计人员不能只是消极地、被动地、简单地记账、算账、报账，而是要积极地、主动地利用会计职业的优势和特长，出谋划策，向单位反映经济管理活动情况和存在的问题，提出合理化建议，协助领导决策，参与经营管理活动。这就要求会计人员努力钻研业务，提高业务技能，熟悉财经法规和相关制度，熟悉服务对象的经营活动和业务流程，从而使参与管理的决策更具有针对性、建设性和有效性,为改善单位内部管理、提高经济效益服务。参与管理要求会计人员在做好本职工作的同时,努力钻研相关业务,全面熟悉本单位经营活动和业务流程,主动提出合理化建议,协助领导决策,积极参与管理。

对于国有企业会计而言,参与管理还包括如实反映企业的经济活动,切实维护国家利益。

> **链接**
>
> ### 破除靠企吃企怪象
>
> "13名高管接连落马""以酒谋私利益链长期存在"。近日,《中国纪检监察报》报道了茅台集团窝案,让人深思茅台集团内部腐败问题的根源何在。
>
> 靠酒吃酒、靠企吃企,贵州省委巡视组向茅台集团党委的巡视反馈一针见血指出了集团内部存在的弊病。茅台集团原党委副书记、董事长袁某"双开"通报显示,其将茅台酒经营权作为拉拢关系、利益交换的工具,大搞"家族式腐败"。以袁某案为突破口深挖,茅台集团原总经理刘某、原副总经理高某等一批高管以酒谋私的问题也逐渐浮出水面,仅2019年就先后有8名集团原高管被逮捕,罪名均涉及"受贿罪"。部分领导干部把职位当作私相授受的"私器",使得"近亲繁殖"根深蒂固、"圈子文化"盘根错节,选人用人违规问题突出。
>
> 茅台集团靠企吃企问题并非孤例,从近年来国有企业反腐实践看,其腐败问题背后往往存在一个共同点——在国有资产资源资金上大做文章,损公肥私,以公谋私。比如,浙江省国兴进出口有限公司原党总支书记、董事长陈某在任职期间,利用"公款投资、自己获利"的方式,获取私营业主回报近1500万;陕西燃气集团有限公司原党委书记、董事长郝某,滥权妄为,大搞权钱交易,利用掌握的国家垄断性资源攫取巨额利益……个别国企领导干部利用业态多元、资金密集、商业往来频繁等特点,为自身违纪违法行为穿上"隐身衣",造成关键领域、重要岗位腐败问题易发多发。
>
> 国有企业是全面建成小康社会的重要力量,真正释放国企活力,就必须净化企业发展生态,杜绝以权谋私、权钱交易等腐败现象。要持续强化不敢腐的震慑,严肃查处国有企业存在的靠企吃企、设租寻租、关联交易、内外勾结侵吞国有资产等问题。深化改革,扎牢不能腐的笼子,推动国有企业完善现代企业制度,强化对一把手的监督,封堵靠企吃企的后门。做实查办案件"后半篇文章",增强不想腐的自觉,加强以案促改、以案释纪、以案释法,引导国企党员干部激活党性观念、强化纪法意识,做到谨慎用权、正确履职,确保国有企业在正确轨道上健康发展。
>
> 资料来源:唐堂,中央纪委国家监委网站,2020年7月16日。

8) 强化服务

强化服务要求会计人员树立服务意识,提高服务质量,努力维护和提升会计职业的良好社会形象。强化服务是做好会计工作,提高会计职业声誉的重要途径,是会计职业道德的表现。强化服务要求会计人员树立强烈的服务意识,不论是为经济主体服务,还是为社会公众服务,都要摆正自己的工作位置,提供文明和高质量的服务。服务不仅要文明,还要讲质量,更要不断开拓创新。这就要求广大会计人员充分运用会计理论、会计方法、会计数据,积极主动地当好领导的参谋,为所在单位提供高水平的会计专业服务,并积极提出改进单位内部管理的建议,从而为提高单位经济管理水平和经济效益服务,为市场经济服务。

6.3.3 完善内部控制机制

为了制止企业财务活动的非伦理行为,企业应当建立健全有效的企业内部控制制度,加强内部控制制度的执行和评估。健全的内部控制制度和有力的执行评估,能够合理保证财务报告的可靠性,促使管理层正确履行财务报告编制责任和信息披露责任;能够合理保证企业的经营效率和效果,促使企业有效地使用企业资源,以最优方式实现企业的目标;能够推动企业遵守有关法律法规的要求,在法律法规的框架下从事经营活动;能够有效防止财务活动领域中信用缺失、财务数据失真和财务舞弊等伦理问题,提高企业整体资金使用效率和市场信誉。

链接

金陵饭店股份有限公司2019年度内部控制评价报告(部分)

按照企业内部控制规范体系的规定,建立健全和有效实施内部控制,评价其有效性,并如实披露内部控制评价报告是公司董事会的责任。监事会对董事会建立和实施内部控制进行监督。经理层负责组织领导企业内部控制的日常运行。公司董事会、监事会及董事、监事、高级管理人员保证本报告内容不存在任何虚假记载、误导性陈述或重大遗漏,并对报告内容的真实性、准确性和完整性承担个别及连带法律责任。

公司内部控制的目标是合理保证经营管理合法合规、资产安全、财务报告及相关信息真实完整,提高经营效率和效果,促进实现发展战略。由于内部控制存在的固有局限性,故仅能为实现上述目标提供合理保证。此外,由于情况的变化可能导致内部控制变得不恰当,或对控制政策和程序遵循的程度降低,根据内部控制评价结果推测未来内部控制的有效性具有一定的风险。

纳入评价范围的主要业务和事项包括:组织架构、发展战略、人力资源、社会责任、企业文化、资金活动、采购业务、资产管理、销售业务、工程项目、担保业务、业务外包、财务报告、全面预算、合同管理、内部信息传递、信息系统。

资料来源:根据金陵饭店股份有限公司在上海证券交易所网站披露的《内部控制评价报告》整理。

需要说明的是,美国反虚假财务报告委员会下属的发起人委员会(The Committee of Sponsoring Organizations of the Treadway Commission,COSO)致力于探讨财务报告中舞弊产生的原因并寻求解决之道。自1992年美国COSO委员会发布《COSO内部控制整合框架》以来,该框架已在全球获得广泛的认可和应用,2004年9月正式颁布《企业风险管理整合框架》(COSO-ERM)引入风险管理理念,COSO在2014年启动了首次对风险管理框架的修订工作,并于2017年9月发布了最新修订版《企业风险管理框架》,进一步强调从企业全局与战略的高度来关注企业风险,管控财务报告信息。但是无论如何,就反虚假财务报告而言,建立健全企业的内部控制制度及执行评价机制都是非常基础、非常重要的。

6.3.4 提升管理层道德水准

加强并提升管理层道德水准有助于减少企业财务造假等行为。企业信用建设卓有成效,与企业管理层紧密相关。一个公司的行为是伦理还是非伦理,管理者起着关键作用。而管理者的职业素质决定了企业经营发展是否遵纪守法、合乎道德。管理层伦理素养是决定企业伦理水平的决定因素。由于大多数企业财务造假行为是在管理者的允许下进行的,所以提升管理者的伦理道德水平有利于减少财务信息失实的现象。

本章小结

财务活动与企业生产经营过程中所发生的涉及资金流动有关。从企业内部角度看,财务活动有狭义、广义之分。狭义的财务活动着眼于资金的运动,通常是指财务管理活动,包括资金的筹集、资金的运用和资金的分配等一系列活动。广义的财务活动包含资金的运动和反映,通常包括财务管理和会计的内容。企业财务管理是企业组织财务活动、处理财务关系的一项经济管理工作。财务管理活动可以分为四个方面,企业筹资引起的财务活动、企业投资引起的财务活动、企业经营引起的财务活动、企业分配引起的财务活动。会计活动有专门的方法和程序,对经济活动进行连续系统全面的核算和监督,提供以财务信息为主的经济信息,为相关方决策服务,满足相关方的信息需求,因此会计活动也是经济管理活动的重要组成部分。

财务活动中存在大量利益冲突和利益诱惑,当单位财务人员面临利益冲突或者利益诱惑的时候,需要基于职业道德原则妥善应对。财务活动中最典型、最严重、最普遍的非伦理行为是会计舞弊,舞弊手段多样。会计舞弊有会计信息失真、财务舞弊、财务报告舞弊、盈余操纵、盈余管理、管理舞弊、报表粉饰、会计丑闻、腐败、资产挪用等多种形式。财务活动中的非伦理行为造成不良后果,严重的舞弊使投资者信心遭到了沉重的打击、企业声誉受到侵害、市场信用基础受到了严重侵蚀。有必要对财务非伦理行为进行治理。

企业筹集资金活动常见的伦理问题包括:一些企业利用与投资者信息不对称的优势,以各种欺骗性手段进行资金筹集;有的企业伪造财务数据,从银行骗取贷款;有的企业虚报利润、虚增业绩,以骗取上市资格恶意圈钱;有的企业随意变更募集资金的投向;有的企业过度负债绑架利益相关方。

企业投资活动常见的伦理问题包括:因项目资金投入大、回报率低而放弃企业社会责任等问题;在员工安全和健康方面、环境保护等方面不投资或少投资;过度投资造成产能过剩和资源浪费等;因企业合并或收购带来的员工再就业、资产流失问题等;因关联方投资带来的利益输送、利益转移问题等;在跨国投资中在被投资国家面临的劳工权益保障、环境保护等伦理问题等。

企业资金营运活动常见的伦理问题包括:企业长期拖欠供应商货款;企业在票据融资中伪造票据、变造票据等票据欺诈行为;企业要求客户预付款随后卷款跑路,或者采取欺诈手段非法集资制造庞氏骗局等;资产处置中买受人与内部关键人员勾结进行利益输送等。

会计活动中出现的伦理问题,可以分为三大类。第一类与会计机构内部控制有关,包括现金保管、银行对账、不相容职务相分离等,例如财务人员挪用公款、出纳侵吞公司资金、企业对账人员伪造银行对账单、不相容岗位未分离、财务部门长期不轮岗导致舞弊行为长期无人发现等。第二类与会计信息生成和保管有关,包括会计信息记录、会计信息整理、会计档案保管等,例如财务负责人指使或胁迫会计人员违规处理业务、故意不如实记录经济活动、隐匿销毁重要会计档案等。第三类与会计信息输出相关,集中表现在会计信息失真和会计信息披露等方面。会计信息失真的主要表现包括数据失真、业务失真、核算依据失真、账簿失真、报表失真等。会计信息披露中常见的伦理问题表现为违规披露、不披露重要信息。

企业会计工作者应从爱岗敬业、诚实守信、廉洁自律、客观公正、坚持准则、提高技能、参与管理和强化服务八个方面遵循会计职业道德规范。

财务活动中的伦理要求包括遵循会计职业道德规范、提升会计职业道德意识、完善内部控制制度、提升管理层道德水准等。

关 键 词

财务活动　财务管理活动　会计活动　筹资活动　投资活动　运营活动　会计职业道德规范

练 习 题

一、判断题(对的在括号里打√,错的在括号里打×)

1. 广义的财务活动包含资金的运动和反映,通常包括财务管理和会计的内容。（　）
2. 财务管理活动是企业组织财务活动、处理财务关系、进行会计核算的一系列活动。（　）
3. 因为资金筹集而产生的资金的流入和流出,就是企业的筹资活动。（　）
4. 利用虚假财务报告骗取企业IPO上市资格是企业筹资活动中常见的非伦理行为。（　）
5. 企业的投资活动就是指把筹集到的资金用于购置自身经营所需的固定资产、无形资产,不包括企业将资金用于购买股票、债券或并购。（　）
6. 出纳侵吞公司资金属于会计活动中的非伦理行为。（　）
7. 会计人员对本单位的会计工作和会计资料的真实性、完整性负责,单位负责人不需要对此负责。（　）
8. 会计人员办理会计事务时对于自己的好朋友可以不用遵循实事求是、客观公正的要求。（　）
9. 当单位财务主管对会计工作提出要求时,会计人员应当完全按照财务主管要求办理。（　）
10. 参与管理要求会计人员积极地、主动地利用会计职业的优势和特长,出谋划策,向单位反映经济管理活动情况和存在的问题,提出合理化建议,协助领导决策,参与经营管理

活动。( )

11. 强化服务要求会计人员树立服务意识,提高服务质量,努力维护和提升会计职业的良好社会形象。( )

12. 会计人员职业道德建设的唯一途径就是加强对会计人员的教育和培训,让会计人员掌握会计职业道德要求。( )

13. 财务活动中存在大量利益冲突,当单位财务人员面临利益冲突或者利益诱惑的时候,需要基于职业道德原则妥善应对。( )

14. 如果财务人员知悉或者认为利益诱惑可能有不当意图,可以采取的防范措施包括接受、拒绝、告知或变更。( )

15. 面对财务活动当中的利益冲突,财务人员应当按照以下优先次序来处理或平衡各利益方的利益:公众利益优先于职业界利益、职业界利益优先于与冲突相关的各方利益、财务人员个人利益优于冲突相关的各方利益。( )

二、思考题

1. 单位财务人员面临的利益冲突有哪两种基本类型?财务人员应当如何应对利益冲突带来的不良影响?
2. 为什么要将商业伦理融入企业财务活动过程?
3. 财务人员缺乏专业技能可能带来哪些后果?应当如何应对专业技能的缺乏?

三、案例讨论

案例1:

上海首例违规披露重要信息案宣判,中毅达财务造假4人获刑

违规信息披露,不仅可能遭遇天价罚款,甚至会"入刑"

2020年4月10下午,上海市首例违规披露重要信息罪案件在上海第三中级人民法院(以下简称"上海三中院")公开开庭审理并当庭作出一审判决。判决结果显示,上海三中院以违规披露重要信息罪判处四名被告人有期徒刑1年至拘役3个月,并处罚金5万至20万元不等,均适用缓刑。

据第一财经记者核实,本案四名被告人系A股上市公司中毅达(现*ST毅达①、600610.SH)公司及原子公司前任高管、员工。任某某为*ST毅达时任代董事长、副董事长、总经理;林某某为时任董事会秘书兼财务总监。2015年10月,四名被告人为虚增上市公司业绩,累计虚增利润逾千万元。获刑四人目前均不在任。

值得注意的是,这也是上海三中院依据上海高院2020年1月31日下发的《关于跨行政区划人民法院金融刑事案件管辖的规定》依法审理的首起金融刑事案件。

北京盈科(上海)律师事务所的一位资深证券律师对第一财经记者表示:"新《证券法》正式施行以来,首例违规披露重要信息案宣判,标志着随着证券发行注册制改革的推进,上市公司信息披露的从严监管正逐步落实。该案也明示地告诉所有上市公司、董监高及其他

---

① ST(Special treatment)是指特别处理。公司股票前标注ST是指公司连续两年亏损或者净资产低于股票面值,ST股票每天的涨跌幅不得超过5%,加上ST警示投资者注意投资风险;公司股票前标注*ST一般是指公司的经营未有改善,第三年继续处于亏损状态,通过*ST来警示投资者注意投资风险,股票具有退市风险。

信息披露义务人刑法中的信息披露犯罪不是'摆设'。"

虚增利润逾千万、占比超80%

上市公司信息披露的质量是资本市场长期健康发展的基础。而违规披露一直以来令投资者头疼不已。其中,财务造假更是让人防不胜防,2019年康美药业与康得新接连爆出虚增存款299亿元和122亿元的"惊天炸雷"。

具体到本案件。2015年7月,＊ST毅达全资子公司厦门公司与江西某公司签订了《项目施工合同》,后因未支付保证金等原因,合同未生效,应由厦门公司完成的项目未实际开展。

同年10月,为虚增上市公司业绩,由＊ST毅达时任公司副董事长、总经理任某某决定将该已由其他公司完工的整体项目的80%工程量收入违规计入上市公司三季度报表,由厦门公司副总经理盛某安排厦门公司提供虚假的工程、财务数据,上市公司财务经理秦某某依据上述数据编制三季度财务报表,交该公司副总经理、财务总监林某某签字确认。并于当月28日对外披露财务报表。

第一财经记者查阅公告显示,2015年7月至9月,＊ST毅达全资子公司厦门中毅达环境艺术工程有限公司(以下简称"厦门中毅达"),在未实施任何工程的情况下,以完工百分比法累计确认了井冈山国际山地自行车赛道景观配套项目的工程收入7 267万元、成本5 958.94万元和营业税金244.17万元。

经法院审理查明,＊ST毅达共虚增主营收入7 267万元,占同期披露主营收入总额的50.24%;虚增利润1 063万余元,占同期披露利润总额的81.35%;虚增净利润797万余元,将亏损披露为盈利。

法院认为,上市公司作为依法负有信息披露义务的公司,向股东和社会公众提供虚假的财务会计报告,具有严重情节。

上海三中院以违规披露重要信息罪判处直接负责的主管人员任某某有期徒刑1年,缓刑1年,并处罚金人民币20万元;对直接责任人员林某某判处有期徒刑6个月,缓刑1年,并处罚金人民币10万元;对直接责任人员盛某和秦某某均判处拘役3个月,缓刑3个月,并处罚金人民币5万元。

需要指出的是,2018年1月5日,＊ST毅达公告称收到了中国证监会的《行政处罚事先告知书》。证监会指出,以相关业务合同、财务凭证等相关材料证明,足以认定上市公司信披违法违规,对＊ST毅达及相关负责人分别处以罚款共计186万元。

前述法律人士说道:"任何信息披露违法行为在未来将可能面对行政处罚、民事索赔、刑法追责的多重打击,应引以为鉴。本案的宣判,震慑了不法分子及潜在的信披违法行为,长远来看,对资本市场环境治理具有显著的积极意义。"

2020年3月1日,修订后的《证券法》正式落地实施,信息披露相关规则,从原来的一节改为一章,大幅提升了证券市场各类主体信息披露违规的罚款标准,信披违规最高罚千万。新《证券法》对信息披露的重视可见一斑。

曾经劣迹斑斑,谋求恢复上市

＊ST毅达可谓A股的一大"奇葩",该公司于1992年登陆A股,上市时主营中纺机业务,后变更为园林业务。

回看公司往事，*ST毅达隐瞒实际控制人、经营状况不佳、子公司失控等劣迹层出不穷。如年报难产、营收为0、公章丢失、控股股东债务压顶、管理层"集体失联"等各种奇葩事件不断刷新着投资者的认知下限。

近年来，*ST毅达业绩巨亏、失控加速。2017年11月起，*ST毅达总公司及其子公司陆续出现资金链断裂、无力支付员工工资、员工辞职潮等情况。到了2018年，*ST毅达已经失去了对子公司厦门中毅达、新疆中毅达、深圳中毅达、贵州中毅达、鹰潭中毅达的控制权。主营业务全部停滞。可以说，*ST毅达已经成为一个"僵尸企业"。

2017年、2018年，*ST毅达归母净利润分别亏损11.29亿元、4.98亿元，连续两年财务报告被出具了"无法表示意见"的审计报告，公司股票自2019年7月19日起被暂停上市至今。

天眼查显示，*ST毅达的违规处理多达12项，大多是来自监管的公开谴责、通报批评、行政处罚等，其中11项集中在2017年以后。

最近的一起违规是今年3月3日，*ST毅达收到地方证监局《行政处罚决定书》，显示该公司涉及两项违规。一是，*ST毅达未及时披露实际控制人变更事项，公司早在2016年6月就已经发生了公司实际控制人变更，但公司直到2017年7月才对外承认此事；二是中毅达或其控股子公司与深圳宏科创之间发生的交易为关联交易，公司未按规定披露关联交易、虚假记载关联方事项。证监局对公司给予警告，并处以40万元罚款。

罚单落地，依据相关规定，被调查期间的公司无法定向增发等相关限制得以消除。眼下，*ST毅达正在为恢复上市采取一系列举措。

公告显示，*ST毅达已于2019年11月28日将失控的5家子公司公开挂牌处理，通过资产处置公司消除了以上子公司失去控制权的事项；退出贵阳观山湖PPP项目及PPP项目公司股权；经营能力方面，公司称，收购了赤峰瑞阳化工有限公司100%股权，提升了公司的持续经营能力。

业绩方面，公司2019年年度业绩预计盈利，预计实现归母净利润2 350万至2 820万元，扣非归母净利润800万至1 000万元。

业内人士称，作为上海市首例违规披露重要信息罪案件，对*ST毅达是教训，对其他上市公司亦是"敲山震虎"鸣响警钟——违规信披的成本越来越高。而*ST毅达能否有机会恢复上市、赢回A股投资者的信任，一切仍是未知数。

资料来源：第一财经微博账号，2020年4月12日。

讨论：

1. 请结合案例，简述*ST毅达公司时任财务总监林某某，时任财务经理秦某某各自违反了哪些会计职业道德规范。

2. 讨论*ST毅达4名获刑人员在信息披露方面的非伦理行为的具体表现是什么？

案例2：

注册会计师职业道德原则

2020年，为了顺应经济社会发展对注册会计师诚信和职业道德水平提出的更高要求，规范中国注册会计师协会会员的职业行为，进一步提高职业道德水平，维护职业形象，保持与国际职业会计师道德守则的持续动态趋同，中注协对《中国注册会计师职业道德守则

(2009)》和《中国注册会计师协会非执业会员职业道德守则(2009)》进行了全面修订。其中,修订后的《中国注册会计师职业道德守则(2020)》具体包括《中国注册会计师职业道德守则第1号——职业道德基本原则》《中国注册会计师职业道德守则第2号——职业道德概念框架》《中国注册会计师职业道德守则第3号——提供专业服务的具体要求》《中国注册会计师职业道德守则第4号——审计和审阅业务对独立性的要求》和《中国注册会计师职业道德守则第5号——其他鉴证业务对独立性的要求》。

注册会计师应当遵循下列职业道德基本原则。

一、诚信

注册会计师应当遵循诚信原则,在所有的职业活动中保持正直、诚实守信。诚信是我国社会主义核心价值观的重要组成部分,是社会主义道德建设的重要内容,是构建社会主义和谐社会的重要纽带,同时也是社会主义市场经济运行的基础。对注册会计师行业来说,诚信是注册会计师行业存在和发展的基石,在职业道德基本原则中居于首要地位。

注册会计师如果认为业务报告、申报资料、沟通函件或其他方面的信息存在下列问题,不得与这些有问题的信息发生关联:

(一)含有虚假记载、误导性陈述;

(二)含有缺乏充分根据的陈述或信息;

(三)存在遗漏或含糊其辞的信息,而这种遗漏或含糊其辞可能会产生误导。

注册会计师如果注意到已与有问题的信息发生关联,应当采取措施消除关联。

二、客观公正

注册会计师应当遵循客观公正原则,公正处事,实事求是,不得由于偏见、利益冲突或他人的不当影响而损害自己的职业判断。如果存在对职业判断产生过度不当影响的情形,注册会计师不得从事与之相关的职业活动。

三、独立性

在执行审计和审阅业务、其他鉴证业务时,注册会计师应当遵循独立性原则,从实质上和形式上保持独立性,不得因任何利害关系影响其客观公正性。独立性是鉴证业务的灵魂,是专门针对注册会计师从事审计和审阅业务、其他鉴证业务而提出的职业道德基本原则。《中国注册会计师职业道德守则第4号——审计和审阅业务对独立性的要求》《中国注册会计师职业道德守则第5号——其他鉴证业务对独立性的要求》分别针对注册会计师执行审计和审阅业务、其他鉴证业务的独立性做出具体规定。

会计师事务所在承接审计和审阅业务、其他鉴证业务时,应当从事务所整体层面和具体业务层面采取措施,以保持会计师事务所和项目团队的独立性。

四、专业胜任能力和勤勉尽责

注册会计师应当遵循专业胜任能力和勤勉尽责原则。根据该原则的要求,注册会计师应当获取并保持应有的专业知识和技能,确保为客户提供具有专业水准的服务;做到勤勉尽责。

注册会计师应当通过教育、培训和执业实践获取和保持专业胜任能力。注册会计师应当持续了解并掌握当前法律、技术和实务的发展变化,将专业知识和技能始终保持在应有的水平。在运用专业知识和技能时,注册会计师应当合理运用职业判断。注册会计师应当勤勉尽责,即遵守职业准则的要求并保持应有的职业怀疑,认真、全面、及时地完成工作任务。

注册会计师应当采取适当措施,确保在其授权下从事专业服务的人员得到应有的培训和督导。在适当时,注册会计师应当使客户或专业服务的其他使用者了解专业服务的固有局限。

五、保密

注册会计师应当遵循保密原则,对职业活动中获知的涉密信息保密。根据该原则,注册会计师应当遵守下列要求:

(一)警觉无意中泄密的可能性,包括在社会交往中无意中泄密的可能性,特别要警觉无意中向关系密切的商业伙伴或近亲属泄密的可能性;

(二)对所在会计师事务所内部的涉密信息保密;

(三)对职业活动中获知的涉及国家安全的信息保密;

(四)对拟承接的客户向其披露的涉案信息保密;

(五)在未经客户授权的情况下,不得向会计师事务所以外的第三方披露其所获知的涉密信息,除非法律法规或职业准则规定注册会计师在这种情况下有权利或义务进行披露;

(六)不得利用因职业关系而获知的涉密信息为自己或第三方谋取利益;

(七)不得在职业关系结束后利用或披露因该职业关系获知的涉密信息;

(八)采取适当措施,确保下级员工以及为注册会计师提供建议和帮助的人员履行保密义务。

在终止与客户的关系后,注册会计师应当对以前职业活动中获知的涉密信息保密。

如果变更工作单位或获得新客户,注册会计师可以利用以前的经验,但不得利用或披露以前职业活动中获知的涉密信息。

如果注册会计师遵循保密原则,信息提供者可以放心地向注册会计师提供其从事职业活动所需的信息,而不必担心该信息被其他方获知,这有利于注册会计师更好地维护公众利益。

在某些情况下,保密原则是可以豁免的。在下列情况下,注册会计师可能会被要求披露涉密信息,或者披露涉密信息是适当的,不被视为违反保密原则:

(一)法律法规要求披露,例如为法律诉讼准备文件或提供其他证据,或者向适当的机构报告发现的违反法律法规行为;

(二)法律法规允许披露,并取得了客户的授权;

(三)注册会计师有职业义务或权利进行披露,且法律法规未予禁止,例如,接受注册会计师协会或监管机构的执业质量检查;答复注册会计师协会或监管机构的询问或调查;在法律诉讼、仲裁中维护自己的合法权益;遵守职业准则的要求,包括职业道德要求等情形。

在决定是否披露涉密信息时,注册会计师需要考虑诸多因素,例如客户同意披露的涉密信息,法律法规是否禁止披露;如果客户同意注册会计师披露涉密信息,这种披露是否可能损害相关人的利益;是否已在可行的范围内了解和证实了所有相关信息,信息是否完整;信息披露的方式和对象,以及披露对象是否恰当;可能承担的法律责任和后果。

六、良好职业行为

注册会计师应当遵循良好职业行为原则,爱岗敬业,遵守相关法律法规,避免发生任何可能损害职业声誉的行为。注册会计师不得在明知的情况下,从事任何可能损害诚信原则、客观公正原则或良好职业声誉,从而可能违反职业道德基本原则的业务、职务或活动。如果一个理性且掌握充分信息的第三方很可能认为某种行为将对良好的职业声誉产生负面影响,则这种行为属于可能损害职业声誉的行为。

注册会计师在向公众传递信息以及推介自己和工作时,应当客观、真实、得体,不得损害职业形象。

注册会计师应当诚实、实事求是,不得夸大宣传提供的服务、拥有的资质或获得的经验,不得贬低或无根据地比较他人的工作。

讨论:

1. 围绕着财务造假问题,注册会计师和单位会计各自应当承担哪些道德责任?
2. 注册会计师的职业道德规范和会计职业道德规范的差异有哪些?你认为存在这些差异的原因是什么?

第7章 商业伦理前沿

> **本章提要**
>
> 本章阐述商业伦理的前沿问题,主要包括人工智能伦理问题、大数据伦理问题、数字医疗伦理问题等。

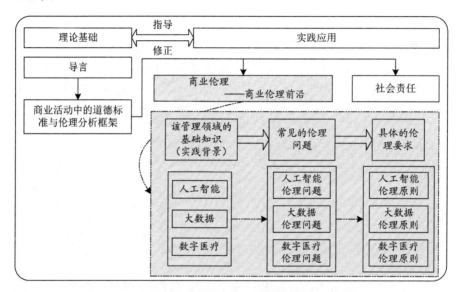

图7.1 本章结构与内容示意图

引例

50分钟违规6次!央视揭秘外卖员送餐全程

2020年9月,一篇题为《外卖骑手,困在系统里》的文章刷屏网络。文章指出,在外卖系统的算法与数据驱动下,外卖骑手疲于奔命,动辄违反交规,与死神赛跑,引发网友关注。

央视记者在用餐高峰期跟随外卖骑手,独家揭秘外卖骑手送餐全过程。

五单外卖限时约1小时 取餐占用11分钟

9月12日,记者在北京市三环内一处商业区,见到了兼职骑手小李。小李称接了五单外卖,从出发取餐到全部送达,要在一小时零两分钟之内完成。小李取到了需要配送的五份外卖,距离接单出发时刚刚过去11分钟。

送餐50分钟违规6次

小李出发13分钟后,为了抄近道,电动车开始越过道路中心虚线逆向行驶,并在路口转弯后,行驶到了逆向车道的辅道上。逆行了将近一分钟后,小李又闯过了一个红灯。运送第三单的过程中,小李闯了一次红灯,逆行将近一分钟。把五单外卖全部送达,耗时正好 50 分钟,为小李带来了 51.4 元的收入。整个配送过程,小李闯了 3 次红灯,2 次逆行,1 次越实黄线,共计 6 次违反交通规则。

什么原因让外卖骑手不得不拼命求快?

• 惩罚规则过于严苛

记者从与饿了么外卖骑手交谈中了解到,很多外卖骑手这么做,并不只是为了多拉活多赚钱,更重要的是为了避免超时惩罚。一位骑手称,对于超时的单子,扣钱多少是根据时间来判定:四五分钟以内,是 0.7 元钱、0.8 元钱、1 元多钱,超过十分钟则是二三元钱。此外,投诉是罚款 100 元到 200 元,给差评罚款是 50 元到 100 元,几乎每个平台都这样。

• 平台算法不合理

有外卖骑手认为,平台的路程运算法则也有很多不合理。配送是根据路程远近来计算,并不会根据商家出餐快慢、餐大餐小来判断时间,只是单纯根据送餐距离计算,不管这个单是好送还是不好送。

数据显示,2016 年,3 公里送餐距离的最长时限是 1 小时;2017 年,变成了 45 分钟;2018 年,变成了 38 分钟。2019 年中国全行业外卖订单单均配送时长比 3 年前减少了 10 分钟。

与此相对应的是,外卖骑手的交通事故越来越多,外卖骑手成了高危职业。

• 平台举措未改变骑手抢时间现状

在文章《外卖骑手,困在系统里》刷屏网络后,外卖企业一时被推到了风口浪尖。为了缓解舆论压力,饿了么最先做出回应,提出将在结算付款项上增加一个"我愿意多等 5 分钟/10 分钟"的小按钮。美团在 9 日宣布,美团调度系统会给骑手留出 8 分钟弹性时间。

资料来源:央视新闻(ID:cctvnewscenter)综合央视财经,2020 年 9 月 16 日。

近年来,人工智能、大数据、高端芯片、区块链技术等突破了一系列重要的技术屏障,以前所未有的广度、深度和速度影响人类的工作和生活,推动数据成为重要的生产要素,引发商业领域革命性的变化。与此同时,也不可避免地冲击现有的社会秩序,从而引发一系列的商业伦理问题。如引例所示,平台公司的算法和外卖骑手产生的数据等因素对外卖时间的缩短都产生影响。信息技术革命催生大量类似的企业,例如收费的数字中介平台 Uber、货拉拉等,数据和广告驱动的数字平台抖音、快手、Facebook 等,仅提供数字金融和保险服务的企业如 Paypal 等,以及拥有多种牌照跨越商业、金融、科技的综合性的 BAT(百度、阿里、腾讯)、Google、Amazon 等。本章阐述商业伦理的前沿问题,主要包括人工智能伦理问题、大数据伦理问题、数字医疗伦理问题等。

7.1 人工智能伦理

7.1.1 人工智能概述

1) 内涵

图灵被认为是第一个对智能做出深刻思考的学者。他 1936 年的文章《可计算的数》、

1948年在英国国家物理实验室（NPL）一份题为《智能机器》的内部报告、1950年在哲学杂志 MIND 上发表的文章《计算机与智能》推进了对人工智能的哲学思考。一般认为，作为专业术语，"人工智能"源于1956年在达特茅斯学院召开的研讨会，美国计算机科学家约翰·麦卡锡及其同事在会上提出"一切让机器达到这样的行为，即与人类做同样的行为"可以被称为人工智能。人工智能很长一段时间也同时被称为"机器智能"。经过几十年的发展，人工智能由于涉及范围的广泛性，拥有比一般科技领域更复杂更丰富的概念，随着 AlphaGo 打败李世石和柯洁，人们对人工智能的认识从《人工智能》《黑客帝国》等电影转入到现实世界。

人工智能到底是什么？精确界定其内涵与外延很难，尤其是这门学科还在快速变化之中。但是，一般认为，人工智能（Artificial Intelligence，AI）是研究、开发用于模拟、延伸和扩展人的智能的理论、方法、技术及应用系统的一门新的技术科学。时至今日，人工智能概念的内涵已经被大大扩展，它涵盖了计算机科学、统计学、脑神经学、社会科学等诸多领域，是一门交叉学科。人们希望通过对人工智能的研究，能将它用于模拟和扩展人的智能，辅助甚至代替人们实现多种功能，包括识别、认知、分析、决策等[①]。

2) 特点

人工智能具有四个主要特点：综合性、广泛性、应用性和可扩展性。

一是综合性。人工智能是一门交叉学科，属于自然科学和社会科学的交叉，涉及哲学、认知科学、数学、神经生理学、心理学、计算机科学、信息论、控制论、不定性论等不同学科。

二是广泛性。包括研究内容的广泛性和应用的广泛性。研究内容广泛涉及自然语言处理、知识表现、智能搜索、推理、规划、知识获取、感知问题、模式识别、神经网络、复杂系统等；应用广泛涉及机器视觉、生物特征识别（例如指纹、人脸、虹膜）、专家系统、自动规划、智能搜索、智能控制、机器人、语言和图像理解等。

三是应用性。人工智能的产品在现实生活中得到广泛应用，我们已经大量使用人工智能技术，例如邮件过滤、个性化推荐、机器翻译、自动驾驶等。

四是可扩展性。可以看出，人工智能最早是计算机科学的一个分支，它期望了解智能的实质，并生产出一种新的能与人类智能相似的方式做出反应的智能机器，该领域的研究包括机器人、语言识别、图像识别、自然语言处理和专家系统等。而人工智能从诞生以来，理论和技术日益成熟，涉及学科领域日趋广泛，应用领域也不断扩大。人工智能不是一项技术，它包含许多技术，例如，如果一个系统拥有语音识别、图像识别、检索、自然语言处理、机器翻译、机器学习中的一个或几个能力，那么就可以认为这个系统拥有一定的人工智能。因此，随着人工智能技术在各个领域的深耕会带来更多的技术进步和现实应用。

3) 人工智能带来的商业变革

人工智能的商业价值主要体现为客户体验、新增收入和成本降低三个方面。人工智能通过决策支持与增强、决策自动化以及虚拟代理等手段，构建未来智慧商业的应用场景（Lovelock and Tsai）。意识到人工智能的商业价值，世界各国资本纷纷进入人工智能领域。

---

① 腾讯研究院,等. 人工智能[M]. 北京：中国人民大学出版社,2017.

例如,2012年谷歌耗费6.25亿美元收购了15家人工智能公司,其中包括著名的DeepMind公司;脸书将人工智能定位为未来发展三大重点领域之一。

链接

百度李莹:百度地图继续助推中国人工智能地图创新发展

12月30日消息,在近日的2020百度地图生态大会上,百度集团副总裁、百度集团首席信息官李莹表示,在2020这一年,百度地图实现了从国民出行工具到新基建数字底座的重要跃迁,未来将继续以新一代人工智能地图开创者的姿态,扛起社会责任的大旗,引领中国人工智能地图创新发展。

据会上透露,百度地图90%的数据生产环节已经实现AI化,生产效率较传统生产工艺提升30倍以上,并全新升级生态全景2.0。同时,其累计注册开发者数量已突破200万。

在政企合作方面,百度地图拥有超过170个政府合作项目。同时,其全景地图覆盖了95%以上国内城市,超过50万商家入驻。

《电商报》还了解到,今年12月初,百度地图方面表示,其导航路口放大图正式登陆特斯拉车机地图,将逐步对中国境内全系车型启动推送。车主在复杂路口、立交桥、高速出入口等道路场景,可以通过路口放大图准确、快速找到正确道路。

资料来源:刘峰,《电商报》公众号,2020年12月30日。

人工智能带来的商业变革包括虚拟代理客户交流、自动完成企业经营过程、经营管理决策支持与增强等。

(1) 虚拟代理客户交流

在传统经营中,由企业员工完成与顾客的交流活动。在数字经济时代,人工智能将重构移动社交、智能搜索、医疗诊断和虚拟处理等领域,由企业员工完成的客户交流,很可能被人工智能取代。而这种虚拟代理不仅可以规避员工因情绪对客户造成的伤害,进而让客户体验得到大幅提升,还可以借助大数据云计算等自动识别客户身份,根据客户消费数据满足个性化消费需求,同时将客户消费数据自动传递到企业数据库。因此,人工智能将成为与客户交流的重要工具,进而演变为客户关系管理的核心系统。

链接

中国工商银行智能客服识别率已达98%

根据人民网天津2018年10月22日电,中国工商银行自2016年推出智能客服"工小智"以来,工行依托领先的科技优势和专业服务能力,将"工小智"推广到短信、融e联、微信等各主要服务渠道,为客户带来了秒速回复、触手可及、无间歇的良好体验。据统计,目前工行智能客服的识别率已达98%,处于行业领先水平,两年多来累计解决客户相关需求4亿笔。

智能客服通过数字化交互,有效节约服务成本、提高服务效率。目前,"工小智"已成为工行提供对外服务、加强客户联系的重要枢纽,有效提升了客户服务效率和服务水平。

资料来源:https://www.sohu.com/a/270509007_114731

(2) 自动完成企业经营过程

人工智能使企业生产经营活动中的重复任务实现自动化，能够更快速、经济地完成基础工作任务。未来不需要人类介入的智慧商业场景将越来越多，例如无人停车场、无人超市、刷脸点餐的无人餐厅等。面对复杂问题，人工智能与数据和算法所做出的自动化行为决策往往会优于人类。企业经营的自动化首先是常规性经营的自动化，其次是非常规性经营的碎片化，进而实现企业非常规性经营的自动化。就像将无人驾驶碎片化之后，非常规性的驾驶实现自动化一样。

链接

天猫无人超市

天猫无人超市（淘咖啡），2017年7月8日在杭州落地，是阿里新零售成员之一，主打"即拿即走，无需掏出手机"的支付体验。天猫无人超市用技术来优化消费者的购物体验：首先，通过图像识别技术，天猫无人超市将对消费者进行快速面部特征识别、身份审核，完成"刷脸进店"；其次，通过物品识别和追踪技术，再结合消费者行为识别，天猫无人超市能判断消费者的结算意图，最后通过智能闸门，从而完成"无感支付"。天猫无人超市打通了线上和线下，让线上的数据系统和线下的购物系统深度融合。

资料来源：https://baike.baidu.com/item/天猫无人超市/22238873? fr=aladdin

(3) 经营管理决策支持与增强

智慧商业的三个关键点为数据、算法和产品。在数字经济时代，面对海量电子数据，合理运用算法，形成数据分析产品，是人工智能的优势。人工智能拥有强大的自动化数据收集与处理能力，同时能预测各种不同因素对企业经营管理的影响，形成数据分析结果，进而对企业经营管理决策起到支持或增强的作用。因此，人机协作的经营管理产品将越来越普遍。

链接

智慧收费解决方案：ETC技术＋人工智能车辆识别技术

近年来，随着技术的发展，除了ETC以外，还诞生了视觉识别系统，及人工智能算法等的配套措施，使得收费站的不停车收费得以成功应用。

交通部已计划利用ETC、机器视觉等人工智能技术，全面推出不停车收费系统，取代现在的人工收费岗位。利用人工智能技术，可以快速识别车牌号，并且可以通过人工智能算法来解决错读、漏读车牌号的问题。

有了人工智能技术，以后车子只要上了高速，车牌号被识别之后，将可以直接在大数据云端，绑定使用者的银联、支付宝、微信等支付账号，实现快速扣费。

资料来源：根据网络资料整理。

7.1.2 人工智能伦理困境

人工智能是对人类可以做的任何事情的模拟,例如阅读、思考、计算和预测。进入21世纪,飞速的科技发展让人恐慌,大家开始担心机器人会不会在未来反过来支配人类。在科幻电影《2001太空漫游》中,人类要将出问题的机器人关机,机器人读唇发现生命威胁反将人杀掉。《终结者》系列也是讲机器人对人类进行末日审判的故事。人工智能在社会经济各个领域的应用,正在引发新的商业伦理问题。例如,运用于商业领域的人工智能,是否应当赋予其主体资格地位,智慧商业是否会造成对人类的替代,是否应当赋予商业智能机器以相应的权利。

1) 人工智能的算法道德

算法已经成为数字时代的基础设施,我们已经进入算法决策的时代。如何通过算法道德将当前人类社会多元化的商业伦理体系嵌入人工智能产品中,这是关系到商业伦理能否在数字时代得到有效实施的重大问题。商业伦理在人工智能应用中的缺失,会造成人类社会新的贿赂、胁迫、欺骗、偷窃、歧视等现象的出现。例如,人工智能机器人的道德算法是否存在"电车难题",有没有在人工智能机器人中设置相应的道德算法,厂商若继续开发此类人工智能产品,是否会对人类的生存构成威胁。

链接

自动驾驶的全球第一起命案

2018年3月20日凌晨,美国亚利桑那州坦佩市,一辆Uber的自动驾驶汽车与一名行人相撞,不幸的是该行人在送往医院后不治身亡。这起Uber事件发生时用的车辆是实验车型(已取得测试车辆牌照),使用的是全自动驾驶系统,司机双手甚至可以离开方向盘,不过紧急情况下依旧得接管车辆,受害人是路边行人。一般认为,全自动驾驶系统启动时,自动驾驶系统就是司机。

资料来源:https://www.sohu.com/a/226004074_151284

高效、聪明的人工智能并不完美。例如微软的在线人工智能交互机器人,这个机器人上线后,因为一群人使用大量种族主义词汇和污言秽语而迅速被同化。类似的还有美国法院的人身危害评估系统,这个系统从已有案例中模仿因而习得了对非裔美国人的系统性歧视。再如,人工智能存在算法缺陷。这种缺陷往往源于机器学习过程的不可解释和不可理解,它的判断有时就像在一个黑箱中完成,缺少透明性。无人驾驶汽车决定向左或右转时,人们并不完全清楚它做出转向的过程。除了传感器故障,人们甚至无法准确找到问题原因,这就给有针对性的调整系统、判定责任带来了障碍。正因为如此,不久前生效的欧盟《通用数据保护条例》专门规定,人工智能公司必须让人来审查某些算法决策。

2) 人工智能的设计伦理

人工智能产品或技术在商业领域的应用应当更好地服务于人类,而不是让人类受制于人工智能产品与技术。人工智能产品或技术在为人类提供服务的过程中,不应存在价值偏见。然而人工智能产品或深度学习依赖的数据,往往带有一定的偏见。例如美国的司法实践中,释放犯人时曾采用人工智能的模型,来评估犯人释放以后的二次犯罪率,结果发现算法的公平性没有任何保证,黑人和白人在其他条件完全相同的情况下,也会判定黑人的二次犯罪率是白人的10倍以上。人工智能产品或技术并不能像人类一样自觉抑制这种偏见或者歧视,这就要求设计过程中应当设计出符合人类社会道德规范的产品,平衡不同道德、宗教和政治、民族风俗之间的矛盾,否则公司研发的人工智能产品或技术会带来更多的商业伦理困境。

> **链接**

用算法为学生估分后,英国得 A 的学生数减少了 40％

因为新冠疫情的暴发,学生无法参加考试。在自动算法降低了约40％的学生的A-Level成绩后,英国全国陷入了评分崩溃的阵痛。

为了确定每个学生的成绩,英国决定使用一种算法,该算法可以查看学生模拟考试的成绩以及他们在学校以往考试中被记录的成绩。立法者表示,由于教师可能会试图提高学生的成绩,所以这种算法软件将会帮助提供一个"更公平"的结果。

但是最终结果显示,该模型对来自私立学校和富裕地区的学生具有优待,使得来自免费公立学校的但具有高成就的学生受到的影响尤为严重。由于考试成绩被降低,许多学生的大学入学资格被撤销,结果引起了抗议。

该算法授予的分数已撤回,以支持教师的预测,这是英国教育史上有史以来最大的一次政策转变。教育部表示,它将继续与考试监管机构 Ofqual 合作,以在这个与以往不同的时期内为年轻人提供公平的成绩。

资料来源:根据网络资料整理。

3) 人工智能的社会伦理

在数字经济时代,数据是人工智能发展的重要因素。在智慧商业的引领下,人工智能产品或设计广泛应用于工业、农业、金融、零售、电力、教育、医疗等行业。当前是全球环境发生重大变化、不确定性较高的一个时期。人工智能的应用可能让那些掌控这一技术的人成为赢家,其他人则可能被边缘化。此外,人工智能对生产和工作的本质会造成什么影响,对各类工人的就业情况和工资会造成什么影响,人工智能是否会导致隐私信息的泄露,人工智能辅助生产经营管理决策的行为是否会对企业造成冲击,辅助企业经营管理决策的失误应该由谁来承担责任,这些问题都表明,在应用人工智能产品或技术的同时,应加强人工智能各方面的社会伦理研究。

> **链接**

韩国外卖骑手是如何突破平台算法困境的?

韩国餐饮外卖业非常发达,喜爱夜宵和饮酒的韩国人在深夜点餐是常事。截至2019年年底,韩国共有约17万骑手。

而韩国骑手和国内同行遇到的困境几乎一致——为了完成订单违反交通规则,没有基本的社会保障,频繁的交通事故。韩国外卖骑手岗位的社会保障主要包括以下内容。

一是设立工会。2017年,被韩国相关法律视为特殊雇佣劳动者的快递员在首尔市成立工会。2018年4月,韩国最高法院正式将在线外卖平台的送餐骑手认定为,在《工伤赔偿保险法》范畴内和快递员一样的特殊雇佣劳动者,从而能获得法定工伤保险赔偿。在这种趋势下,由韩国在线外卖平台的送餐骑手创立的第一个合法工会于2019年11月在首尔成立,名字叫"首尔骑手联盟"。

在工会牵头和努力下,韩国就业劳动部确定了骑手是劳动者而非个人经营者,依法享受法律赋予劳动者的社会权益。

二是设立社会保险。2018年4月,韩国最高法院裁定,在线外卖平台的送餐骑手为特殊雇佣劳动者,适用于法定工伤保险赔偿。韩国送餐骑手通过被法院承认为具有劳动延续性的劳动者,而被法律赋予获得工伤赔付的权利。同时,韩国还为骑手设定了相关失业保险,韩国2020年通过的《失业保险法修正案》涵盖的特殊雇佣劳动者与一般劳动者一样,但是,与一般全职劳动者不同,特殊雇佣劳动者由于收入减少而导致的自愿离职也被视为失业,并且可以获得失业救济金。

三是政府平台大数据协同。韩国庆尚南道政府已着手建立"交通安全合作体系",收集外卖骑手的摩托车驾驶信息,通过大数据分析来保障驾驶安全。比如什么路口、什么驾驶习惯是最容易发生交通事故的。基于这种大数据建立的驾驶员安全管理系统,政府和平台可以有效引导和管控骑手的行驶规范,去保障外卖骑手的驾驶安全,并在此基础上去推动降低摩托车保险费等。

资料来源:https://new.qq.com/omn/20201208/20201208A03X7I00.html

7.1.3 人工智能的伦理原则

人工智能的伦理问题是现代商业伦理面临的一个重要课题。近年来,不同的国家、民间机构、智库、商业公司,纷纷提出人工智能伦理准则。这些伦理准则虽然并不完全一致,但内容大同小异。

各国政府或科技巨头先后提出人工智能伦理的基本原则,例如2018年微软发表了《未来计算》(The Future Computed)一书,其中提出了人工智能开发的六大原则:公平原则、可靠和安全原则、隐私和保障原则、包容原则、透明原则、责任原则。一般认为,人工智能技术或产品应当遵循的基本伦理原则,包括人的尊严和人权原则、预防伤害原则、公平性原则、可解释性原则、权责一致性原则等。

1) 人的尊严和人权原则

人的尊严和人权原则,是指根据政府承认的国际人权公约以及国际专业文件,国家必须通过规范政策研究和执法来确保人工智能产品或技术不侵犯人的尊严和人权(北京大学国家机器人标准化总体组)。

具体而言,人工智能在商业领域的应用应当遵循如下伦理规范:一是设计公司应根据国际人权公约以及国际专业文件等评估其所设计的人工智能对人权的影响;二是人工智能应遵循以"人类为中心"的设计,以增强、补充人类的认知、社会和文化技能为目的,不允许设计以杀害人类为目的或危及企业经营管理安全的人工智能产品;三是不允许具备危害社会伦理和商业伦理功能的人工智能开发;四是人工智能产品或设计应当具备生产者、消费者和社会公众等利益相关者的隐私保护功能;五是不允许赋予人工智能与人类或企业经营管理者相同的权利,不允许人工智能产品危及人类的自主权;六是人工智能设计和研发要尊重文化差异性,要尊重超出人类控制和利用的自然环境与自然物种的内在价值;七是不允许其他可能危害人的尊严和人权的行为。

> **链接**
>
> ### 机器人三定律
>
> 著名的科幻作家阿西莫夫,1950年在《我、机器人》中提出了著名的机器人三定律:
> 第一定律:机器人不得伤害人类个体,或者目睹人类个体将遭受危险而袖手不管。
> 第二定律:机器人必须服从人给予它的命令,当该命令与第一定律冲突时例外。
> 第三定律:机器人在不违反第一、第二定律的情况下要尽可能保护自己的生存。
> 资料来源:百度百科。

70多年前,美国科幻作家阿西莫夫提出"机器人三定律",构想了通过内置的"机器伦理调节器",设定机器人不得危害人类的原则。而今,计算机专家、伦理学家、社会学家、心理学家等正在共同努力,走在实践这一设想的路上。

2) 预防伤害原则

预防伤害原则是指人工智能不应该引发、加重伤害,对人类产生不利影响。在人工智能产品或设计商业化方面,人工智能设计公司应预先设置伤害预防措施,确保人工智能产品或设计在技术上具有鲁棒性。

具体而言,预防伤害应该遵循如下规则:一是设计公司应对所设计的人工智能进行鲁棒性测试,监管者应加强技术监督,以确保人工智能或设计的稳定性;二是设计公司应当开发恶意使用预防功能,可以在人工智能产品或设计中输入"恶意使用技术,可能对人类或经营管理造成不良影响"的情形;三是不允许公司向社会提供不合格的人工智能产品;四是监管者应加强培训工作,让企业、政府与司法机构意识到人工智能滥用的严重危害,防止引起人工智能的过度依赖。

3) 公平性原则

公平性原则,是指设计者设计人工智能产品时,应当嵌入社会伦理和商业伦理,在数据获取、算法设计、技术开发、产品研发和应用过程中消除偏见和歧视,以促进公平公正,保障利益相关者的权益,促进机会均等。

为了确保公平原则的实现,应当遵循如下规则:一是应用商业领域的人工智能产品或设计,应当输入当前人类社会的伦理规范;二是对强人工智能产品或超级智能体自我学习产生的伦理规则,应当进行评估,检验其是否与当前社会的伦理规则存在冲突;三是由人工智能创造的经济繁荣应该被广泛的分享,惠及全人类;四是监管者应加大人工智能伦理规则的监督检查力度,防止危害人类社会公平情况的出现。

4) 可解释性原则

可解释性原则,是指人工智能整个决策的过程、输入和输出的关系都应该是可解释的。

它包括两个方面,一是故障可解释性,指的是如果一个人工智能系统造成了损害,那么造成损害的原因应该能够确定;二是司法可解释性,指的是任何自动系统参与的司法判决,都应该提供令人满意的司法解释,以被相关领域的专家接受。故障可解释性和司法可解释性,有利于树立社会公众对人工智能产品和设计的信心,促进人工智能的安全操作。

5) 权责一致性原则

权责一致性原则,指的是对于设计者和使用者而言,要明确相应的权责分配追究机制,避免相关人员利用技术推卸责任。具体而言,权责一致性原则要求人工智能运用于商业领域应遵循如下规定:一是人工智能研发者、使用者及其他相关方应具有高度的社会责任感和自律意识,严格遵守法律法规、伦理道德和标准规范;二是建立人工智能问责机制,明确研发者、使用者等的责任;三是人工智能应用过程中应确保人类的知情权,告知可能产生的风险和影响;四是防范利用人工智能进行非法活动,尤其是危害人类社会传统伦理价值和商业伦理的非法活动。

链接

人工智能引发伦理问题,科技巨头成立伦理委员会

在《麻省理工科技评论》的 EmTech 峰会上,微软研究院的常务董事埃里克·霍维茨(Eric Horvitz)说:"我们正处于人工智能的转折点,人工智能理应受到人类道德的约束和保护。"

霍维茨与来自 IBM 和谷歌的研究人员仔细讨论了类似的问题。大家都很担忧的是,人工智能最近取得的进步使其在某些方面上的表现超越了人类,例如医疗行业,这可能会使某些岗位的人失去工作的机会。

IBM 的研究员弗朗西斯卡·罗西(Francesca Rossi)举了一个例子:当你要使用机器人去陪伴和帮助老年人的时候,机器人必须遵循相应的文化规范,即针对老人所处的特定文化背景执行特定的任务。如果你分别在日本和美国部署这样的机器人,它们将会有很大的差异。

虽然这些机器人可能离我们的目标还很遥远,但人工智能已经带来了伦理道德上的挑战。随着商业和政府越来越多地依靠人工智能系统做决策,技术上的盲点和偏见会很容易导致歧视现象的出现。

去年,一份 ProPublica 报告显示,一些州使用的风险评分系统在通知刑事审判结果中对黑人存在偏见。同样,霍维茨描述了一款由微软提供的商用情绪识别系统,该系统在对小孩子的测试中表现很不准确,原因在于训练该系统的数据集图片很不恰当。

去年一年,无论是在学术界还是在工业界,研究人员都对机器学习和人工智能所带来的伦理挑战做了大量研究。加州大学伯克利分校、哈佛大学、剑桥大学、牛津大学和一些研究院都启动了相关项目以应对人工智能对伦理和安全带来的挑战。2016 年,亚马逊、微软、谷歌、IBM 和 Facebook 联合成立了一家非营利性的人工智能合作组织(Partnership on AI)以解决此问题(苹果于 2017 年 1 月加入该组织)。

资料来源:https://baijiahao.baidu.com/s?id=1563716968239614&wfr=spider&for=pc(作者:DeepTech 深科技)

7.2 大数据伦理

7.2.1 大数据概述

1) 内涵

大数据(Big Data)是 IT 行业术语,指无法在一定时间范围内用常规软件工具进行捕捉、管理和处理的数据集合,是需要经过一种新的处理模式才能具有更强的决策力、洞察发现力和流程优化能力的海量、高增长率和多样化的信息资产。

1980 年著名的未来学家托夫勒在著作《第三次浪潮》中热情地将大数据称颂为"第三次浪潮的华彩乐章"。麦肯锡公司 2011 年发布的报告中指出:"数据日益成为一种生产力,已经渗透到当今每一个行业和业务职能领域,成为日益重要的生产因素……它将成为全世界下一个创新、竞争和生产力提高的前沿。" 2015 年我国十八届五中全会通过"十三五"规划,将大数据作为国家级战略。

随着医疗、交通、金融等领域信息化水平不断提升,行业内部已经积累了许多数据,构成大数据资源的存量,而移动互联网和物联网的发展,大大丰富了大数据的采集渠道,数据内容和数据格式日渐多样化,数据颗粒度也越来越细,来自外部社交网络、可穿戴设备、物联网以及政府公开信息平台的数据等,将成为大数据增量数据资源。总体上看,大量的企业已经实现了大数据应用,另有部分企业正在部署大数据平台。

大数据在各个领域的应用不断深化。在电信领域,运营商手机用户每天产生的话单记录、信令数据、上网日志等数据可以达到 PB 级规模,大数据技术帮助运营商提高数据处理能力。在金融领域,利用大数据可以提升金融企业内部数据分析能力,例如中信银行信用卡中心从 2010 年开始引入大数据分析解决方案,为企业中心提供了统一的客户视图;美国的 Lending Club 通过获取 eBay 等公司的网店店主的销售信用记录、顾客流量、评论、商品价格和存货等信息,以及他们在 Facebook 和 Twitter 上与客户的互动信息,借助数据挖掘技术,把这些店主分成不同的风险等级,以此来确定提供贷款金额数量和贷款利率水平(中国信息化百人会课题组)。

2) 特点

学界通常用 4 个 V(Volume、Variety、Value、Velocity)来概括大数据的主要基本特征,即数据体量大、数据类型多、价值密度低、处理速度快。

一是数据体量大(Volume)。数据体量大是大数据的基本属性。当下数据的产生在体量上是惊人的。我们生活在一个全世界预期产生的数据量,正以"艾字节"和"泽字节"进行计量的时代。预计到 2025 年,互联网上的数据量将超过整个地球上全部人类的脑容量的总和。

二是数据类型多(Variety)。类型的多样性,让数据被分为结构化数据和非结构化数据。相对于以往便于存储的以文本为主的结构化数据,非结构化数据越来越多,包括网络日志、音频、视频、图片、地理位置信息等,这些多类型的数据对数据处理能力提出了更高的要求。

三是价值密度低(Value)。价值密度的高低和数据总量的大小成反比,以视频为例,一部一小时的视频,在连续不间断的监控中,有用数据可能只有一两秒。但是随着互联网和物联网的广泛应用,信息感知无处不在,信息海量,但价值密度较低。如何结合业务逻辑,并通过强大的机器算法来挖掘数据价值,是大数据时代需要关注的重要领域。

四是处理速度快(Velocity)。数据增长速度快,处理速度也快,时效性要求高。比如,搜索引擎要求几分钟前的新闻能够被用户查询到,个性化推荐算法要求尽可能实时完成推荐。这是大数据不同于传统数据挖掘的最显著的特征。数据处理始终坚持"一秒定律",这样就可以快速地从各种类型的数据中获取有价值的信息。

3) 大数据带来的商业变革

当前数字经济正在引领新经济发展和商业变革,数字经济覆盖面广且渗透力强,与各行业融合发展,例如大数据在社会治理中如城市交通、老年服务、城市安全、公共卫生等方面也发挥了重要作用,数据成为关键生产要素。

链接

2020年10月29日,中国共产党第十九届中央委员会第五次全体会议通过《中共中央关于制定国民经济和社会发展第十四个五年规划和二〇三五年远景目标的建议》,建议指出要"加快数字化发展。发展数字经济,推进数字产业化和产业数字化,推动数字经济和实体经济深度融合,打造具有国际竞争力的数字产业集群。加强数字社会、数字政府建设,提升公共服务、社会治理等数字化智能化水平。建立数据资源产权、交易流通、跨境传输和安全保护等基础制度和标准规范,推动数据资源开发利用。扩大基础公共信息数据有序开放,建设国家数据统一共享开放平台。保障国家数据安全,加强个人信息保护。提升全民数字技能,实现信息服务全覆盖。积极参与数字领域国际规则和标准制定"。并提出要"推动共建'一带一路'高质量发展","深化公共卫生、数字经济、绿色发展、科技教育合作,促进人文交流"。

资料来源:中国政府网,2020年11月3日。

2020年4月,《中共中央国务院关于构建更加完善的要素市场化配置体制机制的意见》(简称《意见》)对外公布,作为中央第一份关于要素市场化配置的文件,明确了要素市场制度建设的方向和重点改革任务,数据作为一种新型生产要素被写入文件中,与土地、劳动力、资本、技术等传统要素并列为要素之一。《意见》明确,加快培育数据要素市场,推进政府数据开放共享、提升社会数据资源价值、加强数据资源整合和安全保护。2020年10月,《中共中央关于制定国民经济和社会发展第十四个五年规划和二〇三五年远景目标的建议》将数字经济提到很高的高度,将数据资源开发利用、交易流通、跨境传输、安全保护纳入国民经济和社会发展长期规划。

数据的真实价值就像漂浮在海洋中的冰山,第一眼只能看到冰山一角,而冰山绝大部分隐藏在表面之下。创新型企业通过提取数据背后隐藏的价值获取巨大的经济利益,进而改变商业运作模式。

数据的价值体现为潜在价值,是数据所有可能用途的总和,主要通过数据再利用、数据重新组合、增强数据可扩展性、及时更新数据库、合理利用数据废气,以及实现数据共享等手段,挖掘数据背后隐藏的价值。

数据价值正在引发商业领域发生系统性变革,数据成为公司竞争力的主要来源之一,并形成大数据价值链。大数据价值链,包括数据生成、数据采集、数据存储以及数据分析四个阶段,在大数据价值链中能够为企业提供价值的来源,包括数据本身、数据与分析、技能和数据分析思维三个方面,因此会出现三种不同类型的公司,即基于数据本身的公司、基于数据技术的公司以及基于数据思维的公司。

(1) 基于数据本身的公司

在数字时代,数据是价值链的核心部分,掌握数据的公司处于数据价值链最好的位置。这种类型的公司一方面可以扩大数据规模,挖掘数据的潜在价值,从而增强其核心竞争力;另一方面可以与其他公司进行合作,达到挖掘数据潜在价值的目的。

链接

eBay成立了大数据分析平台

早在2006年,eBay就成立了大数据分析平台。为了准确分析用户的购物行为,eBay定义了超过500种类型的数据,对顾客的行为进行跟踪分析。eBay分析平台高级总监Oliver Ratzesberger说:"在这个平台上,可以将结构化数据和非结构化数据结合在一起,通过分析促进eBay的业务创新和利润增长。"

eBay行为分析:在早期,eBay网页上的每一个功能的更改,通常由对该功能非常了解的产品经理决定,判断的依据主要是产品经理的个人经验。而通过对用户行为数据的分析,网页上任何功能的修改都交由用户去决定。"每当有一个不错的创意或者点子,我们都会在网站上选定一定范围的用户进行测试。通过对这些用户的行为分析,来看这个创意是否带来了预期的效果。"

eBay广告分析:更显著的变化反映在广告费上。eBay对互联网广告的投入一直很大,通过购买一些网页搜索的关键字,将潜在客户引入eBay网站。

资料来源:https://www.sohu.com/a/310217994_999903202? sec=wd

(2) 基于数据技术的公司

大数据价值链中第二种类型的公司是基于数据技术的公司,这种类型的公司拥有大量的数据科学家或数据分析师,依靠其数据科学家或数据分析师挖掘数据的潜在价值,在社会思维方式,由因果关系向相关关系转变的时代背景下,他们知道运用何种逻辑去分析数据,并向公司决策层解释用户行为数据与商业价值之间的关系,而公司决策层将依据数据分析结果做出决策。

链接

美团的城市扩张

美团打算做外卖的时候,饿了么已经成立了4年,在8座城市开通了外卖服务。这个市场到底多大?美团决定先选20个城市来试水。

这个"选法"很有讲究。当时选的前18个城市按城市GDP的顺序来,后面两个找的GDP排名在100左右的,当作"探底"的城市。当时他们选的是山东省的威海市和济宁市,看起来都是不起眼的三四线城市。但这么铺开一试,不仅一二线城市数据好,这两个探底城市的数据也很好。

美团一下子看到了外卖市场的巨大潜力。这不是一个只属于几个大城市的生意,而是属于一个100城的大生意。

资料来源:https://zhuanlan.zhihu.com/p/99020744

(3)基于数据思维的公司

所谓大数据思维是指一种意识,认为公开的数据一旦处理得当,就能为千百万人急需解决的问题提供答案,这种类型的公司的优势在于,虽然其本身不拥有数据分析的专业技能,但其思维不受限制,只考虑可能性,将可行性留给其他公司或个人考虑。拥有数据思维的公司,一般不会拥有大量的数据资源,因此该类公司不会受到既得利益和欲望的限制。

> 链接

飞 常 准

飞友科技创立于2005年,是全球领先的航空技术提供商,旗下核心业务包含面向民航业内的智慧化运行解决方案、面向企业的出行数据智能服务Airsavvi以及知名航班行程应用"飞常准APP"。

"飞常准APP"从民航延误问题入手,主导实现了中国航班数据的透明化。其提供的航班动态数据处理能力从创业初期的每秒不足10条提升到如今每秒16 203条。在2009年完成国内航班数据100%覆盖后,2010年开始全球航班数据的布局,截至2019年底,全球民航航班数据覆盖率达到94%。

资料来源:http://www.variflight.com/join? ae71649a58c77=

除了上述分类方法以外,根据2020年G20沙特会议期间为开展数字经济规模测算进行的分类,可以将大数据产业分为数字赋能产业、收费的数字中介平台、数据和广告驱动的数字平台、电子零售商、仅提供数字金融和保险服务的企业、其他仅数字化运营的生产商等(高晓雨)。

7.2.2 大数据伦理困境

大数据带来的变化将颠覆传统商业模式,成为未来商业发展的方向和新驱动力,数据已经成为许多公司核心竞争力的来源。数据地位的提升导致数据本身的伦理问题被提上了日程。无论是个体还是组织,可以通过以下四个角度考虑大数据伦理问题:身份、隐私、所有权、名誉。关于身份,我们的线下身份与线上身份之间是什么关系?关于隐私,谁应该来控制数据的使用权?关于所有权,谁是数据的所有者,谁有权转让数据,产生数据和使用数据的人履行什么义务?关于名誉,我们如何断定数据的真实性?随着大数据时代的迭代更新,数据的共享责任、技术开发、管理制度和安全保护等各方面还没有形成系统的社会治理规则,也未形成资源配置市场的价格体系,进而产生一系列的伦理问题。

大数据伦理问题复杂并表现多样,但是目前可以认为,大数据伦理问题与非法采集数据、数据滥用、数据安全和数据霸权等形式相关联。

1) 非法采集数据与数据权

从"以人为本"走向"以数据为本",用数据主义取代人本主义是数字经济时代的核心主张之一。数据主义信奉算法,人本主义注重人的自由,维护人的尊严。因此数据主义正在挑战人本主义的观念。商业领域如果遵循这一理念,必然对人的数据权利形成危险。当数据在价值链中处于核心地位时,出于经济利益的考虑,公司可能会在没有征得用户同意的情况下,非法采集其信息,从而侵犯用户、消费者和社会公众的利益相关者的数据权利。

> **链接**
>
> **东莞公厕停用人脸识别供纸机**
>
> 市民只需站在取纸机前,通过机器自动"刷脸"功能,便能得到设定好的纸量。公厕位于东莞市莞城街道东江大道,公厕内放置的人脸识别供纸机,是一款需要使用者通过刷脸按量取纸的设备。
>
> 这本是东莞莞城街道打造星级公厕的尝试,用户刷脸3秒取纸,每人只能领取一次厕纸,如果要重复取纸,间隔时间至少要9分钟。却因为隐私问题引起了一些市民的担忧,并被推到风口浪尖之上。
>
> 针对人脸识别的方式有专家表示:在本机没存储并不代表在系统内没存储,一旦数据库泄露或被盗用就有风险。
>
> 2020年12月6日,东莞市城管局官方回应称,设备已终止使用,该公厕改用常规的方式免费提供纸巾。
>
> 资料来源:根据网络资料整理。

2) 数据安全与数据权

近年来数据安全事件频发,数据泄露呈现增长趋势,而且影响力不断升级。根据漏洞情报公司 Risk Based Security 的报告,2019年数据泄露事件急剧增加,前6个月的安全事件与2018年同期相比增长了54%,而数据泄露的数量增长了52%。近三年的观察数据显示,整体数据泄露呈现增长趋势,数据跨境流动等趋势也相当明显。在大数据面前,我们每个人可能完全透明。基于数据技术的公司,可以通过数据挖掘等技术分析个人或群体的消费行为,甚至实施种族歧视。数据安全对于维护个人或群体尊严很重要,数据泄露将侵犯个人或群体的隐私权,甚至可能会限制人的自由或影响社会公平。

> **链接**
>
> **苹果 Siri 也涉嫌泄露用户隐私**
>
> 一向以高度重视用户隐私而被用户所熟悉的苹果,也正卷入泄露用户隐私的风波之中。英国《卫报》指出,苹果承包商定期会听取并分析 Siri 语音助手中收集的录音,其中会有关于医疗、毒品交易和性行为等机密信息。该报道称:"苹果没有在消费者的隐私条款中明确解释或披露这个信息,也就是说,该公司并没有明确让消费者知道这件事。"
>
> 据了解,苹果外包公司员工向《卫报》爆料,上述录音除了声音外,还附带用户数据,包

括录音发生的位置、联系方式和APP应用数据。举报人还强调,虽然Siri包含在大部分的苹果设备,但"Apple Watch和HomePod是最常见的错误录音来源,由于用户意外激活可能会导致将最敏感的数据发送给苹果"。另外值得一提的是,"在那里工作的人没有经过太多审查,可自由查看和收听录音数据,类型相当广泛。识别用户私人信息并不困难,特别是在意外触发时会听到地址、姓名等敏感信息",举报人如是表示。

资料来源:https://m.sohu.com/a/329974209_486088

链接

社交平台数据隐私问题

剑桥分析公司(Cambridge Analytica)是一家英国的数据分析公司,2018年3月该公司的一名前雇员透露,该公司获取了超过上千万名脸书用户信息,并将其用于影响2016年美国总统大选的活动中。

剑桥分析公司丑闻爆发后,社会公众逐渐意识到社交平台数据隐私问题的严重性。由于这次用户数据泄露事件涉及范围广、后果严重,直接影响脸书公司及其CEO马克·扎克伯格的公众形象,同时推动监管部门和立法机构加快采取措施限制科技巨头权力。

2019年7月,美国联邦贸易委员会认为,由于脸书公司在剑桥分析公司丑闻事件中的表现,违反了平台此前承诺保护用户隐私的协议,因此对脸书公司罚款50亿美元,并要求其大力整顿公司内部结构,对用户隐私保护采取更有力的措施,不得再就用户控制个人信息的能力进行欺瞒。2020年4月,美国联邦法院批准了脸书公司与美国联邦贸易委员会就剑桥分析丑闻的50亿美元和解协议。

资料来源:根据百度百科等网络资料整理。

3)数据滥用与隐私权

数字经济时代,数据滥用成为人们普遍担忧的问题。企业往往将处于不同孤岛的数据连接起来,挖掘数据价值,为企业提供巨大的经济利益。这可能会导致用户出行购买习惯、社交信息等隐私信息的泄露。例如,新冠疫情暴发以来,在抗击疫情的过程中,许多国家用科技追踪和发现受感染个体。例如苹果和谷歌在美国共同开发了一个追踪系统,中国建立了健康码体系,英国也开发了一个联系人追踪的软件。这些技术产生大量数据,在防疫方面发挥了重要作用。但另一方面,这些技术的使用无可避免涉及隐私和安全问题。

链接

疫情期间的数据收集和应用

疫情期间,韩国的相关APP采集了位置信息和信用卡刷卡信息,能非常有效地帮助了解人口流动情况,帮助建立预测疾病传播的模型。但同时很多敏感信息也存在了一个中心化的数据库里,要非常小心防范数据泄露。同时这也涉及隐私问题,人们真的希望保存那么多关于自己的信息吗?

苹果和谷歌开发的APP就受到很多关注隐私的技术专家的支持。有几个原因,一是它收集的信息非常有限。它并不记录位置信息,除了人和人之间的可能接触,它不记录其他任何形式的个人信息;二是,它采用非中心化的方式,数据没有集中到一处管理,所以也不用担心数据泄露或者被黑客盗走。

但另一方面,不收集数据,就意味着医生们可能获取不了一些有用信息。

根本上,这是一个不同国家和社会可能持有不同立场的取舍问题。疫情当然是个严重的问题,需要采取所有可能的方式来抗疫,挽救生命和减少经济损失,这些应该是我们在伦理上优先需要考虑的。但我们也需要平衡收集多少信息,收集这些信息有多少用处,怎么储存这些信息。不同的社会和个人对此会有不同的偏好和接受程度。

资料来源:魏轶,剑桥伦理学家:把中国当敌人,对人工智能发展无益,知识分子的博客,2020年6月26日。

4) 数据霸权与社会公平

在数字经济时代,数据就像燃料对于工业革命一样重要,是人类进行创新的动力与源泉。互联网企业在大家认识到数据的价值之前,就完成了对数据的积累。他们积累数据的方式没有征得我们的同意,他们对数据的分析和使用也没有经过我们的授权。这就是所谓的互联网原罪。互联网原罪揭示了数据对资源分配基本权利的挑战,即个人不享有数据资源的所有权、不享有数据资源的开发使用权、不享有大数据产业创造财富的权利。

链接

美欧数字税"战火"重燃?

据路透社报道,法国近日宣布2020年12月会重启数字服务税征收计划。谷歌、脸书、亚马逊等多家美国互联网巨头在被征收之列。目前,脸书与亚马逊等已收到法国财政部门的催缴税款通知。

法国经济和财政部日前表示,此次将重启去年7月提出的数字服务税征收计划,对在法收入超过2500万欧元、全球收入超过7.5亿欧元的互联网公司征收3%的数字服务税。该计划涉及多家美国互联网企业。据彭博社报道,英国、意大利、西班牙、奥地利等欧洲国家也都已提出数字税方案。美国贸易代表办公室称数字税是针对美国公司的"歧视性税目"。

资料来源:人民网官方微博,2020年12月1日。

数字经济时代的数据霸权正在挑战社会正义与社会公平,可能会造成数字经济时代新的"马太效应"。数据大亨就像美国19世纪的铁路大亨、石油大亨以及钢铁大亨一样,会促使新垄断主义抬头,遏制自由竞争市场的发展,从而威胁整个社会利益分配的公平。

链接

国务院反垄断委员会发布平台经济领域的反垄断指南

2021年2月7日,国务院反垄断委员会制定发布《国务院反垄断委员会关于平台经济领域的反垄断指南》(以下简称《指南》),强调《中华人民共和国反垄断法》(以下简称《反垄断法》)及配套法规规章适用于所有行业,对各类市场主体一视同仁、公平公正对待,旨在预防和制止平台经济领域垄断行为,促进平台经济规范有序创新健康发展。

强调反垄断执法机构对平台经济领域开展反垄断监管应当坚持以下四项基本原则:

一是保护市场公平竞争。坚持对市场主体一视同仁、平等对待,着力预防和制止垄断行为,完善平台企业垄断认定的法律规范,保护平台经济领域公平竞争,防止资本无序扩张,支持平台企业创新发展,增强国际竞争力。

二是依法科学高效监管。《反垄断法》及有关配套法规、规章、指南确定的基本制度、规制原则和分析框架适用于平台经济领域所有市场主体。反垄断执法机构将根据平台经济的发展状况、发展规律和自身特点,结合案件具体情况,强化竞争分析和法律论证,不断加强和改进反垄断监管,增强反垄断执法的针对性和科学性。

三是激发创新创造活力。营造竞争有序开放包容发展环境,降低市场进入壁垒,引导和激励平台经营者将更多资源用于技术革新、质量改进、服务提升和模式创新,防止和制止排除、限制竞争行为抑制平台经济创新发展和经济活力,有效激发全社会创新创造动力,构筑经济社会发展新优势和新动能。

四是维护各方合法利益。平台经济发展涉及多方主体。反垄断监管在保护平台经济领域公平竞争,充分发挥平台经济推动资源配置优化、技术进步、效率提升的同时,着力维护平台内经营者、消费者和从业人员等各方主体的合法权益,加强反垄断执法与行业监管统筹协调,使全社会共享平台技术进步和经济发展成果,实现平台经济整体生态和谐共生和健康发展。

针对社会各方反映较多的"二选一""大数据杀熟"等热点问题,《指南》明确,认定平台经济领域滥用市场支配地位行为,通常需要先界定相关市场,分析经营者在相关市场是否具有支配地位,再根据个案情况分析是否构成滥用市场支配地位行为。《指南》详细列举了认定或者推定经营者具有市场支配地位的考量因素,包括经营者的市场份额、相关市场竞争状况、经营者控制市场的能力、经营者的财力和技术条件、其他经营者的依赖程度、市场进入难易程度等。同时,《指南》逐一细化滥用市场支配地位行为表现形式,如不公平价格行为、低于成本销售、拒绝交易、限定交易、搭售或者附加不合理交易条件差别待遇等,促进平台经济领域各类市场主体依法合规经营。

资料来源:http://gkml.samr.gov.cn/nsjg/fldj/202102/t20210207_325967.html#

5) 价格歧视

价格歧视实质上是一种价格差异,通常是指商品或服务的提供者,在向不同的接受者提供相同等级相同质量的商品或服务时,对接受者实行不同的销售价格或收费标准。数字经济时代,通过收集数据和个人的日常行为,企业可以运用相应的算法,预测各单个消费者的消费偏好和心理价位。一些在线零售商正在广泛收集消费者的常住地址、消费习惯和其他个人数据,有的在线零售商甚至根据消费者使用的计算机硬件来判断是否需要对商品进行折扣。掌握数据越多、越全面的企业,就越能够通过特定的算法预测消费者的消费偏好和心理价位,进而实现价格歧视的目的。

> **链接**

市场监管总局对平台不正当价格行为作出处罚

据市场监管总局公告,"双十一"前后消费者对虚假促销等问题反映强烈。根据价格监测和投诉举报等有关线索,市场监管总局自2020年12月3日至4日对京东、天猫、唯品会在11月间的价格行为进行调查,查实三家企业存在不正当价格行为,并在12月24日下发处罚决定书。

针对"双十一"前后消费者反映强烈的网购先提价后打折、虚假促销、诱导交易等问题,根据价格监测和投诉举报等有关线索,市场监管总局依法对北京京东世纪信息技术有限公司(京东)、杭州昊超电子商务有限公司(天猫)、广州唯品会电子商务有限公司(唯品会)三家企业开展自营业务不正当价格行为进行了调查。

根据市场监管总局给出的三组各10例证据,三家平台均存在促销价格高于日常售价、打着"爆款直降"实际却并未降价、先提价再打折、买赠商品按正价商品结算、谎报"全网低价"等做法。

市场监管总局于2020年12月24日依据《价格法》第四十条、《价格违法行为行政处罚规定》第七条作出处罚决定,对上述三家企业分别处以50万元人民币罚款的行政处罚。

资料来源:http://www.samr.gov.cn/xw/zj/202012/t20201230_324826.html

> **链接**

"大数据杀熟"背后是平台差异化定价行为

"大数据杀熟"并非新鲜事。2018年3月,一网友长期在某网站预订价格在380元至400元之间的酒店房间,而用朋友账号查询,同一房间却显示为300元左右。这一事件也被最高人民检察院、公安部、中国消费者协会、中华全国律师协会和中央广播电视总台共同评选为"2018年十大消费侵权事件"。

2020年12月22日,南都个人信息保护研究中心发布了《互联网平台竞争与垄断观察报告》。记者注意到,消费者对"大数据杀熟"问题反映比较强烈,其中73%的消费者持反对态度,认为此举损害消费者利益。

资料来源:https://baijiahao.baidu.com/s?id=16875639153880041520&wfr=spider&for=pc

6) 数据垄断

在数字经济时代,人们生产生活的各个方面都可量化为数据资源,掌握数据或数据分析能力的公司正在努力提升获取消费者信息的能力,数据资源和算法正在改变市场竞争的本质。随着时间的推移,挑战现有政府监管能力的新型垄断组织形式,可能会出现。数字经济时代的垄断可能不需要企业之间直接接触,而是通过计算机或数据直接实现。经济时代会催生超级平台、网络公司、程序开发商和商家的合谋垄断,消费者成为他们共同瞄准的对象。

> 链接

中国开展互联网平台领域的反垄断监管

2020年12月11日,中共中央政治局会议明确提出"强化反垄断和防止资本无序扩张",并在12月16日至18日的中央经济工作会议上再度重申这一精神。

2020年12月24日,国家市场监督管理总局网站发布题为《市场监管总局依法对阿里巴巴集团涉嫌垄断行为立案调查》的简短信息,称市场监管总局根据举报,依法对阿里巴巴集团控股有限公司实施"二选一"等涉嫌垄断行为立案调查。

同日,《人民日报》发表评论文章称,近年来,我国线上经济蓬勃发展,新业态、新模式层出不穷,对推动经济高质量发展、满足人民日益增长的美好生活需要发挥了重要作用。但与此同时,线上经济凭借数据、技术、资本优势也呈现市场集中度越来越高的趋势,市场资源加速向头部平台集中,关于平台垄断问题的反映和举报日益增加,显示线上经济发展中存在一些风险和隐患。因此,反垄断已成为关系全局的紧迫议题,要通过反垄断促进行业健康发展,健全数字规则。同时称,此次立案调查,并不意味着国家对平台经济鼓励、支持的态度有所改变,而是为了更好规范和发展平台经济,引导、促进其健康发展,以期为中国经济高质量发展做出更大贡献。

2021年3月12日,国家市场监督管理总局发布《市场监管总局依法对互联网领域十起违法实施经营者集中案作出行政处罚决定》。市场监管总局根据《中华人民共和国反垄断法》规定,对腾讯控股有限公司收购猿辅导股权案等十起违法实施经营者集中案件立案调查。经查,上述十起案件均违反了《中华人民共和国反垄断法》第二十一条,构成违法实施经营者集中,评估认为不具有排除、限制竞争效果。市场监管总局根据《中华人民共和国反垄断法》第四十八条、第四十九条作出行政处罚决定,对有关企业分别处以50万元人民币罚款。

2021年4月10日,国家市场监督管理总局公布处罚决定书,责令阿里巴巴集团停止滥用市场支配地位行为,并处以其2019年中国境内销售额4 557.12亿元4%的罚款,计182.28亿元。同时向该集团发出行政指导书,要求其全面整改,并连续3年向国家市场监督管理总局提交自查合规报告。182.28亿元,是中国反垄断法实施以来开出的最大罚单。

资料来源:根据国家市场监督管理总局、人民日报等公开发布的信息整理。

在数字经济时代,超级平台与应用程序开发商或者硬件厂商之间具有休戚相关的利益关系,他们之间存在共同的经营策略,可能形成利益竞合关系,它们之间的价值链条具体表现为:数据获取、数据提取、精准定位客户群体、推送广告、实施差异化价格并销售产品、分配利益。例如,苹果要抽取IOS应用消费的30%,国内安卓目前应用商店抽成有的高达50%。

> 链接

114亿!谷歌再被欧盟开下天价罚单

根据央视网消息,2019年3月20号,由于被认定存在不公平竞争行为,美国互联网巨头谷歌公司再次收到欧盟反垄断监管机构开出的巨额罚单14.9亿欧元、约合114亿元人民币。

这次被罚的具体原因，是欧盟反垄断监管机构认定谷歌违反"在线搜索广告规定"，滥用其主导地位，屏蔽了竞争对手的广告。

这是自2017年以来，因不公平竞争问题，欧盟对谷歌开出的第三张巨额罚单，累计罚金已达82.5亿欧元。

资料来源：http://news.cctv.com/2019/03/21/ARTInFQ7iOFatSUdGKXbRqyc190321.shtml

7.2.3 大数据的伦理原则

根据前面所提到的数字经济时代数据相关的道德困境，为了防止公司对消费者以及社会群体的危害，数据伦理应当遵循隐私保护、数据主体权利、数据安全、非歧视、反垄断、权责一致等基本原则。

1）隐私保护原则

保护隐私是对人性自由和尊严的尊重，也是人类文明进步的一个重要标志。隐私保护原则是数据管理的首要规则，是指掌握数据的企业应当最大限度地保护个人隐私，遵循人性自由和尊严。在数字经济时代，超级平台公司拥有大量生产者、消费者和社会公众的隐私数据，例如消费者的出行时间、出行地点、消费习惯、个人爱好、阅读习惯、情感情况、受教育程度等，一系列有利于商业目的的个人隐私信息，正在被广泛收集。因此该项原则应在界定个人敏感信息的基础上，实现隐私权保护与商业价值的统一。

个人敏感信息包括个人财产信息、个人健康生理信息、个人生物识别信息、个人身份信息、网络身份标志信息等。

> **链接**
>
> **我国发布《数据安全法》**
>
> 2021年6月10日，《中华人民共和国数据安全法》表决通过，于2021年9月1日起施行。
>
> 制定《中华人民共和国数据安全法》是为了规范数据处理活动，保障数据安全，促进数据开发利用，保护个人、组织的合法权益，维护国家主权、安全和发展利益。这里所称数据，是指任何以电子或者其他方式对信息的记录。数据处理，包括数据的收集、存储、使用、加工、传输、提供、公开等。数据安全，是指通过采取必要措施，确保数据处于有效保护和合法利用的状态，以及具备保障持续安全状态的能力。强调，国家保护个人、组织与数据有关的权益，鼓励数据依法合理有效利用，保障数据依法有序自由流动，促进以数据为关键要素的数字经济发展。开展数据处理活动，应当遵守法律、法规，尊重社会公德和伦理，遵守商业道德和职业道德，诚实守信，履行数据安全保护义务，承担社会责任，不得危害国家安全、公共利益，不得损害个人、组织的合法权益。
>
> 资料来源：新华网，2021年6月11日。

> **链接**
>
> **个人信息保护法出炉　企业处理个人信息被划定红线**
>
> 在信息化时代,个人信息保护已成为广大人民群众最关心最直接最现实的利益问题之一。2021年8月20日,十三届全国人大常委会第三十次会议通过了个人信息保护法。个人信息保护法进一步细化、完善个人信息保护应遵循的原则和个人信息处理规则,明确个人信息处理活动中的权利义务边界,给企业处理个人信息活动划定红线。
>
> 据统计,截至2020年底,我国互联网用户已达9.89亿,互联网网站和应用程序数量分别超过440万个和340万个。一些企业、机构甚至个人,随意收集、违法获取、过度使用、非法买卖个人信息,利用个人信息侵扰人民群众生活安宁、危害人民群众生命健康和财产安全等问题突出。
>
> 经过三次审议,8月20日,第十三届全国人大常委会第三十次会议正式通过了个人信息保护法,于2021年11月1日起施行。个人信息保护法进一步细化、完善个人信息保护应遵循的原则和个人信息处理规则,明确个人信息处理活动中的权利义务边界,给企业处理个人信息活动划定红线。
>
> 资料来源:卢越,工人日报,2021年8月26日。

2) 数据主体权利原则

数据主体权利是指构建一套保护个人尊严的防御性权力体系,让隐私权、信息访问权、更正权、删除权、撤销权、注销权、申诉权回归数据主体。当前,平台公司和应用程序开发者等大数据价值链上的公司,凭借自身天然优势,收集生产者、消费者和社会公众的个人数据,并根据商业目的挖掘数据的潜在价值,但是可能并未对其访问、展示、使用进行限制,甚至可能将上述数据用于商业交易。这些行为很可能导致公司滥用数据,进而引发性别、种族、价格等歧视行为。

通常来讲,人的权利包括了基本数据权利,其中数据隐私权、知情同意权、删除权、被遗忘权和数据携带权等,是人的基本权利在数据领域的具体化(李伦、黄关)。在数字经济环境下,处于商业目的的数据处理,应当遵循数据主体权利原则,应当向个人信息主体明确表示个人信息处理的目的、方式、范围、规则等,征求其授权同意,才能用于商业目的的处理。

3) 数据安全原则

数据安全原则是指掌握数据的企业应当具备与所面临的安全风险相匹配的安全能力,并采取足够的管理措施和技术手段,保护个人信息的保密性、完整性、可用性(全国信息安全标准化技术委员会)。掌握数据技术和数据思维的公司,可能会在商业利益的驱使之下,使基于数据本身的公司出售、泄露或共享个人数据,甚至通过黑客的非法手段窃取数据。

4) 非歧视原则

非歧视原则是指应当公平、公正、平等和一视同仁地,对待商业领域的行为,不应当持有主观偏见。非歧视性是保证社会公平的重要手段之一。因此数据控制主体处理数据时,应当具有合法、正当、必要、明确的个人信息处理目的,不能制定价格歧视、性别歧视、种族歧视以及特殊群体歧视等方面的政策。例如网络销售平台不应当根据个体消费者偏好和心理价位制定价格歧视政策。

5) 反垄断原则

反垄断原则是指大数据价值链上的公司不能凭借数据、分析技术以及数据思维的优势,阻碍自由竞争行为。数字经济环境下,垄断产生的根源在于对数据、分析技术和思维等资源的排他性占有,尤其是对数据本身的占有。如果任由其发展,掌握数据、技术和思维的公司,在现代商业竞争中具有天然优势,必然会促使新型垄断形式的出现,超级平台公司可能会控制某一领域或者跨领域的生产销售及经营活动,抑制创新,影响公平竞争。因此数字经济环境下,政策制定部门应当加强对平台企业的反垄断立法和监管工作,防止"大而不能拆"带来的问题。

6) 权责一致原则

权责一致原则是指大数据价值链上的公司应当承担其个人信息处理活动,对个人信息主体合法权益造成的损害的赔偿责任。为了落实权责一致原则,大数据价值链上的公司与监管者应当做好以下两方面的工作:一是大数据价值链上的公司,应当以明确、易懂和合理的方式公开处理个人信息的范围、目的、规则等,做到处理过程透明,遵循隐私保护、数据主体权利、数据安全、非歧视和反垄断等原则,并接受外部监督;二是监管者应当制定和完善对个人信息主体合法权益造成损害相关的法律法规,并及时调查各类对个人信息主体合法权益造成损害的侵权行为,实施处罚。

> **链 接**
>
> **欧洲的数据保护**
>
> 数据保护方面,欧盟走在世界前列,2016年4月14日,欧盟经过4年的商讨,通过了《通用数据保护条例》(General Data Protection Regulation,GDPR)。该条例于2018年5月25日,在欧盟成员国正式生效实施。GDPR颁布以后,在世界范围内引发广泛的关注,由于欧洲本土并没有较大的互联网巨头,这部法案更多冲击的是在欧洲市场上提供服务的美国科技企业等。
>
> 2019年1月,法国数据保护监管机构——国家信息与通信委员会就依据GDPR向谷歌开出了5000万欧元的巨额罚单,理由是谷歌在向用户定向发送广告时缺乏透明度,信息不足,而且没有取得用户的有效许可,这也是欧盟GDPR生效以来开出的首张罚单。
>
> 资料来源:百度百科。

7.3 数字医疗伦理

7.3.1 数字医疗概述

1) 内涵

数字化设备从20世纪末开始,大规模高强度地渗透到人类的日常生活,受到数字化浪潮的冲击,出现了无线医疗、互联网医疗、移动医疗、远程医疗、智慧医疗、智能医疗等概念,数字医疗应运而生。

数字医疗是把现代计算机技术、信息技术应用于整个医疗过程的一种新型的现代化医疗方式,是公共医疗的发展方向和管理目标。

医疗信息化是指医疗服务的数字化和网络化,也就是说通过计算机科学、现代网络通信技术和数据库技术,为各医疗机构之间以及医疗机构所属各部门之间提供患者信息和管理信息的收集、存储、处理、提取和数据交换,并满足所有授权用户的功能需求。

2015年《国务院关于积极推进"互联网＋"行动的指导意见》提出了新型医疗形式,即"互联网＋"医疗。"互联网＋"医疗既包括在线健康咨询,也包括在线健康诊疗。现在一般认为互联网医疗是指借助互联网电子信息平台进行诊疗活动和健康咨询的活动。

数字经济的作用在新冠疫情应对中得到很好的阐释。医疗机构借助互联网、大数据、云计算、人工智能等新技术,精准高效地开展疫情的监测分析、病毒溯源、患者追踪、社区管理等工作;科研人员利用人工智能、大数据、5G等技术,加快病毒检测诊断、疫苗新药研发等。

2) 特征

数字医疗的主要特点包括医疗设备的数字化、医疗设备的网络化、医疗机构管理的信息化、医疗服务的个性化。

一是医疗设备的数字化。医疗的数字化,首先是医疗设备的数字化,这是数字化医疗的基础。所谓数字化的医疗设备,即数据采集、处理、存储与传输等过程均以计算机技术为基础,在计算机软件下工作的医疗设备,已逐渐取代常规设备成为临床设备的主流。数字化的医疗设备可以将所采集的信息进行存储、处理及传送。

二是医疗设备的网络化。数字化医疗可以实现医院内部设备资源的共享,实现影像及文档资料的传输,缩短病人挂号、交费、取药、看病的时间,以及采用电子开单、电子处方,减少错误发生的概率。在远程医疗方面,数字化医疗可以实现远程教学及电视会议、远程会诊及手术、网上查询及求助以及网上挂号、预约,从而实现全球资源的共享。

三是医疗机构管理的信息化。管理者可以通过网络随时了解医疗机构的运营情况及各部门的工作情况,使医疗机构始终处于最佳运行状态。而且,医疗机构可以随时为病人提供各种所需信息。

四是医疗服务的个性化。人们可以在家中通过网络预约、挂号;人们不再需要在检查部门等候检查结果,各种诊疗影像和数据可以通过网络直接传送到主治医生的面前,医生可以及时、准确地对病人做出诊治。基于互联网、有线电视等私人医疗保健服务和公众医疗咨询服务,将随时提醒大众进行身体检查、预测某种疾病的发生和发展,向病人推荐新的治疗方法,使病人可以足不出户享受个人医生的医疗保健服务。

7.3.2 数字医疗伦理问题

数字技术和人工智能引入医疗实践具有多方面的优势,对于社会,能有效缓解医疗需求巨大与医疗资源不足之间的矛盾;对于患者,更容易获得方便、快速、经济和优质的健康服务;对于医疗机构,降低了机构运行成本,提高了资源的使用效率。但是信息技术在服务于人类健康的同时,也引发了相应的伦理问题,包括知情权、患者隐私保护、数据安全、数据使用权、数据收益权、医患双方信息真实性等。这里分别说明医疗信息化伦理和"互联网+"医疗伦理问题。

1) 医疗信息化伦理问题

医疗信息化产生了大量的数据,数据本身就是资源,疾病的诊治中,信息数据、健康数据和人口数据,为新科研、新临床试验提供基础,这些数据既能带来医学科学的进步,同时也蕴藏着巨大的经济利益和商业价值。医疗信息化建设中常见的伦理问题包括:数据采集人员和机构的目的问题,例如是为了疾病的诊治还是数据的采集;以数据采集为目的时,采集之前数据提供者的知情权问题,例如是否做到了完全的知情同意;数据信息的使用范围问题,例如数据会在什么范围内被使用;数据提供者的数据使用权问题,就是说数据提供者是否有使用这些数据资料的资格或者权利;收益权问题,例如如果数据资源带来经济效益如何进行分配;个人隐私保护和数据安全问题,例如在数据管理过程中如何保护个人的隐私和数据信息的安全。例如,2019年1月28日,新加坡卫生部举行新闻发布会证实,因卫生部资料库遭大规模网络攻击,14 200名本地及外国艾滋病患者,及同他们接触过的2 400人的个人资料遭非法获取并在网上泄露。外泄信息包括姓名、身份证号、电话及住址等。

链接

全国近300名艾滋病患者个人信息疑遭泄露

2016年7月,据媒体报道,全国30个省份275位艾滋病感染者称接到了诈骗电话,艾滋病感染者的个人信息疑似被大面积泄露。

据艾滋病公益组织白桦林披露,全国多地的艾滋病感染者接到诈骗电话称将发放补助。截至7月17日晚,白桦林全国联盟共接到来自30个省、区、市的275例艾滋病感染者被诈骗的情况反馈。

据悉,电话交流中,艾滋病感染者们发现诈骗者事先已掌握他们的个人信息,包括真实姓名、身份证号、联系方式、户籍信息、确诊时间、随访的医院或区县疾控等。

中国疾病预防控制中心相关负责人17日表示,艾滋病感染者的个人隐私信息受国家法律保护。国家艾滋病感染者相关信息系统被列为国家网络信息重点安全保护对象,并且按信息安全三级等级保护进行管理。发现诈骗情况后,中国疾控中心立即启动了信息系统安全应急响应,对相关信息系统开展信息安全排查,并进一步提升了相关加密措施。

资料来源:http://gongyi.sina.com.cn/gyzx/hg/2016-07-25/doc-ifxuhukz0965537.shtml

2) 互联网医疗伦理问题

互联网医疗保健信息服务分为经营性和非经营性两类,针对网上健康咨询活动,其涉及的伦理问题主要包括:咨询人员的资格认证问题,就是说咨询人员是否属于具备相应知识的专业人员;知识的专业性、科学性和可信度问题;以盈利为导向的互联网医疗保健信息服务网站淡化服务社会公众的责任、商业导向性强、广告植入的问题;以及信息安全和隐私保护问题;患者数据的真实性问题。例如,有的互联网医疗美容平台甚至还存在缺乏审核机制、销售违规药品、超范围经营、刷单刷量、评价造假等各种乱象;有的互联网医疗平台尚未与执业医生注册数据库对接,其医生的医疗资质和医疗水平受到质疑;有些网站对医生提供的个人资料未进行审核就予以公布,甚至为了推广自身的业务,对医生进行不符合真实情况的虚假宣传,这些都使互联网医疗的权威性受到质疑。

7.3.3 数字医疗伦理原则

1) 医疗信息化伦理原则

在医疗信息化建设中,应当遵循的伦理原则主要包括尊重自主的原则、科学性和唯一性原则、数据安全原则等。

尊重自主的原则。例如电子病历是患者就诊时诊治疾病必须建立的,但是同样也属于患者的个人所有,尊重患者的所有权是必须的。互联网技术让患者的信息存在于医院信息系统,授权人员可以共享有关信息,在无障碍获取信息和尊重自主之间存在难题。因此,在数据采集前履行尊重自主的原则非常必要。

科学性和唯一性原则。数据采集应该坚持指定机构、统一标准,不能多渠道、多次采集。

数据安全原则。在数据管理过程中确保数据资料的安全,不会因为安全漏洞而外泄。

2) 互联网医疗伦理原则

互联网医疗中应当遵循的伦理原则主要包括科学性原则、保密性原则、诚实守信原则等。

科学性原则。无论是网络共享资源,还是给个体提供的健康咨询,都必须保证信息的科学性。不能提供不专业、不科学、不准确的医疗保健信息服务。

保密性原则。互联网信息的安全应该由使用者和建设者共同维护,但是上网数据和交流内容属于个人隐私,作为网站的建设者,应该履行保密的义务。

诚实守信原则。不能以为互联网就是法外之地,在网络空间仍然要遵守诚实守信原则,不得夸大效果、售卖假药、超范围经营以谋取不正当利益。

本章小结

近年来,人工智能、大数据、高端芯片、区块链技术等突破了一系列重要的技术屏障,以前所未有的广度、深度和速度影响人类的工作和生活,推动数据成为重要的生产要素,引发商业领域革命性的变化。与此同时,也不可避免地冲击现有的社会秩序,从而引发一系列的商业伦理问题。

一般认为,人工智能是研究、开发用于模拟、延伸和扩展人的智能的理论、方法、技术及应用系统的一门新的技术科学。人工智能具有四个主要特点,分别是综合性、广泛性、应用性和可扩展性。人工智能带来的商业变革包括虚拟代理客户交流、自动完成企业经营过程、经营管理决策支持与增强等。人工智能带来的伦理问题包括算法道德、设计伦理、社会伦理等多个方面。人工智能伦理原则包括人的尊严和人权原则、预防伤害原则、公平性原则、可解释性原则、权责一致性原则等。

大数据指无法在一定时间范围内用常规软件工具进行捕捉、管理和处理的数据集合,是需要经过一种新的处理模式才能具有更强的决策力、洞察发现力和流程优化能力的海量、高增长率和多样化的信息资产。大数据的主要基本特征,即数据体量大、数据类型多、价值密度低、处理速度快。当前数字经济正在引领新经济发展和商业变革,数据成为关键生产要素。在大数据价值链中能够为企业提供价值的来源,包括数据本身、数据与分析、技能和数据分析思维三个方面,因此会出现三种不同类型的公司,即基于数据本身的公司、基于数据技术的公司以及基于数据思维的公司。此外,为开展数字经济规模测算,可以将大数据产业分为数字赋能产业、收费的数字中介平台、数据和广告驱动的数字平台、电子零售商、仅提供数字金融和保险服务的企业、其他仅数字化运营的生产商等。无论对于个体还是组织,可以通过以下四个角度考虑大数据伦理问题:身份、隐私、所有权、名誉。大数据伦理问题与非法采集数据、数据滥用、数据安全和数据霸权等形式相关联。数据伦理应当遵循隐私保护、数据主体权利、数据安全、非歧视、反垄断、权责一致等基本原则。

数字医疗是把现代计算机技术、信息技术应用于整个医疗过程的一种新型的现代化医疗方式,是公共医疗的发展方向和管理目标。医疗信息化是指医疗服务的数字化和网络化,也就是说通过计算机科学、现代网络通信技术和数据库技术,为各医疗机构之间以及医疗机构所属各部门之间提供患者信息和管理信息的收集、存储、处理、提取和数据交换,并满足所有授权用户的功能需求。互联网医疗是指借助互联网电子信息平台进行诊疗活动和健康咨询的活动。数字医疗的主要特点包括医疗设备的数字化、医疗设备的网络化、医疗机构管理的信息化、医疗服务的个性化。信息技术在服务于人类健康的同时,也引发了相应的伦理问题,包括知情权、患者隐私保护、数据安全、数据使用权、数据收益权、医患双方信息真实性等。在医疗信息化建设中,应当遵循的伦理原则主要包括尊重自主的原则、科学性和唯一性原则、数据安全原则等。互联网医疗中应当遵循的伦理原则主要包括科学性原则、保密性原则、诚实守信原则等。

关 键 词

人工智能 大数据 数字医疗 数字经济 商业变革 人的尊严和人权原则 预防伤害原则 公平性原则 可解释性原则 权责一致性原则 隐私保护原则 数据主体权利原则 数据安全原则 非歧视原则 反垄断原则 尊重自主的原则 科学性和唯一性原则 数据安全原则 科学性原则 保密性原则 诚实守信原则

练 习 题

一、判断题(对的在括号里打√,错的在括号里打×)

1. 在现实生活中人工智能的技术和产品得到广泛应用,例如邮件过滤、个性化推荐、机器翻译、自动驾驶等。( )
2. 人工智能的商业价值主要体现为客户体验、新增收入和成本降低三个方面。( )
3. 商业伦理在人工智能应用中的缺失,会造成人类社会新的贿赂、胁迫、欺骗、偷窃、歧视等现象的出现。( )

4. 人工智能技术或产品应当遵循的基本伦理原则,包括人的尊严和人权原则、预防伤害原则、公平性原则、可解释性原则、权责一致性原则等。( )

5. 大数据指无法在一定时间范围内用常规软件工具进行捕捉、管理和处理的数据集合,是需要经过一种新的处理模式才能具有更强的决策力、洞察发现力和流程优化能力的海量、高增长率和多样化的信息资产。( )

6. 数据类型多是大数据的基本属性。( )

7. 数字经济环境下,数据是一种新型生产要素,与土地、劳动力、资本、技术等传统要素并列为要素之一。( )

8. 无论对于个体还是组织,可以通过以下三个角度考虑大数据伦理问题:身份、隐私、所有权。( )

9. 如果公司出于经济利益的考虑在没有征得用户同意的情况下,非法采集其信息,就侵犯了用户、消费者和社会公众的利益相关者的数据权利。( )

10. 个人财产信息、个人健康生理信息、个人生物识别信息、个人身份信息等都属于个人敏感信息。( )

11. 出于商业目的的数据处理,只要企业仅将数据用于内部研究分析,就不需要向个人信息主体明确表示个人信息处理的目的、方式、范围、规则等并征求其授权同意。( )

12. 数字经济环境下,垄断产生的根源在于对数据、分析技术和思维等资源的排他性占有,尤其是对数据本身的占有。( )

13. 数字医疗是把现代计算机技术、信息技术应用于整个医疗过程的一种新型的现代化医疗方式,是公共医疗的发展方向和管理目标。( )

14. 数字医疗的主要特点是医疗设备的数字化和医疗机构管理的信息化。( )

15. 互联网医疗中应当遵循的伦理原则主要包括科学性原则、保密性原则、诚实守信原则等。( )

二、思考题

1. 人工智能伦理问题有哪些,应该如何应对?
2. 大数据伦理问题有哪些,应该如何应对?
3. 数字医疗伦理问题有哪些,应该如何应对?

三、案例讨论

智能驾驶面临的道德困境

在不远的将来,随着无人驾驶技术的普及,电车难题下的困境可能会在社会当中每天上演。当我们驾驶一辆无人驾驶汽车行驶在路上,前方突然跑出来了两个孩子,这时有两个选择,一是选择避让行人而司机会死亡,一是选择保证司机的安全而行人会死去,这时我们会怎么选择?又比如更改条件,孩子不是突然跑出,而是因为障碍物的遮挡导致汽车传感器未能提早识别,或是跑出的不是两个孩子而是五个孩子,你会愿意智能汽车牺牲你的生命挽救别人的生命吗?

又或者你的选择不是失去自己的生命,而是可以调整行驶方向冲向对侧车道导致另一侧一个行人死亡,你会愿意智能汽车选择牺牲更少的生命去冲向那位无辜的行人吗?如果这些问题你都有了确切的答案的话,不妨考虑一下另外几种情况,比如说你确切地知道两个车道上的人,他们的性别、种族、年龄、社会背景、经济条件,这会对你的选择产生影响吗?比如突然冲出的是几位刚从银行抢劫逃出的年轻逃犯,而另一侧是一位正常过马路的老人。又比如说突然冲出的是几位年轻男白领,而另一侧是一位遵守交通规则但有犯罪前科又身患重病没有收入的老年人,这些条件会对你的选择产生影响吗?你觉得如果系统能够提前获得这些条件,它们应该被当成关键参数被考虑进决策系统吗?这些都是我们要面对的问题,如果是部分应该部分不应该,那么应该交给谁来决定应不应该呢?

上面所说的极端条件,当我们现在驾驶时也有可能遇到,我们可以以自己大脑本能反应来做出抉择而不用担心遭受非议。但是对于计算机来说,相同的程序,确定的输入有确定的结果,不同的人可以有不同的选择,但一个厂家所生产的汽车里相同的自动驾驶模块可能不得不要对这种情况做出选择,CPU有足够的时间计算出每种选择导致的不同后果的概率和对应的损失,那么谁要扮演这位上帝的角色,决定谁生谁死呢?

下面提出三种可能的解决方案。

1. 交给用户自己

俗话说,顾客就是上帝,商家可以选择将智能模块参数的配置交给顾客来选择,分为"利己"和"利他"两种车型(甚至更多),如果大部分人都选择利己的车型,那对于商家来说也无可非议,毕竟顾客永远都是对的。只是,这种情况下,还会出现若干个问题,当我们作为一名行人正常地走在大街上,希望突然有一辆为了躲避更大损失的汽车朝自己冲来吗?对于司机来说,选择不同的配置所导致的不同后果,自己承担的责任有没有变化呢,比如汽车为了躲避1%导致司机死亡的紧急状况选择冲向100%导致10位行人死亡的路线,司机应该为自己的选择承担额外的刑事民事责任吗?这其中的概率大小对应的权衡,也应该交给用户自己决定吗?

2. 交给政府法律

另一种思路是让政府强制立法说必须以保证司机安全为先,或者以保证行人安全为先。但这会带来另外的问题,我们是不是将道德立法了呢?是不是将本来应该是自由选择的道德绑架到了每个人头上呢?为什么司机不能自己决定自己的生死呢?其中的界定标准应该一刀切地划分吗?

3. 算了,我不选了,随机吧

还有一种思路,就跟我们在抽奖摇签一样,选择最省事最不操心的选择,遇到一个紧急情况,将选择交给随机数,生死有命富贵在天,摇到哪走哪,觉得这样子是让上帝来选择。同样,这是一种最不负责任的选择,等于是将生死看作儿戏,全盘依靠所谓的命运行事。

资料来源:根据网络资料整理。

讨论:

1. 分析上述资料中存在的伦理困境有哪些?
2. 讨论应当如何应对上述智能驾驶技术带来的伦理问题?

第8章 企业社会责任

本章提要

本章介绍企业社会责任的有关内涵、企业社会责任的由来与发展、企业社会责任的倡议与标准、企业社会责任报告编制、企业社会责任的实践等,帮助读者进一步理解企业社会责任的基本要求。

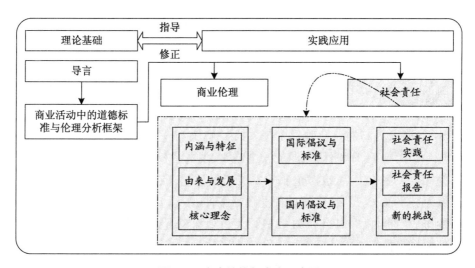

图 8.1 本章结构与内容示意图

引例

金陵饭店社会责任管理理念及实践

金陵饭店将履行社会责任、促进持续发展作为核心理念和价值导向,作为创造核心竞争力、提升民族品牌的重要战略,在长期经营发展活动中,不仅致力于为股东创造价值,也为员工、顾客、供应商及社会公众谋求福祉,并充分尊重和保护环境、支持社区建设、促进社会和谐,在中国酒店行业中发挥表率作用。

股东是保持企业永续发展的根源和动力,保障股东和债权人权益是公司的义务和职责。金陵饭店积极创造经济价值,努力回报股东及投资者。2020年,受到新冠疫情影响,公司酒店主业遭受了巨大冲击。公司在做好疫情防控的同时,坚持深化改革补短板,狠抓"存量盘活、增量带动、创新发展",做强做优主业、加强运营管控、开辟业务空间。公司 2020 年实现营业收入 11.40 亿元,利润总额 1.28 亿元,实现归属母公司所有者的净利润 4 339.91 万元,在全行业极端困难的情况下实现了盈利。截至 2020 年末,金陵连锁酒店达 181 家,遍

193

及全国20省93市,在湖南、河南、青海、西藏等地实现了新突破。公司上市以来,始终坚持积极回报股东的理念,根据《公司章程》有关利润分配政策的条款,制定了股东回报规划和合理的分红机制,让股东分享企业的成长收益和持续回报,没有出现违反利润分配政策的情形。公司自成立至今,已累计向股东派发现金红利35 360万元。

公司将环境保护作为企业可持续发展战略的重要内容,积极落实科学发展观,坚持资源节约型、环境友好型发展,加大环保投入,推进节能减排,切实关注社会生态文明,履行环境保护责任,促进企业长远可持续发展。公司主动承担社会责任,配合提升南京"人文绿都"窗口形象,在寸土寸金的新街口CBD亚太商务楼项目中配套建设16 000平方米的城市中心立体花园,被媒体称为打造南京"绿色心脏"。

资料来源:《金陵饭店2020年度社会责任报告》。

引例介绍了金陵饭店推进社会责任管理的理念和实践。20世纪,被视为"负社会责任"的商业实践活动,采用了不同的形式,包括慈善捐赠、社区服务、提高员工福利等。20世纪20年代的早期倡导者,都是来自大型石油和能源企业、通信企业和汽车制造公司的首席执行官们或者商业领袖。作为管理学研究的一个领域,企业社会责任大概出现于20世纪50年代的美国,例如1951年标准石油公司董事会主席弗兰克·艾布拉姆斯在《哈佛商业评论上》发表的一篇文章中指出,由于商业公司是"人造的社会工具",因此呼吁管理高层应当成为"良好公民",追求更高的专业管理责任,并为"解决当今社会众多复杂问题"做出贡献。自20世纪50年代以来,环境保护、职业安全健康、消费者权益保护等企业社会责任问题逐步发展成为社会关注的焦点,也对企业的发展产生了越来越大的影响。例如,2008年三鹿奶粉的三聚氰胺事件、2011年IBM的商业贿赂案件、2015年德国大众汽车的汽车尾气排放数据造假的排放门事件、2021年1月多多买菜员工深夜下班途中猝死事件等,对于这些知名公司的形象和声誉都造成了重大打击和负面影响。2019年8月包括贝佐斯、库克等在内的181家美国大公司CEO在美国商业组织商业圆桌会议上联合签署了《公司宗旨宣言书》。该宣言书重新定义了公司运营的宗旨,即"股东利益不再是一个公司最重要的目标,公司的首要任务是创造一个更美好的社会"。这些都表明,履行社会责任已经成为影响企业成功的重要因素之一。本章将介绍企业社会责任的内涵、企业社会责任的由来和发展、企业社会责任的标准、企业社会责任报告编制、企业社会责任的实践等,帮助读者进一步理解企业社会责任的基本要求。

8.1 社会责任要义

8.1.1 内涵与特征

1) 内涵

根据《现代汉语词典》,"责任"包含两层含义,一是分内应做的事,二是没有做好分内应做的事,因而应当承担的过失。因此,责任既包含自律也包含他律,兼有道德和法律双重内涵。围绕"责任"衍生出政府责任、社会责任、家庭责任、企业责任、岗位责任等词语,各自对

"责任"的范围、对象、领域做出不同的规定。本节简要概述企业社会责任的内涵,以及企业社会责任的发展历程。

(1) 企业社会责任的内涵

一般认为,企业社会责任是指企业在生产经营过程中,除了合理赚取经济利润以外,要对利益相关方承担相应的经济责任、法律责任、伦理责任和公共慈善责任等,这其中的利益相关方不仅包括股东、顾客、员工,也包括社区、竞争对手、供应商、社会团体、公众以及其他相关群体。

企业社会责任的概念随着学者对企业是否应当承担社会责任的争论和社会对企业的要求而不断演化。霍华德·鲍恩在企业社会责任理论的奠基之作《商人的社会责任》中提出,商业公司应当考虑其商业活动对社会的影响,企业的首要目的是扩大生产,提高效率,提供质优价廉的产品,改善人们的生活质量。企业管理者不仅是股东的受托人,也是员工、供应商、消费者、社区及普通大众的受托人,应当在企业经营的过程中平衡不同利益群体的利益,超越自身和股东的利益,为广泛的社会群体创造福利,从而履行社会责任。企业提供两种产品:一是商业产品和服务,如汽车、服装和食品;二是生产这些产品和服务的条件,例如薪酬福利、工作条件、环境保护、广告销售、财务状况以及社区关系等,也称为社会产品。诺贝尔经济学奖获得者、经济学家米尔顿·弗里德曼认为,企业的一项也是唯一的社会责任是在比赛规则范围内增加利润。为了证实这一点,他们必须承担社会义务以及由此产生的社会成本。国际标准化组织 ISO 在国际社会责任标准 ISO 26000 中提出,企业社会责任是指组织通过透明和道德的行为,对其决策或活动产生的社会和环境影响承担责任。也就是说,企业在生产经营活动中,需要对股东、员工、客户、政府、社区和环境等内外部利益相关方承担责任。也就是说企业应当超越把利润作为唯一目标的理念,在生产过程中关注人的需求,强调对环境、社会的贡献。

(2) 企业社会责任管理的内涵

企业社会责任管理可以从管理的一般属性和自身的独特属性两个方面来理解。企业社会责任管理的一般属性是符合企业管理 PDCA 循环理论,它是一种有目标、有计划、有执行、有评估、有改进,系统性地对企业社会责任实践活动进行管理的过程。企业社会责任的本质属性是企业有效管理其决策和活动所带来的经济、环境和社会影响,是一个提升责任竞争力,最大化地为利益相关方创造经济、环境和社会综合价值的过程,是对企业管理理念、管理目标、管理对象和管理方法等进行重新塑造。

从本质属性来看,企业社会责任管理是不同于现有的各种管理的。比如企业社会责任管理不是质量管理,不是环境管理,不是人力资源管理,不是财务管理,不是战略管理,等等。那它是一种什么样的管理呢?

首先,企业社会责任管理是一种对企业决策和活动所带来的影响的管理,特别是关注这种影响的实质性,这种实质性从根本上来讲是对社会的可持续发展的实质性影响。比如企业的产品质量管理,关注产品的质量、成本、交货期以及客户满意度。这些虽然也是一种实质性影响,但社会责任管理不仅关心这些,更要关注产品从开发到消费的全过程对客户的影响,对其他利益相关方的影响。

其次,企业社会责任管理是提升企业责任竞争力这种新的企业核心竞争力的管理。责任竞争力不仅是学界多年来倡导的履行社会责任的理念,也是社会发展的趋势,是社会进步的更高更新更多的要求,是社会可持续发展的必然。

再次,社会责任管理是企业综合价值创造的管理。例如,就国有企业而言,从2007年国家电网公司将企业社会责任综合价值创造作为国有企业履行社会责任的重要理念,到2016年《关于国有企业更好履行社会责任指导意见》,综合价值创造一直是国有企业社会责任的重要目标。企业可以为股东创造利润和为社会创造经济价值,能减少对环境的负面影响,是环境正面价值的创造者,企业还能通过培养员工、缴纳税收、公益慈善等等行为创造更多社会价值。通过社会责任管理,使企业成为优秀的综合价值创造者。

最后,社会责任管理是适应和引领数字时代的可持续发展方向的管理。因此企业社会责任管理应该是创造一种可持续的商业,来最大限度地促进并贡献于全社会的可持续发展。

2) 特征

企业社会责任管理具有目标多元同等化、对象扩展化、过程多方参与化、过程成果分享化四个主要特征。

第一,管理目标多元同等化。英国学者约翰·埃尔金顿提出"三重底线"理论,认为企业社会责任追求经济、社会、环境的单方面底线之上的目标综合平衡,不仅要考虑经济价值最大化,还应当同时考虑社会和环境价值最大化,最终实现经济、社会、环境综合价值最大化的目标。这就要求企业注重管理目标的多元同等化,即将经济、环境和社会效益目标放到同等地位综合考虑,并在围绕企业发展目标的基础上,积极回应和综合吸纳来自社会的需求、环境的目标等多元利益诉求,服务企业和社会的共同可持续发展。

第二,利益相关方扩展化。一直以来企业只关心价值链上的核心利益相关方,比如股东、客户、供应商、合作伙伴、员工的诉求和利益,现在的企业除了关注核心利益相关方之外,还应当关心与竞争对手、社区、环境的关系。例如,有的企业的社会责任报告中的利益相关方涵盖了政府、客户、员工、股东和其他投资者、社团、社区、媒体、合作伙伴。这种关系处理好了,会带来相关方对企业的情感关系认同、利益关系认同、价值关系认同。以国家电网为例,在全面社会责任管理和实践中,国家电网提出要达到"情感认同、利益认同和价值认同"的工作要求。

第三,过程多方参与化。过程多方参与化是指企业通过不断加强对利益相关方的沟通及其关系管理,创造更多的形式让更多的利益相关方参与到公司的重大决策和企业生产运营的各个环节。例如现在的众筹拍电影、众筹推进企业项目,根据出资额,享受不同内容的权益或服务,将更多的企业纳入社会责任管理过程。企业社会责任管理通过不断加强对利益相关方的沟通及其关系管理,创造更多的形式让更多的利益相关方参与到公司的重大决策和企业生产运营的各个环节,来共同完成企业筹资、生产经营过程。

第四,过程与成果分享化。在这里,"分享"包括过程分享和成果分享两个含义。管理过程成果分享化就是指企业与利益相关方既要在企业运营过程中实现成果过程分享,还要在管理结果上实现均衡共享。例如,众筹电影的拍摄过程和销售成果都与所有投资人分享。还有一些其他的投资人,比如电影角色冠名的人、投资电影制作的人,他们都是等到电影上映、获得票房之后,再给投资人分红,这个就是"成果分享"。一方面,分享能够降低风险,降低企业运营难度。另一方面,分享可以整合资源,降低整体的经济、环境、社会成本,完成资本积累,进而增加聚合力和吸引力,满足多方需求,最终保障企业可持续运营和发展。

8.1.2 由来与发展

链接

  1943年美国洛杉矶市的250万辆汽车每天燃烧掉1 100吨汽油,汽油燃烧后产生的碳氢化合物等在太阳紫外光线照射下引起化学反应,形成浅蓝色烟雾,使该市大多市民患了眼红、头疼病。后来人们称这种污染为光化学烟雾。1955年和1970年洛杉矶又两度发生光化学元素烟雾事件,前者有400多人因五官中毒、呼吸衰竭而死,后者使全市四分之三的人患病。

  光化学烟雾是由于汽车尾气和工业废气排放造成的,一般发生在湿度低、气温在24℃~32℃的夏季晴天的中午或午后。汽车尾气中的碳氢化合物和二氧化氮被排放到大气中后,在强烈阳光紫外线照射下,发生光化学反应,其产物为含剧毒的光化学烟雾。

  资料来源:根据百度百科等网络资料整理。

1) 企业社会责任的由来

  作为一种特殊的组织形态,企业是社会生产高度发展的产物,随着生产力的发展、社会的进步,企业所包含的经济性和社会性也得到了不断的发展与完善。在企业诞生之初,人们发现企业是一种极为高效的创造财富的先进组织形态。随着企业的发展,人们对企业"高效创造财富"的经济本性逐渐有了深刻的认识并充分加以利用,但是随着人们的物质和财富欲望的不断膨胀,企业天然具有的经济本性就会肆无忌惮不加克制地充分表现出来,从而对环境和社会造成长久而巨大的伤害,例如20世纪四五十年代,美国先后发生了严重危害民众健康的洛杉矶光化学污染事件和多诺拉烟雾事件,再如,采矿业是澳大利亚的基础产业,但是澳大利亚因采矿而增加的就业数量和特许使用金所反映出来的收益,对于受到采矿影响的澳大利亚土著社区却没有多大好处,土著居民的健康、教育、寿命、基本服务和居住条件,在全国持续保持最差,远低于全国平均水平。诸多的事例表明,企业天然的经济属性决定了企业始终期望"以最小成本和代价获取最大利润",当社会压力和法律约束缺乏或较弱时,企业的经济属性更多地表现为贪婪、残暴和掠夺。对企业的约束和管制,一方面表现为反映社会期望的道德和法律,另一方面表现为企业应当履行的社会责任。

2) 企业社会责任的发展

  20世纪50年代起,关于企业社会责任的理念,其实是如何在企业中培养公共道德的一种尝试。80年代,企业社会责任的重心慢慢从一种责任("为做好事而做好事")向一种企业战略("为了做得更好而行善")转变。这一期间,企业社会责任运动开始在欧洲部分国家和美国逐渐兴起,主要包括环境、劳工和人权等。社会公众也从单一关心产品质量转向关心包括产品质量、环境、职业健康和劳动保障等在内的多个方面,要求将社会责任与贸易挂钩的呼声也不断加强。迫于日益增大的压力和自身的发展需要,很多欧美跨国公司制定责任守则,或通过环境、职业健康等认证,应对不同利益团体的要求。90年代初期,美国服装制造商李维斯的"血汗工厂"被曝光,引发全球"反血汗工厂运动"。该公司为挽救其公众形象,制定了第一个公司生产守则。随后,许多知名品牌公司相继发布生产守则,形成了"企业生产守则运动"。到2000年,全球共有246个生产守则,其中118个由跨国公司制定,其余都是由商贸协会、多边组织或国际机构制定的"社会约束"的生产守则。

> **链接**
>
> ### 某时尚巨头Z公司再陷"血汗工厂"风波
>
> 继2011年底在巴西卷入"血汗工厂"事件后,欧洲时尚巨头Z公司近日在阿根廷再次陷入"血汗工厂"风波,事件导致该巨头在阿根廷大城市里的旗舰店遭到示威者扎堆抗议。
>
> 据外媒报道,阿根廷当地警方和检察人员突击搜查3家位于布宜诺斯艾利斯地区的非法厂家,这些厂家正是时尚巨头Z公司的合同制造商,这些厂家涉嫌在缝纫车间里隐藏"奴隶劳动"。消息称,这个调查是由一个非政府组织派卧底进行的,卧底人员把工厂内的情况偷偷进行了摄像,并作为线索提供给警方。
>
> 被调查的工厂共有3万名工人,外媒报道称,这些工厂的工作环境十分脏乱,到处堆满材料和电线。裁缝机就摆在床铺旁边,工人们每天7时至23时都要工作,工作时长达16小时,但他们的收入只有一件衣服最终售价的1.7%。这些工厂衣服上的标签显示它们是在帮Z公司代工。
>
> 资料来源:根据2013年4月2日《羊城晚报》《新快报》有关资料编写。

虽然有关企业社会责任的观念很早就已形成并随时间的推移而逐渐丰富起来,但直到20世纪末,企业社会责任才作为一个专有词汇,正式提出并在全球迅速推广开来(陈元桥)。在跨国公司、非政府组织、国际组织和各国政府的协同努力下,以制定和实施各类企业社会责任标准为主要形式的企业社会责任实践在全球迅速推广,企业社会责任概念也随之在世界各国普及开来。

1999年2月,科菲·安南提出了"全球契约"倡议,要求企业维护人权以及正当的劳工和环境标准。1999年11月,《沙利文全球原则》在联合国正式宣布,签署这项原则的公司将就社会责任的实施情况进行年度报告。2000年7月,联合国全球契约组织(UNGC)正式成立,这是联合国首个针对企业的社会责任组织,迄今已有100多个国家的1万多家企业参与。2006年,联合国"负责任投资原则"(UNPRI)正式发布,旨在推进全球投资者开展社会责任投资。截至目前,全球已经有60多个国家的2200多家机构加入UNPRI组织,成员机构管理的资产总规模超过800 000亿美元。2010年,国际标准化组织正式发布了全球首个社会责任标准ISO 26000。在ISO 26000中,企业社会责任概念已扩展到组织的社会责任,这意味着社会责任实践不再只是企业的事情,也是所有组织的事情。ISO 26000不仅为社会责任的概念在国际层面确立了统一的定义,还为社会责任领域确立了统一的原则、主题和实践方法。

2015年联合国大会一致通过了《改变我们的世界——2030年可持续发展议程》,提出了实现全球可持续发展的17个目标169个子目标,其中特别强调了企业在推进全球可持续发展中的重要作用，进一步将企业社会责任与全球可持续发展融合起来。

进入21世纪，中国的企业社会责任也得到了迅速发展。在2004年的《中华人民共和国公司法》第五条就已经明确规定，企业应当"承担社会责任"。2008年国务院国资委发布《关于中央企业履行社会责任》的指导意见，是国家首个企业社会责任的政策文件。随后，银监会、证监会、保监会、工商行政管理总局、上交所、深交所等部委与监管机构也相继出台了企业社会责任的相关政策文件。2015年，国家质量监督检验检疫总局、国家标准化管理委员会发布了《社会责任指南》(GB/T 36000—2015)、《社会责任报告编写指南》(GB/T 36001—2015)和《社会责任绩效分类指引》(GB/T 36002—2015)三项国家标准。党的十八届三中、四中、五中全会都强调加强社会责任。党的十九大报告提出要树立以人民为中心的发展思想，落实创新协调绿色开放，共享五项发展理念，坚持可持续发展战略，实现高质量发展。这些都为企业履行社会责任提出了要求，指明了方向。在《中共中央关于制定国民经济和社会发展第十四个五年规划和二〇三五年远景目标的建议》中提出，到二〇三五年基本实现社会主义现代化，到本世纪中叶把我国建成富强民主文明和谐美丽的社会主义现代化强国。截至2020年，我国已经有2 000多家企业发布了社会责任报告，许多企业建立了社会责任管理的组织架构与制度体系，为企业增强可持续竞争力奠定了基础。

8.1.3 核心理念

综上所述，我们可以看出企业最初履行其社会责任主要是迫于外部社会的压力，当顾客把企业是否履行其社会责任纳入其购买决策考虑的因素时，当企业不履行其社会责任将严重影响企业声誉时，企业不得不投资于企业社会责任，以保持其市场形象和市场地位。但经过若干年的实践，企业发现履行社会责任已经成为企业内在可持续发展的需求，企业与社会"共赢"成为企业社会责任管理的核心理念，具体包括追求经济、社会、环境的综合平衡，取得利益相关方的认同，多方参与和共享成果，实现企业可持续发展目标。

8.2 社会责任倡议与标准

8.2.1 国际的倡议与标准

随着商业实践和社会环境的发展和成熟，企业社会责任的要求和内容越来越具体、越来越全面。因此，建立一系列企业社会责任的规范、标准和管理体系势在必行，有关国际组织提出了一系列企业社会责任的倡议和原则，他们为企业承担和履行社会责任提供了明确的导向和指南。

目前，国外已发布的企业社会责任相关倡议和标准，按照使用用途来划分，主要分为以下三类：第一类是综合性指南，他们主要用于指导组织开展社会责任活动，并提出相关建议或良好做法，以供组织自愿采用。例如 ISO 26000 社会责任指南、联合国全球契约、经合组织的跨国公司社会责任指南等。第二类是专项指南、标准等，例如《可持续发展报告指南》只需要针对可持续性内容的编制。第三类是认证性倡议或工具，例如《SA8000 社会责任标准》、森林管理理事会认证体系等。

综合以上，可以看出企业社会责任有关的倡议或标准具有多样性的特点。其中，ISO 26000 是整个社会责任领域最基础、最通用的社会责任国际标准。有关组织有关企业社会责任的倡议和标准见表 8.1 所示。

链 接

表 8.1 有关组织有关企业社会责任的倡议和标准

序号	内容	组织名称
一	政府间倡议	
1	OECD 企业治理原则	经济合作与发展组织
2	跨国公司社会责任指南	经济合作与发展组织
3	气候中和商业网络	联合国环境规划署
4	生命周期倡议	联合国环境规划署
5	联合国全球契约	联合国全球契约组织
6	联合国伙伴关系评估工具	联合国开发计划署 联合国培训与研究所
7	成为负责任企业家的计划	联合国工业发展组织
二	多利益相关方倡议	
1	公司的人权原则	大赦国际
2	商业社会符合倡议	商业社会符合倡议组织
3	价值管理体系	商业道德中心
4	CERES 原则	环境责任经济联盟(CERES)
5	企业社会责任框架和杰出典范	欧洲质量管理基金会
6	欧洲商业伦理网络(EBEN)	道德贸易倡议组织
7	可持续性报告指南	全球报告倡议组织
8	SA8000 社会责任标准	社会责任国际(SAI)
9	多样化工具	透明国际(TI)
10	2030 年可持续发展议程	联合国
三	单利益相关方倡议	
1	考克斯圆桌商业原则	考克斯圆桌会议
2	全球商业宪章	国际消费者协会
3	Ethos 企业社会责任指标	社会风气研究所
4	人权影响评估指南	国际商业领导人论坛
5	反贿赂商业原则	反腐败伙伴倡议组织

1) SA8000 社会责任标准

(1) 背景

社会责任标准"SA8000",是 Social Accountability 8000 International standard 的英文简称,是由美国的社会责任国际(SAI)发起并联合欧美部分跨国公司和其他一些国际组织共同制定的社会责任标准,总部设在美国。其宗旨是确保供应商所供应的产品,皆符合社会责任标准的要求。SA8000 标准适用于世界各地任何行业不同规模的公司。其依据与 ISO 9000 质量管理体系及 ISO 14000 环境管理体系一样,皆为一套可被第三方认证机构审核的国际标准。

(2) 主要内容

SA8000 的宗旨是"赋予市场经济以人道主义",通过有道德的订单采购活动,改善全球工人的工作条件,最终确保工人的工作公平而体面。该标准适用于世界各地任何行业不同规模的公司,同时也适用于公共机构。

SA8000 作为社会责任方面的一个认证体系,明确了社会责任规范,提出了相应的管理体系要求。SA8000 标准主要内容包括童工、强迫性劳工、健康与安全组织、工会的自由与集体谈判的权利、歧视、惩罚性措施、工作时间、工资、管理体系等 9 个方面。该标准不仅可以减少国外客户对供应商的第三方审核,节省费用,使得企业运作更大程度符合当地法规要求,建立国际公信力,而且能够使消费者对产品建立正面情感,使合作伙伴对本企业建立长期信心。因此,该标准颁布后,很快在国际社会获得了广泛的关注和支持。

在经济全球化的今天,企业不能单纯依靠工人的低工资来降低成本,不能再通过损害工人的权益来追求利润。SA8000 标准通过市场的力量促使企业确定全新的价值观,切实尊重和保护人权,体现"以人为本"的发展理念。要获得 SA8000 认证,制造商和供应商必须支付 SA8000 认证费用,并经过完整的 SA8000 社会责任管理体系认证过程。

2)《OECD 公司治理原则》

(1) 背景

经济合作与发展组织,简称经合组织(OECD)。《OECD 公司治理原则》最初起源于对 1998 年 4 月 27 日至 28 日召开的 OECD 部长级理事会的一项提议的反应。1998 年 4 月,OECD 召开部长级会议,呼吁各国政府、有关国际组织及私人部门,共同制定一套公司治理的标准和指导方针。该原则在 1999 年获得批准后,就成为 OECD 成员国和非成员国公司治理行动的基础。《OECD 公司治理原则》自 1999 年问世以来,先后于 2004 年和 2015 年进行了两次修订。

(2) 主要内容

《OECD 公司治理原则》目的在于帮助 OECD 成员国和非成员国政府评估和提升本国公司治理的法律、制度和监管框架,为股票交易所、投资者、公司和其他在推进良好公司治理过程中发挥作用的机构提供指引和建议。一般来说,该原则针对公开上市交易的公司,但同时,它也可以适用于非上市公司,例如私营企业和国有企业,成为他们改善公司治理的有效工具。

《OECD 公司治理原则》主要包括 5 个方面的内容,分别是保护股东的利益、对股东的平等待遇、利益相关方在公司治理中的作用、信息披露和透明度、董事会的责任。

> 链接

《OECD公司治理原则》第二次修订的主要情况

为了吸取金融危机的经验教训,使原则成为更有效的指导性工具,经合组织理事会于2013年底授权公司治理委员会主持《OECD公司治理原则》(简称《原则》)修订工作,并邀请二十国集团成员国代表和OECD组织成员国一道参与对《原则》的修订。中国证监会和国资委以及中国社会科学院的官员、学者也受邀参与了《原则》的第二次修订。这次修订是在更广泛国家参与和综合各方意见的基础上达成的结果。由Marcello Bianchi先生担任主席的经合组织公司治理委员会利用线上线下等多种形式征求公众及国际组织、行业协会、工会、投资者联盟、中介机构、私人企业、学者等对《原则》修订的意见和建议。相关国际组织——尤其是巴塞尔委员会、金融稳定委员会和世界银行集团的专家积极参与了此次修订工作。经合组织的官方顾问机构——工商顾问委员会(BIAC)和工会顾问委员会(TUAC)也为此次修订做出了重要贡献。二十国集团/经合组织公司治理论坛及二十国集团部长级会议对《原则》草案进行了多次讨论。经合组织理事会于2015年7月8日通过了《原则》。随后,《原则》被提交至于2015年11月15日至16日在土耳其安塔利亚召开的二十国集团领导人峰会,并获审议通过,被采纳为《二十国集团/经合组织公司治理原则》。

第二次修订吸收了2008年国际金融危机中暴露的公司治理教训,继承了既有原则,反映了经济竞争环境的变化及对公司治理的需求,旨在拾遗补阙,降低实施原则的成本。新版《原则》,即《二十国集团/经合组织公司治理原则》坚持了灵活性和与时俱进的特色,并配备了可有效执行的政策工具,有助于各国政府和监管部门交流公司治理的经验和进展,推动各国各地区公司治理持续改善,使公司治理成为支持各国经济可持续发展、维护金融稳定的有效工具。

中国是《二十国集团/经合组织公司治理原则》修订的参与者和签署国之一,《原则》对我国的公司治理框架具有直接的指导作用,它将对我国公司治理规则和政策的制定和修改提出更高的要求。①

中国是G20的重要成员国,中国如何实施新《原则》也是当前需要重点关注的问题。中国的上市公司有一些不同于欧美公司的特征,大部分公司股权集中度较高,很多公司还是"一股独大",这既有国有上市公司的一股独大,也有家族企业的一股独大,保护中小股东的利益是我们面临的重要问题。而国有上市公司既面临"一股独大"下的大股东干预,又面临内部人控制的双重问题,还有激励机制的不健全等都是具有特殊性的方面。国际通行原则中的股东平等原则、鼓励股东积极参与公司治理、强化董事会监督职能、优化激励机制等均是中国上市公司治理中需要继续完善的方面。同时,中国资本市场"新兴+转轨"的特征还很显著,市场效率不高、价格发现机制不够健全、市场上内幕交易、欺诈和操纵等还较为严重,提高资本市场运行质量、完善资本市场监管,不仅是资本市场本身的任务,也是促进上

---

① 鲁桐.《G20/OECD公司治理原则(2016)》评述[J]. 投资研究,2017(12).

市公司治理水平的完善和推动经济长期健康发展的重要内容。①

资料来源:根据有关文献整理。

3) 联合国全球契约

(1) 背景

时任联合国秘书长科菲·安南在1995年召开的世界社会发展首脑会议上,提出"全球契约(Global Compact)"的设想,并于1999年1月31日在达沃斯世界经济论坛年会上提出"全球契约"计划。科菲·安南向全世界企业领袖呼吁,遵守有共同价值的标准,实施一整套必要的社会规则,即"全球契约"。2000年7月26日联合国总部正式成立"联合国全球契约组织",推进全球化朝积极的方向发展,号召全球企业遵守国际公认的价值观和原则——全球契约十项原则,"为全球市场带来人性化的面孔"。

联合国全球契约组织是世界上最大的推进企业社会责任和可持续发展的国际组织,拥有来自170个国家的约10 000家企业会员和3 000多家其他利益相关方会员。这些会员承诺履行以联合国公约为基础的、涵盖人权、劳工标准、环境和反腐败领域的全球契约十项原则并每年报告进展。联合国全球契约组织隶属于联合国秘书处。

联合国全球契约组织致力于在全球范围内动员可持续发展的企业和利益相关方,创造一个我们想要的世界。联合国全球契约组织为企业提供一个基于原则的框架,通过发掘最佳实践案例、整合资源和举办战略活动,帮助企业实现变革,负责任地开展业务并遵守对社会的承诺。通过推进行动、建立伙伴关系和促进合作,联合国全球契约组织使世界的可持续转型成为可能。

中国政府于2007年正式成为联合国全球契约组织的捐款国政府,给予了联合国全球契约组织宝贵的政治和运营支持。截至目前,全球契约已在世界各地建立了100多个地区网络,全球契约中国网络于2011年11月正式成立,秘书处设于中国企业联合会内。

联合国全球契约组织拥有联合国大会的正式支持和认可,同时得到了其他多边政府合作机制的支持。2018年12月,联合国大会通过决议"建立全球合作伙伴关系:以基于原则的办法加强联合国与所有相关伙伴的合作",重新确认了联合国给予联合国全球契约组织的授权。除其他规定事项外,这项决议重点强调:"联合国全球契约组织在提高联合国与私营部门战略合作能力方面继续发挥至关重要的作用,在联合国系统内和全球企业界提倡联合国的价值观和负责任的企业做法。"

(2) 主要内容

创立之初,联合国全球契约十项原则仅包含人权、劳工标准和环境三个方面的9项原则。2004年6月24日,在第一届联合国全球契约领导人峰会期间,时任联合国秘书长科菲·安南宣布源于2003年生效的《联合国反腐败公约》的反腐败原则正式成为全球契约的第10项原则。目前,全球契约主要涉及四个社会责任核心主题或议题,分别是人权、劳工、环境和反腐败(表8.2)。

---

① 清华大学国家金融研究院上市公司研究中心.完善公司治理促进股票市场健康发展:对《G20/OECD公司治理原则(2015)》主要修改的解读[J].清华金融评论,2017(1).

表 8.2 全球契约十项原则

人权	原则 1：企业应该尊重和维护国际公认的各项人权 原则 2：企业决不参与任何漠视与践踏人权的行为
劳工	原则 3：企业应该维护结社自由，承认劳资集体谈判的权利 原则 4：企业应该消除各种形式的强迫性劳动 原则 5：企业应该支持消灭童工制 原则 6：企业应该杜绝任何在用工与职业方面的歧视行为
环境	原则 7：企业应对环境挑战未雨绸缪 原则 8：企业应该主动增加对环保所承担的责任 原则 9：企业应该鼓励开发和推广环境友好型技术
反腐败	原则 10：企业应反对各种形式的贪污，包括敲诈勒索和行贿受贿

4) ISO 26000 社会责任指南

(1) 背景

在 20 世纪末，全球范围内企业社会责任运动蓬勃发展，一方面各类社会责任标准、倡议不断涌现，让企业应接不暇；另一方面，相互迥异的社会责任概念、定义等，也使得企业甚至国际组织无所适从，因此社会各界认识到有必要制定全球统一的社会责任国际标准。

国际标准化组织(International Standard Organization，ISO)从 2001 年开始着手进行社会责任国际标准的可行性研究和论证。2004 年 6 月最终决定开发适用于包括政府在内的所有社会组织的"社会责任"国际标准化组织指南标准，由 54 个国家和 24 个国际组织参与制定，编号为 ISO 26000，是在 ISO 9000 和 ISO 14000 之后制定的最新标准体系，这是 ISO 的新领域，为此 ISO 成立了社会责任工作组(WGSR)负责标准的起草工作。2010 年 11 月 1 日，国际标准化组织(ISO)在瑞士日内瓦国际会议中心举办了社会责任指南标准(ISO 26000)的发布仪式，该标准正式出台。

(2) 主要内容

ISO 26000 主要为组织就社会责任的相关术语及定义、相关原则和基本实践、核心主题和议题，以及将社会责任融入组织的实践等提供技术指导。该标准旨在促进社会责任领域的共识，并帮助组织为可持续发展做出贡献，鼓励组织在遵守法律基础上有更大作为。

ISO 26000 的主要内容包括：与社会责任有关的术语和定义、与社会责任有关的背景情况、与社会责任有关的原则和实践、社会责任核心主题和议题、社会责任的履行、处理利益相关方问题、社会责任相关信息的沟通。

表 8.3 ISO 26000 核心主题对应的议题表

序号	核心主题	主要议题
1	组织治理	决策程序和结构
2	人权	尽责审查；人权风险状况；避免同谋；处理申述；歧视和弱势群体；公民权利和政治权利；工作中的基本原则和权利
3	劳工实践	就业和雇佣关系；工作条件和社会保护；社会对话；工作中的健康与安全；工作场所中人的发展与培训

(续表)

序号	核心主题	主要议题
4	环境	防止污染;资源可持续利用;减缓并适应气候变化;环境保护、生物多样性和自然栖息地恢复
5	公平运行实践	反腐败;负责任的政治参与;公平竞争;在价值链中促进社会责任;尊重产权
6	消费者问题	公平营销、真实公正的信息和公平的合同实践;保护消费者健康与安全;可持续消费;消费者服务、支持和投诉及争议处理;消费者信息保护与隐私;基本服务获取;教育和意识
7	社区参与和发展	社区参与;教育和文化;就业创造和技能开发;技术开发与获取;财富与收入创造;健康;社会投资

ISO 26000 对每一项主要议题会进行分解说明,制定相应的标准原文,以帮助使用者理解。例如,关于消费者教育,主要是指专门针对消费者所开展的各类教育活动,目的在于向消费者传播知识,培育其正确的消费观念,提高其相关技能和素质,引导其正确做出消费决策并理性消费,在充分享有法定权利并免于遭受欺骗、不公平对待、伤害和损害等的同时,主动积极地担负起自身的社会责任,对于弱势的城乡消费者,包括低收入和文化水平低的消费者而言,尤其需要得到教育。

链接

ISO 26000 的原则和特点

一、主要原则

ISO 26000 的主要原则包括五项,一是强调遵守法律法规,强调组织应当愿意并完全遵守该组织及其活动所应遵守的所有法律和法规,尊重国际公认的法律文件;二是强调对利益相关方的关注;三是高度关注透明度;四是对可持续发展的关注;五是强调对人权和多样性的关注。

二、特点

一是用社会责任(SR)代替企业社会责任(CSR),统一概念。社会责任的定义是整个 ISO 26000 中最为重要的定语,而 ISO 用 SR 代替 CSR,就使得以往只针对企业的指南扩展到适用于所有类型的组织。ISO 把 CSR 推广到 SR,使得指南的适用范围大为扩展,其重要性有了显著性的提升,这个变化是整个社会责任运动的里程碑,也是 ISO 自身的里程碑,因为这是 ISO 第一次突破技术和管理领域,涉足社会领域标准的制定。

二是适用于所有类型的组织。正因为指南用 SR 代替了 CSR,从而使得 ISO 26000 适用于所有类型的组织,包括公有的、私有的,发达国家的、发展中国家的和转型国家的各种组织,但是不包含履行国家职能、行使立法、执行和司法权力,为实现公共利益而制定公共政策,或代表国家履行国际义务的政府组织。

三是不是管理标准,不用于第三方认证。ISO 26000 的总则中强调,ISO 26000 只是社会责任"指南",不是管理体系,不能用于第三方认证,不能作为规定和合同而使用,从而和质量管理体系标准(ISO 9001)以及环境管理体系标准(ISO 14000)显著不同。任何提供认证或者声明取得认证都是对 ISO 26000 意图和目的的误读。因为 ISO 26000 并不"要求"组织做什么,所以任何认证都不能表明遵守了这一标准。

四是提供了社会责任融入组织的可操作性建议和工具。指南的一个重要章节探讨社会责任融入组织的方法,并给出了具体的可操作性建议,指南的附录一中也给出了自愿性的倡议和社会责任工具,从而使组织的社会责任意愿转变为行动。指南致力于促进组织的可持续发展,使组织意识到守法是任何组织的基本职责和社会责任的核心部分,但是鼓励组织超越遵守法律的基本义务。指南促进了社会责任领域的共识,同时补充其他社会责任相关的工具和先例,而并非取代以前的成果。

五是众多的利益相关方的广泛参与和独特的开发流程。社会责任指南制定的 5 年中,有来自 99 个国家的 400 多位专家参与开发,和市场有关的利益相关方被分成六组:政府、产业界、消费者、劳工(工会)、非政府组织和科技、服务等(SSRO),这六个小组分别组成六个工作组,各组内部形成自己的意见,并在彼此之间相互讨论,最终达成统一意见。由此看来,广泛的利益相关方参与确保了指南的合理性和权威性,是指南最终高票通过的关键。同时,ISO 26000 具有独特的开发流程,ISO 在技术管理局下直接设立社会责任工作组(ISO/WGSR),平衡发展中国家和发达国家的关系,工作组成员在区域和性别上保持平衡,各成员国按照利益相关工作组推荐专家,并在国内组成对口的委员会,同时,建立基金支持发展中国家的参与。这种流程确保了利益相关方的平衡,从而对最终达成国家层面和利益相关方层面的两层共识起到了重要作用。

六是发展中国家的广泛参与。在工作组的成员分配上,发展中国家和发达国家具有同等地位,工作组的主席由发展中国家和发达国家的专家共同担任,同时,在参与开发的 99 个国家中,有 69 个是发展中国家。由此可见,发展中国家确实广泛参与了 ISO 26000 的制定过程。

七是和多个组织建立合作关系,推广了社会责任相关的实践。ISO 和联合国的国际劳工组织(ILO)、联合国全球契约办公室(UNGCO)、经济合作与发展组织(OECD)都签署了谅解备忘录,同时和全球报告倡议组织(GRI)、社会责任国际(SAI)等组织建立了广泛而深入的联系,确保这些组织能参与到指南的开发过程中,从而使得指南不是替换,而是补充和发展了国际上存在的原则和先例。

八是明确差异性原则。ISO 26000 总则中指出,应用指南时,明智的组织应该考虑社会、环境、法律、文化、政治及组织的多样性,同时在和国际规范保持一致的前提下,考虑不同经济环境的差异性。

差异性也是我国在 ISO 26000 开发过程中极力主张的一个原则,因为每个国家的情况有所不同,同一组织在不同国家和地区面临的环境也不相同,所以确保应用指南时充分考虑国家地区环境的差异性,是非常重要的原则。

资料来源:根据百度百科等网络资料整理。

总体而言,ISO 26000 是国际标准化组织在广泛联合了包括联合国相关机构、GRI 等在内的国际相关权威机构的前提下,充分发挥各会员国的技术和经验优势制定开发的一个内容体系全面的国际社会责任标准。它兼顾了发达国家与发展中国家的实际情况与需要,并广泛听取和吸纳各国专家意见与建议。

需要说明的是,由于 ISO 26000 的技术内容涉及政治、经济、文化、法律、伦理和环境等多方面,ISO 26000 的形成也是一个利益博弈的过程。例如,在经济全球化的世界,发展中国家更多处于发达国家跨国公司全球供应链的末端,而发达国家将高污染、高危险、高耗能的生产环节转移到发展中国家,使得社会责任同时随之转移。在全球分工中,发达国家在享受高额利润的同时仅承担少量的社会责任,而发展中国家在获取微薄利润的同时需要承担更多的社会责任。为此,发展中国家在 ISO 26000 的制定过程当中,强烈要求发达国家跨国公司承担更多的社会责任,但是遭到了发达国家的强烈反对。

5)《改变我们的世界——2030 年可持续发展议程》

(1) 背景

2015 年 9 月,"联合国可持续发展峰会"在联合国总部召开。会议开幕当天通过了一份由 193 个会员国共同达成的成果文件,即《改变我们的世界——2030 年可持续发展议程》。该纲领性文件包括 17 项可持续发展目标和 169 项具体目标,将推动世界在今后 15 年内实现 3 个史无前例的非凡创举——消除极端贫穷、战胜不平等和不公正以及遏制气候变化。该议程呼吁各国采取行动,为今后 15 年实现 17 项可持续发展目标而努力。

《改变我们的世界——2030 年可持续发展议程》于 2016 年 1 月生效,关注领域包括减贫、民主治理、维护和平、应对气候变化、灾害管理和减少经济不平等,将指导未来 15 年联合国开发计划署的政策制定和资金使用。联合国开发计划署鼓励并支持各国将可持续发展目标纳入国家发展规划和政策制定中,并号召各国政府、私营企业、民间组织以及所有人共同努力,确保我们能为子孙后代保留一个更美好的家园。

实现可持续发展目标要求各国坚持合作与务实的态度,以一种可持续的方式来提高我们以及后代的生活水平。它们为所有国家提供了明确的指导方针和目标,将本国的发展重点与全世界面临的环境挑战结合起来。可持续发展目标具有包容性。它们致力于从根本上解决贫困问题,并让我们团结起来为人类发展和地球保护做出贡献。联合国开发计划署原署长海伦·克拉克说:"支持 2030 年可持续发展议程是联合国开发计划署的首要任务,可持续发展目标为我们提供了一个共同的方案和议程来解决当今世界面临的严峻挑战,例如贫困、气候变化和冲突。联合国开发计划署在推动发展和支持各国落实可持续发展方面具有丰富经验和专业知识。"

联合国原秘书长潘基文指出:"这 17 项可持续发展目标是人类的共同愿景,也是世界各国领导人与各国人民之间达成的社会契约。它们既是一份造福人类和地球的行动清单,也是谋求取得成功的一幅蓝图。"

(2) 主要内容

《改变我们的世界——2030 年可持续发展议程》范围广泛且雄心勃勃,涉及可持续发展的三个层面:社会、经济和环境,以及与和平、正义和高效机构相关的重要方面。该议程还确认调动执行手段,包括财政资源、技术开发和转让以及能力建设、伙伴关系等。2030 年可持续发展议程的 17 个目标见表 8.4 所示。

表 8.4　2030 年可持续发展议程的 17 个目标

目标 1	在全世界消除一切形式的贫困
目标 2	消除饥饿,实现粮食安全,改善营养状况和促进可持续农业
目标 3	确保健康的生活方式,促进各年龄段人群的福祉
目标 4	确保包容和公平的优质教育,让全民终身享有学习机会
目标 5	实现性别平等,增强所有妇女和女童的权能
目标 6	为所有人提供水和环境卫生并对其进行可持续管理
目标 7	确保人人获得负担得起的、可靠和可持续的现代能源
目标 8	促进持久、包容和可持续的经济增长,促进充分的生产性就业和人人获得体面工作
目标 9	建造具备抵御灾害能力的基础设施,促进具有包容性的可持续工业化,推动创新
目标 10	减少国家内部和国家之间的不平等
目标 11	建设包容、安全、有抵御灾害能力和可持续的城市和人类住区
目标 12	采用可持续的消费和生产模式
目标 13	采取紧急行动应对气候变化及其影响
目标 14	保护、可持续利用海洋和海洋资源以促进可持续发展
目标 15	保护、恢复和促进可持续利用陆地生态系统,可持续管理森林,防治荒漠化,制止和扭转土地退化,遏制生物多样性的丧失
目标 16	创建和平、包容的社会以促进可持续发展,让所有人都能诉诸司法,在各级建立有效、负责和包容的机构
目标 17	加强执行手段,重振可持续发展全球伙伴关系

中国高度重视落实《改变我们的世界——2030 年可持续发展议程》,率先发布落实 2030 年议程的国别方案及进展报告,将落实工作同《国民经济和社会发展第十三个五年规划》等中长期发展战略有机结合,统筹推进"五位一体"总体布局,秉持创新、协调、绿色、开放、共享发展理念,着力推进高质量发展,加快推进 2030 年议程国内落实,在多个可持续发展目标上已经实现"早期收获"。

链 接

消除绝对贫困——中国的实践

消除贫困是人类面临的共同挑战。2015 年联合国大会通过《改变我们的世界——2030 年可持续发展议程》,将"在全世界消除一切形式的贫困"列为首要可持续发展目标,提出"2030 年在全球所有人口中消除极端贫困",为全球减贫发展事业指明方向。当前新冠肺炎疫情全球蔓延,为 2030 年议程落实带来前所未有的挑战。全球预计将有 7 000 万至 1 亿人因疫情陷入极端贫困,吞噬近 3 年最贫穷国家减贫成果。在此背景下,中国愿与国际社会一道,坚定信心,秉持人类命运共同体理念,深化国际减贫合作,共同推动全球减贫事业取得新进展,实现减贫可持续发展目标。

中国高度重视减贫工作。改革开放40多年来,中国7亿多人摆脱贫困,对世界减贫贡献率超过70%,书写了人类历史上"最成功的脱贫故事"。中国坚持以人民为中心的发展思想,明确了到2020年现行标准下农村贫困人口实现脱贫、贫困县全部摘帽、解决区域性整体贫困的目标任务。目前,中国已基本消除区域性整体贫困,贫困人口从2012年底的9 899万人减至2019年底的551万人,贫困发生率由10.2%降至0.6%,连续7年每年减贫1 000万人以上。到今年5月底,全国832个贫困县中已有780个宣布摘帽。2013年至2019年,832个贫困县农民人均可支配收入由6 079元增加到11 567元,年均增长9.7%,比同期全国农民人均可支配收入增幅高2.2个百分点。全国贫困户人均纯收入由2015年的2 927元增加到2019年的9 057元,年均增幅32.6%。

面对突如其来的新冠肺炎疫情挑战,习近平主席的话掷地有声:"到2020年现行标准下的农村贫困人口全部脱贫,是党中央向全国人民做出的郑重承诺,必须如期实现,没有任何退路和弹性。"今年脱贫攻坚任务完成后,中国将提前10年实现首项可持续发展目标,极大提振国际社会实现减贫发展的信心和意志,为世界减贫事业和2030年议程全球落实注入强大动力。

资料来源:根据中国外交部网站"2030年可持续发展议程"有关内容整理。

除此以外,还有大量的行业倡议,例如农业领域有咖啡共同体管理准则(4C)协会的行为准则、国际可可倡议组织的《国际可可倡议》、雨林联盟的《可持续农业网络标准》,服饰行业有清洁成衣运动(CCC)《基本准则》、公平服装基金会(FWF)《劳工实践准则》,化学行业有化学协会国际理事会(ICCA)的《责任关怀》,建筑行业有联合国环境规划署(UNEP)的《可持续建筑和气候倡议》,渔业领域有海洋管理理事会的《可持续渔业实践的认证和生态标签倡议》,林业领域有森林管理理事会(FSC)的认证体系,金融领域有《负责人的投资原则》《经济、社会和治理(ESG)报告指南以及将ESG融入财务分析的指南》等。

8.2.2 国内的倡议与标准

1) 社会责任国家标准

中国的社会责任标准是引领企业社会责任报告发展的重要工具。为有效指导中国企业编写规范的社会责任报告,中国社科院企业社会责任研究中心于2009年12月和2011年3月先后发布了《中国企业社会责任报告编写指南》(CASS-CSR 1.0)和《中国企业社会责任报告编写指南》(CASS-CSR 2.0)(简称《报告编写指南》)。《报告编写指南》积极借鉴国际通行标准和国外先进企业的最佳实践,立足我国经济社会发展阶段和企业实践,充分考虑我国当前的社会议题,提出了我国企业社会责任报告的编制原则、逻辑架构和指标体系。《报告编写指南》的发布对促进和规范我国企业社会责任报告编写发挥了积极作用,2013年,参考《报告编写指南》编写社会责任报告的企业数量上升到了195家。《报告编写指南》的发布受到企业的广泛认可和应用,在国内外产生了重要的影响。

随着国内外企业社会责任发展不断深入,企业社会责任报告领域也发生了深刻的变革,ISO 26000、GRI-G4等国际标准的出台对报告内容提出了新要求;而企业对社会责任报告理解的深入及相关方对责任信息沟通有效性的期望,也促使企业对报告编写从关注文本形式转向"以报告促管理"。为适应新时期新形势的要求,进一步增强《报告编写指南》的国际性、行业性和工具性,中国社科院企业社会责任研究中心于2014年发布了《中国企业社会责任报告编写指南》(CASS-CSR 3.0),提出了"企业社会责任报告全生命周期的管理模式",为我国企业社会责任报告编写和管理提供了新的视域。在"共建共享"的理念指导下,经过两次升级,《报告编写指南》不断与时俱进,完成了从"基本可用"到"基本好用"的转变。2016年,参考《报告编写指南》(CASS-CSR 3.0)社会责任报告的企业达到320家,为中国企业参考数量最多的本土标准。

党的十九大开启了我国特色社会主义新时代。为适应新形势、新要求,进一步提升《报告编写指南》的适用性和解释力,推动我国企业社会责任报告在更大程度、更广维度发挥价值,2017年11月,中国社科院企业社会责任研究中心发布了《中国企业社会责任报告指南》(CASS-CSR 4.0),"指南"4.0在继承了"指南"1.0～3.0优秀成果的基础上,吸纳了最新的社会责任政策、标准、倡议和广大社会责任领域同仁的思想智慧,致力于推动社会责任报告的价值管理。

2) 行业性倡议与标准

我国除了社会责任国家标准以外,还有行业性质的标准倡议,例如《中国纺织服装企业社会责任管理体系总则及细则》《中国工业企业社会责任管理指南(2015)》《中国银行业金融机构企业社会责任指引》《关于加强银行业金融机构社会责任的意见》《中国有色金属工业企业社会责任指南》《中国对外承包工程行业社会责任指引》《中国皮革行业社会责任指南》《直销企业履行社会责任指引》《关于中央企业履行社会责任的指导意见》等。

8.3 社会责任实践、报告与新挑战

8.3.1 社会责任实践

企业社会责任总体上可以分为两个层次——理念标准和行为实践。理念标准层面,企业社会责任本身是一种可持续发展观,意味着企业行为必须能够最大限度地增进社会福利;在行为实践层面,企业社会责任要求企业必须落实对社会负责任的思想理念,以透明和道德的方式有效管理自身决策和活动对社会、利益相关方、自然环境的影响。

企业社会责任实践既包括企业自身的社会责任管理行为,也包括政府、行业协会、专业机构等外部机构,推动更多企业履行社会责任的举措与行动。近年来,我国各行各业的企业在国内外的经营活动中,日益注重将社会责任理念融入企业的战略与业务活动,取得了很好的成效。

企业社会责任专业机构是推进企业社会责任实践的重要力量,既包括社会责任国际组织,如联合国全球契约组织、全球报告倡议组织,也包括国内研究机构,如中国企业管理研究会企业社会责任与可持续发展专业委员会、中国工业经济联合会中国工业企业社会责任研究智库、清华大学绿色经济与可持续发展研究中心等。这些专业机构在企业社会责任理论研究、政策支持、能力培训等方面做了大量工作,为深入推动中国企业履行社会责任发挥

了重要作用,包括《中国企业公众透明度研究报告》《中国上市公司社会责任管理成熟度研究报告》《中国上市公司 ESG 研究报告》等中国社会科学院社会责任管理蓝皮书系列,《"一带一路"可持续发展评价研究报告》等学术研究成果,也包括与联合国儿童基金会、联合国贸易和发展会议等联合国机构开展的家庭友好型商业、银行业 ESG 与高质量发展研究等国际合作项目。

8.3.2 社会责任报告

1) 报告结构

报告的结构关系到整个报告的质量,在撰写时必须认真考虑。一般来说,企业的社会责任报告包括报告前言(P 系列)、责任管理(G 系列)、市场绩效(M 系列)、社会绩效(S 系列)、环境绩效(E 系列)、报告后记(A 系列)等 6 个部分。

2) 报告的内容

一般来讲,在整个社会责任报告中,总论和责任管理方面的内容是基础部分,内容较为固定。绩效描述部分应该是报告中最广泛的部分,在许多企业的社会责任报告中,占到一半以上篇幅,并且与企业的生产经营活动联系较为紧密。社会责任报告指标体系见表 8.5 所示。

表 8.5 社会责任报告指标体系

报告结构	具体指标
报告前言(P 系列)	报告规范(P1)、高管致辞(P2)、责任模型(P3)、企业简介(P4)、关键绩效表(P5)
责任管理(G 系列)	责任战略 G1)、责任治理(G2)、责任融合(G3)、责任绩效(G4)、责任沟通(G5)、责任能力(G6)
市场绩效(M 系列)	股东责任(M1)、客户责任(M2)、伙伴责任(M3)
社会绩效(S 系列)	政府责任(S1)、员工责任(S2)、安全生产(S3)、社区责任(S4)
环境绩效(E 系列)	绿色经营(E1)、绿色工厂(E2)、绿色产品(E3)、绿色生态(E4)
报告后记(A 系列)	未来计划(A1)、报告评价(A2)、参考索引(A3)、意见反馈(A4)

> **链接**
>
> **福耀玻璃工业集团股份有限公司社会责任报告(部分)**
>
> 福耀集团主营业务是为各种交通运输工具提供安全玻璃全解决方案。福耀集团已成为全球规模最大的汽车玻璃专业供应商,产品得到全球顶级汽车制造企业及主要汽车厂商的认证和选用。
>
> 以"发展自我,兼善天下"为社会责任理念的福耀集团,自成立起就从"为中国人做一片

属于自己的玻璃"的愿景出发,以"打造全球最具竞争力的汽车玻璃专业供应商"为奋斗目标,秉承勤劳、朴实、学习、创新的企业核心价值观,坚持走独立自主、应用研发、开放包容的战略路线,从只有几间平房的小厂起步,成长为汽车玻璃行业内中国第一、世界领先的知名民族品牌企业。

在此过程中,福耀集团始终以打造全球客户的忠实伙伴、全球行业的行为典范、全球员工的最佳雇主、全球公众的信赖品牌为目标。通过自身的开拓与发展,以实际行动回报社会,关爱自然,保护环境;积极投身公益事业,积极主动履行社会责任,实现了公司的经济效益与社会效益相统一、公司的发展和社会的发展相和谐。

作为福耀集团创始人、董事长,曹德旺先生坚持"义利相济"的中国商道文化,一方面积极建言献策,推动国家竞争力的提升,一方面身体力行地投身社会公益事业。

截至目前,福耀集团和董事长曹德旺先生累计捐赠约120亿元,范围涉及救灾、扶贫、助困、教育、文化等各方面。曹德旺先生认为:"慈善是社会的第三种分配方式,其终极目的是为了推动社会的和谐发展。"他在担任第十二届全国政协委员期间,为国家综合竞争力的提升,在湿地保护、粮食安全、税收制度、小微企业生存等问题上积极建言献策,受到了党和国家以及全社会的广泛关注和高度好评,为中国更好更快的发展毫无保留地贡献了自己的力量。

继两获"中国首善"称号、六获"中华慈善奖"后,2019年10月,曹德旺先生又荣获国务院扶贫开发领导小组颁发的"全国脱贫攻坚奉献奖",旨在表彰他在打赢脱贫攻坚战中做出的突出贡献。

资料来源:《福耀玻璃工业集团股份有限公司2019年度社会责任报告》。

3) 报告全生命周期管理

社会责任报告全生命周期管理是指企业在社会责任报告编写和使用的全过程中对报告进行全方位的价值管理,充分发挥报告在利益相关方沟通、公司社会责任绩效监控的作用,将报告作为提升公司社会责任管理水平的有效工具。社会责任报告全生命周期管理一般涉及组织、参与、界定、启动、撰写、发布和反馈7个过程要素。其中,组织是指建立社会责任报告编写的组织体系并监控报告编写过程,参与是指利益相关方参与报告编写全过程,界定是指确定报告的边界和实质性议题,启动是指召开社会责任报告编写培训会暨启动会,撰写是指搜集素材并撰写报告内容,发布是指确定发布形式和报告使用方式,反馈是指总结报告编写过程,向利益相关方进行反馈,并向企业内部部门进行反馈。

4) 编制企业社会责任报告的常见问题

目前企业在编制企业社会责任报告时,容易出现以下两类问题。

一是认识上的问题。有的是对社会责任概念的认识出现偏差,包括公司对社会责任的涵盖范围认识不足,例如将社会责任等同于社会捐赠,"企业办福利"。有的是未能合理界定社会责任报告的主题和时间范围,例如将员工的捐赠、大股东的社会公益活动视为公司的社会责任活动。还有的是将社会责任报告视为公司宣传的工具,将公司所有的产品获奖、社会赞誉、政府表彰等各种荣誉在报告中一一罗列。

二是内容上的问题。有的是内容不完整,例如有的报告对股东、员工、环境、社区、客户等信息描述不完整,只展示积极的正面的信息,对负面信息避而不谈;或者对问题轻描淡写,未提出改进措施;有的是报告内容缺乏真实性,例如有的社会责任报告隐瞒超标排污的事实;有的报告内容空洞,缺乏具体的数据、事实支撑。

8.3.3 社会责任实践的新挑战

21世纪以来,新一轮工业革命下的新兴技术如移动互联网、物联网、大数据、区块链、云计算与人工智能等加速应用,互联网平台被大量嵌入到产品、项目、企业和市场运行中,平台企业成为驱动平台经济、共享经济以及新经济发展的新型链接系统。平台企业不同于传统企业的一个根本特征在于,平台企业基于自身搭建的互联网平台界面有效链接市场中的供给侧与需求侧,实现传统企业未曾实现的同边网络效应和跨边网络效应。对于基于互联网的具有开放性、双边性特征的互联网平台企业,在其引领新经济变革的过程中,出现了一系列平台企业社会责任缺失现象与异化行为。

> **链接**
>
> **国家网信办指导属地网信办依法约谈处置10家网络直播平台**
>
> 近期,国家网信办会同相关部门对国内31家主要网络直播平台的内容生态进行全面巡查,着力把网络直播专项整治和规范管理工作引向深入。经查,有10家网络直播平台存在传播低俗庸俗内容等问题,未能有效履行企业主体责任。国家网信办指导属地网信办依法依规约谈上述平台企业,视违规情节对相关平台分别采取停止主要频道内容更新、暂停新用户注册、限期整改、责成平台处理相关责任人等处置措施,并将部分违规网络主播纳入跨平台禁播黑名单。
>
> 国家网信办有关负责人表示,结合群众举报及核查情况表明,国内31家主要网络直播平台普遍存在内容生态不良现象,不同程度地存在内容低俗庸俗问题。其中,秀场类直播乱象频发,一些女主播衣着暴露,一些男主播言行粗俗恶俗、低俗热舞、恶搞、谩骂等现象屡禁不绝;聊天类直播内容无营养无价值,甚至传播不良价值观;留言互动、弹幕和用户账号注册疏于管理,违法违规信息层出不穷。一些平台企业经营态度不端正,自身利益至上,有的借助免费"网课"推广"网游",有的利用色情低俗内容诱导用户点击浏览并充值打赏,有的利用"抽奖""竞猜""返利"等方式涉嫌组织网络赌博。诸多直播乱象严重背离社会主义核心价值观,危害青少年健康成长,败坏社会风气,社会各界呼吁要严加整治。
>
> 有关负责人强调,此次对31家网络直播平台全面巡查,旨在督促主要平台切实履行主体责任和社会责任,守牢法律底线、道德底线和安全底线,自觉完善平台规则,优化系统功能,改进算法推荐,强化主播管理,最大限度压缩低俗不良信息生存空间,不断提升直播内容质量,为广大网民提供更多更好的文化产品和服务,推动网络直播行业健康有序发展。
>
> 资料来源:http://www.cac.gov.cn/2020-06/23/c_1594459834502044.htm

平台型企业在成长过程中,由于用户规模扩大尤其是卖方用户规模扩张,引起平台社会责任属性下的"质量"压力,其采取的不同排序治理方式(质量排序、竞价式排序、信用与声誉排序、综合排序等），导致对消费者用户的满意度以及对平台内厂商用户的产品质量产生不同影响。其中，基于竞价排名式的治理方式，尽管直接有助于平台型企业个体获取高额利润，但是在社会责任治理效果上劣于质量优先排序，结果会导致平台内厂商整体性的产品质量下滑，如"魏则西事件"，使得平台型企业基于竞价排名式的内部治理方式严重降低了平台型企业个体的社会价值创造效应，导致平台型企业偏离平台公共场域中的社会责任治理角色，由此产生道德风险、破坏消费者福利，产生价值共毁。

> **链接**

谷歌的搜索广告

美国联邦法律要求保险公司承担药物滥用的治疗费用。对于这类情况，一名病人就可以向保险索赔数十万美元。因此，相关医疗机构在网上拼命争夺这样的病人，而谷歌提供了重要的武器。知名治疗中心使用这一系统，骗子也是如此。去年12月，佛罗里达州棕榈滩县的大陪审团调查了药物成瘾行业的一起欺诈案件。他们发现，操纵谷歌搜索广告是犯罪分子常用的手段，被用于吸引病人接受存在问题，甚至危险的治疗。佛罗里达州有约1500家有资质的治疗机构。6个月后，佛罗里达州通过 HB 807 法律，规范成瘾治疗机构滥用在线营销的行为，并对呼叫中心进行监管。棕榈滩县首席检察官戴夫·阿隆伯格（Dave Aronberg）表示："排在搜索结果最上方的并不一定是最受欢迎、治疗最成功的机构，而是向谷歌付钱最多的机构。"

资料来源：https://tech.qq.com/a/20170927/037251.htm（陈桦编译）

平台企业层出不穷的社会责任缺失与异化问题加速了学界与业界对平台企业社会责任问题的反思，引发一系列有待进一步深入研究的话题，即相较于传统企业，平台企业社会责任到底是什么？平台企业社会责任缺失与异化问题为何层出不穷？平台企业社会责任应该如何有效治理？需要企业、学界和监管部门一起研究和探讨解决之道。

本章小结

企业社会责任是指企业在生产经营过程中，除了合理赚取经济利润以外，要对利益相关方承担相应的经济责任、法律责任、伦理责任和公共慈善责任等，这其中的利益相关方不仅包括股东、顾客、员工，也包括社区、竞争对手、供应商、社会团体、公众以及其他相关群体。

SA8000 社会责任标准、《OECD 公司治理原则》、联合国全球契约、ISO 26000 社会责任指南、《改变我们的世界——2030 年可持续发展议程》等一系列的企业社会责任倡议和标准为企业履行社会责任提供了框架和指引，引导企业等组织积极履行社会责任。

中国的社会责任标准是引领企业社会责任报告发展的重要工具。为有效指导中国企业编写规范的社会责任报告，中国社科院企业社会责任研究中心于 2009 年、2011 年先后发布了《中国企业社会责任报告编写指南》（CASS-CSR 1.0）和《中国企业社会责任报告编写指南》（CASS-CSR 2.0）。2014 年发布了《中国企业社会责任报告编写指南》

(CASS-CSR 3.0)。我国除了有社会责任国家标准以外,还有行业性质的标准倡议,引导企业积极履行社会责任。

企业社会责任实践既包括企业自身的社会责任管理行为,也包括政府、行业协会、专业机构等外部机构,推动更多企业履行社会责任的举措与行动。

企业社会责任报告指的是企业将其履行社会责任的理念、战略、方式方法,其经营活动对经济、环境、社会等领域造成的直接和间接影响,取得的成绩或不足等信息,进行系统的梳理和总结,并向利益相关者进行披露的方式。企业社会责任报告是企业非财务信息披露的重要载体,是企业与利益相关方沟通的重要桥梁。企业应当按照规范编制企业社会责任报告。

技术进步使互联网平台被大量嵌入到产品、项目、企业和市场运行中,平台企业成为驱动平台经济、共享经济以及新经济发展的新型链接系统。互联网平台企业,在其引领新经济变革的过程中,出现了一系列平台企业社会责任缺失现象与异化行为。

关 键 词

企业社会责任　利益相关者　SA8000 社会责任标准　《OECD 公司治理原则》　联合国全球契约　ISO 26000 社会责任指南　《改变我们的世界——2030 年可持续发展议程》　企业社会责任报告　社会责任报告全生命周期管理　社区　环境保护　可持续发展

练 习 题

一、判断题(对的在括号里打√,错的在括号里打×)

1. 企业社会责任是指企业在追求自身基本经济目标的同时,对于利益相关方承担义务。
（　　）
2. 企业承担社会责任可以视为是遵守商业伦理的必然结果。（　　）
3. 2019 年美国商业组织商业圆桌会议上联合签署了《公司宗旨宣言书》。该宣言书重新定义了公司运营的宗旨,即"股东利益不再是一个公司最重要的目标,公司的首要任务是创造一个更美好的社会"。意味着股东利益不再重要。（　　）
4. 全球契约主要涉及三个社会责任核心议题,分别是人权、劳工、环境。（　　）
5. 国际标准化组织 ISO 主张,企业社会责任是指组织通过透明和道德的行为,对其决策或活动产生的社会和环境影响承担责任。（　　）
6. 中国高度重视落实《改变我们的世界——2030 年可持续发展议程》,率先发布落实 2030 年议程的国别方案及进展报告,将落实工作同《国民经济和社会发展第十三个五年规划》等中长期发展战略有机结合,统筹推进"五位一体"总体布局,秉持创新、协调、绿色、开放、共享发展理念,着力推进高质量发展,加快推进 2030 年议程国内落实,在多个可持续发展目标上已经实现"早期收获"。（　　）
7. 社会责任报告全生命周期管理是指企业在社会责任报告编写和使用的全过程中对报告进行全方位的价值管理,充分发挥报告在利益相关方沟通、公司社会责任绩效监控的作

用,将报告作为提升公司社会责任管理水平的有效工具。（   ）
8. 我国除了社会责任国家标准以外,还有行业性质的标准倡议,例如《中国纺织服装企业社会责任管理体系总则及细则》。（   ）
9. 企业的社会责任实践就是积极参与慈善捐赠。（   ）
10. 企业履行社会责任应当不计代价。（   ）
11. 企业社会责任管理的核心理念是企业与利益相关方"共赢"。（   ）
12. 企业的社会责任核心议题都是一样的。（   ）

二、思考题

1. 企业社会责任包含哪些内容？
2. 企业社会责任的核心议题有哪些？
3. 一般企业社会责任报告包含哪些内容？

三、案例讨论

案例1：

中国落实2030年可持续发展议程进展报告(2019)(部分)

精准扶贫成效显著。大力实施精准扶贫精准脱贫基本方略,做到扶持对象精准、项目安排精准、资金使用精准、措施到户精准、因村派人精准、脱贫成效精准"六个精准"。2015年底至2018年底,农村贫困人口从5 575万人减少至1 660万人,贫困发生率从5.7%下降到1.7%,贫困地区农村居民人均可支配收入从7 653元增长到10 371元。扶持对象逐步精准化,人民生活得到进一步改善。

宏观经济平稳运行。2018年国内生产总值达90.03万亿元,同比增长6.6%。城镇新增就业1 361万人,调查失业率稳定在5%左右的较低水平。大力实施创新发展战略。2018年,全社会研发支出达到国内生产总值的2.18%,重大科研创新成果不断涌现。经济结构不断优化,新兴产业蓬勃发展,传统产业加快转型升级,全国基础设施网络全面提升,可持续发展议程创新示范区建设持续推进。

社会事业全面进步。健康领域可持续发展目标稳步推进。2015年至2018年,孕产妇死亡率从20.1/10万下降到18.3/10万,婴儿死亡率从8.1‰降至6.1‰。教育发展总体水平进入世界中上行列,教育普及率已达中高收入国家平均水平。性别平等发展的环境持续改善,女性参与决策和管理比例不断提高。公共法律服务体系建设进一步完善,法治政府建设成效显著。反腐败斗争取得压倒性胜利。

生态环境持续改善。中国政府全面贯彻绿色发展理念,推进低碳产业发展,强化应对气候变化国内行动。2018年,单位国内生产总值能耗、二氧化碳排放同比分别下降3.1%、4.0%。全面推进大气污染治理,2018年全国338个地级及以上城市平均优良天数比例为79.3%,同比上升1.3个百分点。执行最严格水资源管理制度,全国水环境持续改善。农业绿色发展持续推进,重大生态保护和修复工程进展顺利,森林覆盖率和森林蓄积量持续提高。

国际发展合作有效推进。中国坚定维护多边主义,维护以联合国为核心的国际体系,积极推动构建开放型世界经济,构建新型国际关系。深度参与国际发展合作。积极推进共建"一带一路"国际合作。截至2019年7月底,中国政府共与136个国家和30个国际组织签署195份合作文件,为有关国家落实2030年议程做出重要贡献。积极推进南南合作,利用中国—联合国和平与发展基金、南南合作援助基金等平台并通过双边渠道,为其他发展中国家实现可持续发展目标提供力所能及的帮助。

为及时梳理和评估2030年议程落实工作,并为各国落实提供有益借鉴,在2017年发布第一份《中国落实2030年可持续发展议程进展报告》基础上,特编纂发布《中国落实2030年可持续发展议程进展报告(2019)》,全面回顾2015年9月特别是自第一份报告发布以来,中国全面落实2030年议程取得的进展,对下步工作提出规划和目标,并分享中国落实2030年议程经典案例,希望为加速全球落实进程提供有益借鉴。

落实2030年议程是一项长期系统工程。在下一步工作中,中国将继续秉持新发展理念,全面推进2030年议程国内落实,继续推动国家发展朝着更高质量、更有效率、更加公平、更可持续的方向前进。同时,作为最大发展中国家,中国也将承担应尽的国际责任,在南南合作框架下积极参与国际发展合作,为全球落实2030年议程做出更大贡献,共同推动构建人类命运共同体。

资料来源:http://switzerlandemb.fmprc.gov.cn/web/ziliao_674904/zt_674979/dnzt_674981/qtzt/2030kcxfzyc_686343/

讨论:
1. 查找一份可持续发展议程进展报告,讨论一份进展报告应当包括哪些内容?
2. 讨论企业的社会责任管理应当怎样与扶贫攻坚等国家重大政策的落实相结合?

案例2:
社会责任理念在投资领域的应用表现为ESG投资理念的兴起。ESG投资简称"责任投资",包括环境(Environment)、社会(Society)、公司治理(Governance)三个方面。

ESG要求企业在发展中注重环境保护、履行社会责任、完善公司治理。这些信息不会体现在公司财务上,可是却关乎企业的可持续发展。越来越多的研究表明,ESG数据良好的企业抗风险能力更强,更倾向于有长期稳定的发展,所以ESG也逐渐成为投资机构参考的指标。

ESG评估的指标主要包括降低污染、节能绿色等环境指标,员工管理、供应链管理、客户管理、公益捐赠等社会指标,以及商业道德、信息披露等公司治理相关指标。

> **链接**
>
> ### 亚马逊的ESG争议和整治
>
> 互联网巨头都深耕科技,极具突破性与创新力,其商业模式颠覆了传统,也模糊了行业边界。边界模糊化往往造成行业的内涵及外延不明确,也引发重新界定的必要性。然而,在新界定未能明朗化以前,必定带给模糊地带事务更多的争辩空间,而这情况也发生在ESG(环境、社会及公司治理)的责任归属。
>
> 亚马逊于1994年由贝佐斯创办,以网络书店起家,其后逐渐多元化,涉足百货、消费电

子产品、流媒体、网络服务、物流、生鲜、超市等行业,目前是全球最大的线上百货和网络服务公司。

亚马逊的 ESG 争议

亚马逊曾发生过不少 ESG 争议,其中最广为人知的包括但不限于以下几个议题。

在环境影响方面,亚马逊一直不肯披露其碳排量,直到 2019 年才在社会舆情下不得不披露。2018 年它的碳排量为 4 400 万吨,比微软、谷歌和脸书都高,但 2019 年又增加了 15%,升高到 5 100 万吨。依据专家估算,以亚马逊的能源使用密度,倘使其能源政策不见改变,则未来它将走在摄氏 4 度的轨道上,与巴黎协定的摄氏 2 度目标背道而驰。

在剩余食物处理方面,当全食超市被发现将大量剩余生鲜抛弃后,机构投资人对亚马逊的剩余食物管理制度展开调查,结果发现公司竟未做披露。这和行业精英的一般做法形成鲜明对比;沃尔玛及克罗格超市都对剩余食物制定了降低浪费的目标,更建立了量化披露标准,并针对目标定期发布进度报告。例如,沃尔玛和食物银行等慈善组织合作,推出济贫的社会项目,又把剩余食物用作堆肥、转化为动物饲料,并通过厌氧消化流程而开发为生质能源。

在劳工议题方面,亚马逊送货中心的问题曾多次被《华尔街日报》《时代》及《大西洋月刊》等媒体披露。特别是,发货中心的员工数高达三四十万,素有血汗工厂之称,员工工时长、压力大,不仅被要求压缩如厕时间,还受到侵扰性监控系统的看管。过去亚马逊员工的工资仅略高于贫穷生活线,而工资低、环境差造成员工不满,德国、波兰、意大利等国都曾发生多起罢工事件,甚至针对工资和工作环境提起集体诉讼。

亚马逊的 ESG 整治

首先,亚马逊针对最严重的短板——E 维度下的气候行动予以强化,承诺将做出符合联合国可持续发展目标、巴黎协定等国际重要公约的行动。譬如,亚马逊承诺 2040 年达到企业整体净零排碳、2030 年达到半数运货净零排碳、2025 年达到 100% 绿电等。在此,它采取了一些具体的推进措施,包括购置了 10 万辆电力车以降低运输的碳排量,启动了 1 亿美元的气候基金以推动造林项目和气候解决方案,更投资了 20 亿美元的气候宣示基金以开发去碳化技术与服务。

电商行业的环境痛点之一,是包装材料的降低、重复使用及循环利用。针对包装材料,亚马逊除了鼓励制造商使用 100% 的可再生包装外,更和厂商共同启动了可持续包装推动方案,利用机器学习来发掘尺寸最合适的包装箱,通过电脑辅助工程来设计包装箱,以达到用更少材料却又能保护客户货品的功能。

针对 S 维度下的短板,亚马逊亦进行整改,包括强化工作场所的安全性、提高员工权益、降低男女工资落差、提高员工参与、落实供应链标准等。特别是,对于长期被人诟病的工资问题,亚马逊于 2019 年把美国员工的最低工资提高到每小时 15 美元,达到法定最低工资的两倍。对于曾被喻为血汗工厂的工作环境,亚马逊和机构投资者共同启动了问题发掘和改善流程,包括现场访查、工厂经理对话、意外事故追踪、绩效指标设计等。在供应链方面,亚马逊加强了与全球供应商在 ESG 标准方面的沟通,并协助它们建立良好的工作环境。

此外，亚马逊首度公布了供应商名单及其评估标准和具体流程，以提高供应链的透明性。

资料来源：根据邱慈观《由亚马逊经验看电商ESG责任》(http://opinion.caixin.com/2020-12-21/101641469.html)改写。

讨论：

1. 亚马逊在环境(Environment)、社会(Society)、公司治理(Governance)方面的社会责任实践存在什么样的问题？

2. 你认为亚马逊的ESG整治效果如何？

参考文献

一、图书

[1] 李秀林,王于,等. 辩证唯物主义与历史唯物主义原理[M]. 北京:中国人民大学出版社,2004.
[2] 罗国杰. 中国伦理思想史[M]. 北京:中国人民大学出版社,2008.
[3] 朱贻庭. 中国传统伦理思想史[M]. 上海:华东师范大学出版社,2009.
[4] 万俊人. 现代西方伦理学史[M]. 北京:中国人民大学出版社,2011.
[5] 宋希仁. 西方伦理思想史[M]. 2版. 北京:中国人民大学出版社,2010.
[6] 何怀宏. 伦理学是什么[M]. 北京:北京大学出版社,2008.
[7] 王正平. 应用伦理学[M]. 上海:上海人民出版社,2013.
[8] 朱贻庭. 伦理学大辞典[M]. 上海:上海辞书出版社,2002.
[9] 《伦理学》编写组. 伦理学[M]. 北京:高等教育出版社,2012.
[10] 亚当·斯密. 国富论[M]. 唐日松,等译. 北京:华夏出版社,2005.
[11] 亚当·斯密. 道德情操论[M]. 蒋自强,等译. 北京:商务印书馆,1998.
[12] 丹尼尔·雷恩. 管理思想的演变[M]. 孙耀君,等译. 北京:中国社会科学出版社,1997.
[13] 阿玛蒂亚·森. 伦理学与经济学[M]. 王宇,等译. 北京:商务印书馆,2018.
[14] 道格拉斯·诺斯. 理解经济变迁过程[M]. 钟正生,邢华,等译. 北京:中国人民大学出版社,2008.
[15] 王海明. 经济伦理学新探[M]. 北京:中央编译出版社,2002.
[16] 于惊涛,肖贵蓉. 商业伦理:理论与案例[M]. 2版. 北京:清华大学出版社,2016.
[17] 陈汉文,韩洪灵. 商业伦理与会计职业道德[M]. 北京:中国人民大学出版社,2020.
[18] 刘爱军,钟尉,等. 商业伦理学[M]. 北京:机械工业出版社,2016.
[19] 曼纽尔·贝拉斯克斯. 商业伦理:概念与案例[M]. 刘刚,张泠然,程熙镕,译. 8版. 北京:中国人民大学出版社,2020.
[20] 费雷尔,琳达·费雷尔,约翰·弗雷德里希. 企业伦理学:伦理决策与案例[M]. 张兴福,张振洋,等译. 8版. 北京:中国人民大学出版社,2012.
[21] 叶陈刚. 商业伦理与企业责任[M]. 北京:高等教育出版社,2016.
[22] 杨杜. 企业伦理[M]. 北京:中国人民大学出版社,2019.
[23] 徐飞. 战略管理[M]. 4版. 北京:中国人民大学出版社,2020.
[24] 蓝海林,等. 企业战略管理[M]. 2版. 北京:中国人民大学出版社,2020.
[25] 托马斯·彼得斯,罗伯特·沃特曼. 追求卓越[M]. 北京天下风经济文化研究所,译. 北京:中央编译出版社,2001.
[26] 廖泉文. 人力资源管理[M]. 上海:同济大学出版社,1991.
[27] 刘昕. 人力资源管理[M]. 3版. 北京:中国人民大学出版社,2020.
[28] 加里·德斯勒. 工商管理经典译丛:人力资源管理[M]. 刘昕,译. 14版. 北京:中国人民大学出版社,2017.
[29] 戴维-尤里奇,贝克尔,等. 人力资源计分卡[M]. 郑晓明,译. 北京:机械工业出版社,2003.

[30] 纪雯雯. 数字经济下的新就业与劳动关系变化[M]. 北京:社会科学文献出版社,2019.

[31] 易开刚. 营销伦理学[M]. 杭州:浙江工商大学出版社,2010.

[32] 王永贵. 市场营销[M]. 北京:中国人民大学出版社,2019.

[33] 郭国庆. 市场营销学通论[M]. 北京:中国人民大学出版社,2020.

[34] 阳翼. 大数据营销[M]. 北京:中国人民大学出版社,2017.

[35] 荆新,王化成,刘俊彦. 财务管理学[M]. 8版. 北京:中国人民大学出版社,2018.

[36] 刘玉平,马海涛,李小荣. 财务管理学[M]. 5版. 北京:中国人民大学出版社,2019.

[37] 荆新,宋建波. 会计学[M]. 北京:中国人民大学出版社,2020.

[38] 周华. 会计学基础[M]. 北京:中国人民大学出版社,2020.

[39] 冯巧根. 管理会计[M]. 4版. 北京:中国人民大学出版社,2020.

[40] 北京大学国家机器人标准化总体组. 中国机器人伦理标准前瞻:2019[M]. 北京:北京大学出版社,2019.

[41] 中国信息化百人会课题组. 数字经济:迈向从量变到质变的新阶段[M]. 北京:电子工业出版社,2018.

[42] 陈炳祥. 人工智能改变世界:工业4.0时代的商业引擎[M]. 北京:人民邮电出版社,2017.

[43] 维克托·迈尔-舍恩伯格,肯尼思·库克耶. 大数据时代:生活、工作与思维的大变革[M]. 盛杨燕,等译. 杭州:浙江人民出版社,2013.

[44] 科德·戴维斯,道格·帕特森. 大数据伦理:平衡风险与创新[M]. 赵亮,王健,译. 沈阳:东北大学出版社,2016.

[45] 安德烈斯·奥本海默. 改变未来的机器:人工智能时代的生存之道[M]. 徐延才,等译. 北京:机械工业出版社,2020.

[46] 戴维·埃文斯,理查德·施马兰奇. 连接:多边平台经济学[M]. 张昕,译. 北京:中信出版社,2018.

[47] 尼克. 人工智能简史[M]. 北京:人民邮电出版社,2018.

[48] 郭锐. 人工智能的伦理和治理[M]. 北京:法律出版社,2020.

[49] 李伦. 数据伦理与算法伦理[M]. 北京:科学出版社,2019.

[50] 王学川. 科技伦理价值冲突及其化解[M]. 杭州:浙江大学出版社,2017.

[51] 凌耀伦,熊甫. 卢作孚文集[M]. 增订版. 北京:北京大学出版社,2021.

[52] 尼尔·波斯曼. 技术垄断:文化向技术投降[M]. 何道宽,译. 北京:中信出版社,2019.

[53] 维恩·维瑟,德克·马特恩. 企业社会责任手册[M]. 钟宏武,等译. 北京:经济管理出版社,2014.

[54] 肖红军. 企业社会责任议题管理:理论构建与实践探索[M]. 北京:经济管理出版社,2017.

[55] 成中英. 文化、伦理与管理[M]. 贵阳:贵州人民出版社,1991.

[56] 万达集团企业文化中心. 万达工作法[M]. 北京:中信出版社,2015.

[57] 陈元桥. 社会责任系列国家标准理解与实施[M]. 北京:中国质检出版社,2016.

二、期刊

[1] Hamilton V L. Intuitive psychologist or intuitive lawyer? Alternative models of the attribution process [J]. Journal of Personality and Social Psychology,1980,39(5):767-772.

[2] LeBlanc M M, Kelloway E K. Predictors and outcomes of workplace violence and aggression[J]. The Journal of Applied Psychology,2002,87(3):444-453.

[3] Camara W J, Schneider D L. Integrity tests:Facts and unresolved issues[J]. American Psychologist,1994,49(2):112-119.

[4] MSNBC. Dishonesty in American:Lying, Cheating, and Stealing[EB/OL]. [1996-05-19]. http://www.msnbc.com/.

[5] 王学川.试论社会主义核心价值观的民族特性[J].理论与现代化,2016(1):85-88.

[6] 史永展,沈建.商业伦理与企业的社会责任:历史考察与比较分析[J].山西青年管理干部学院学报,2008,21(1):77-79.

[7] 陆晓禾.世纪之交的我国经济伦理学:回顾与展望[J].毛泽东邓小平理论研究,1999(5):71-77.

[8] 杨兴月,高凯丽.商业伦理教育融入高校经管类人才培养的思考[J].商业经济,2020(12):74-76.

[9] 陆晓禾.论经济伦理学的研究框架和学科特征[J].上海社会科学院学术季刊,1998(4):89-97.

[10] 曼纽尔·韦拉斯贝斯,张霄.商业伦理学中的道德推理:观念、理论与方法[J].江海学刊,2018(2):44-51.

[11] 赵薇.论我国企业的商业伦理建设[J].南京大学学报（哲学·人文科学·社会科学）,2003,39(3):34-37.

[12] 柴文华,李迪.中国传统道德的发展历程和现实生命力:兼论社会主义核心价值观与中国优秀传统道德的关系[J].学术交流,2014(8):24-29.

[13] 李存超,王兴元.宗教文化视角下东西方商业伦理观差异比较及启示[J].商业经济与管理,2013(11):54-60.

[14] 伍志燕.社会主义市场经济视域中的义利观及邓小平的义利统一思想[J].宁夏党校学报,2011,13(6):68-71.

[15] 李军,张运毅.基于儒商文化视角构建新时代商业伦理探析[J].东岳论丛,2018,39(12):178-184.

[16] 王延平.基于晋商商业伦理的现代企业管理伦理体系构建[J].商业经济研究,2015(23):84-86.

[17] 伍华佳.儒家伦理与中国商业伦理的重构[J].社会科学,2012(3):50-57.

[18] 魏文川.基于战略导向的企业伦理行为研究[J].商业时代,2010(8):71-72.

[19] 陈文军.论企业战略管理中的伦理决策[J].北京工商大学学报(社会科学版),2011,26(3):99-104.

[20] 曾志伟.企业战略管理中的伦理思考[J].中国集体经济,2009(34):42-43.

[21] 关艺,张晓东.论王夫之的义利统一观及其当代价值[J].船山学刊,2017(3):20-23.

[22] 郑磊,于梦晓,张乐凡.大数据下的商业伦理:电商不诚信行为分析[J].东北财经大学学报,2020(3):90-97.

[23] 徐耀庆.潘序伦与立信会计品牌[J].会计之友,2014(16):124-125.

[24] 杨兴月.基于平衡计分卡的绩效评价指标体系的构建[J].商业会计,2011(32):45-46.

[25] 黄世忠,黄京菁.财务报表舞弊行为特征及预警信号综述[J].财会通讯,2004(23):4-9.

[26] 王棣华.财务管理伦理学的基本问题[J].财政监督,2004(3):35-36.

[27] 易显飞.当代新兴人类增强技术的伦理风险及其治理[J].中国科技论坛,2019(1):7-9.

[28] 李伦,孙保学.给人工智能一颗"良芯(良心)":人工智能伦理研究的四个维度[J].教学与研究,2018(8):72-79.

[29] 李伦,黄关.数据主义与人本主义数据伦理[J].伦理学研究,2019(2):102-107.

[30] 张贵红.价值敏感设计与大数据伦理[J].伦理学研究,2019(2):114-119.

[31] 朴毅,叶斌,徐飞.从算法分析看人工智能的价值非中立性及其应对[J].科技管理研究,2020,40(24):245-251.

[32] 董军,程昊.大数据技术的伦理风险及其控制:基于国内大数据伦理问题研究的分析[J].自然辩证法研究,2017,33(11):80-85.

[33] 王仕勇.算法推荐新闻的技术创新与伦理困境:一个综述[J].重庆社会科学,2019(9):123-132.

[34] 孙保学.自动驾驶汽车事故的道德算法由谁来决定[J].伦理学研究,2018(2):97-101.

[35] 高学强.人工智能时代的算法裁判及其规制[J].陕西师范大学学报(哲学社会科学版),2019,48(3):

161-168.

[36] 丁波涛.疫情防控中的大数据应用伦理问题研究[J].情报理论与实践,2021,44(3):53-58.

[37] 刘星,王晓敏.医疗大数据建设中的伦理问题[J].伦理学研究,2015(6):119-122.

[38] 郭春彦,赵琼姝,刘锦钰,等.儿童药物临床试验不良事件的伦理审查[J].中国医学伦理学,2019,32(10):1257-1260.

[39] 达龙·阿西莫格鲁,帕斯卡尔·雷斯特雷珀.错误的人工智能?人工智能与未来的劳动力需求[J].劳动经济与劳动关系,2019(10):3-9.

[40] 王博,尹梅.伦理视域下医疗信息化问题研究[J].中国医学伦理学,2017,30(6):723-728.

[41] 朱永明,李佳佳,姜红丙.企业社会责任研究述评与展望:基于市场营销领域[J].财会月刊,2020(10):94-101.

[42] 马苓,陈昕,赵曙明.企业社会责任在组织行为与人力资源管理领域的研究述评与展望[J].外国经济与管理,2018,40(6):59-72.

[43] 徐尚昆,杨汝岱.企业社会责任概念范畴的归纳性分析[J].中国工业经济,2007(5):71-79.

[44] 蒋洁.人工智能开发企业社会责任及其法律规制[J].湖湘论坛,2019,32(2):28-36.

[45] 肖红军,阳镇.中国企业社会责任40年:历史演进、逻辑演化与未来展望[J].经济学家,2018(11):22-31.

[46] 陆旸,戚啸艳.江苏A股上市公司社会责任报告研究[J].商业会计,2014(22):3-6.

[47] 戚啸艳,袁冬旻.江苏企业社会责任发展现状研究[J].东南大学学报(哲学社会科学版).2016,18(4):87-94.

[48] 高晓雨.二十国集团峰会及其数字经济议题探析[J].中国信息化,2020(7):5-8.

[49] 鲁桐.《G20/OECD公司治理原则(2016)》评述[J].投资研究,2017,36(12):145-152.

[50] 清华大学国家金融研究院上市公司研究中心.完善公司治理促进股票市场健康发展:对《G20/OECD公司治理原则(2015)》主要修改的解读[J].清华金融评论,2017(1):26-31.

三、标准、规范、报告

[1] 全国信息安全标准化技术委员会.信息安全技术 个人信息安全规范:GB/T 35273—2020[S].北京:中国标准出版社,2020.

[2] 中国注册会计师协会.中国注册会计师协会非执业会员职业道德守则,2020.

[3] 中国注册会计师协会.中国注册会计师职业道德守则,2020.

[4] 中国社科院企业社会责任研究中心.中国企业社会责任报告编写指南(CASS-CSR 3.0)[M].北京:经济管理出版社,2016.

[5] 中国证券监督管理委员会.2019年度证券审计市场分析报告[EB/OL].(2020-08-20). http://www.csrc.gov.cn/pub/newsite/kjb/gzdt/202008/t20200820_381950.html.

[6] 上海证券交易所.福耀玻璃工业集团股份有限公司2019年度社会责任报告[EB/OL].(2020-04-28). http://www.sse.com.cn/home/search/?webswd=福耀玻璃工业集团股份有限公司2019年度社会责任报告.

[7] 上海证券交易所.金陵饭店股份有限公司2020年度社会责任报告[EB/OL].(2021-04-30). http://www.sse.com.cn/home/search/?webswd=金陵饭店股份有限公司2020年度社会责任报告.

[8] 上海证券交易所.金陵饭店股份有限公司2020年度内部控制评价报告[EB/OL].(2021-04-30). http://www.sse.com.cn/home/search/?webswd=金陵饭店股份有限公司2020年度内部控制评价报告.

四、网站链接

[1] 外交部网站"2030年可持续发展议程"专题. http://switzerlandemb.fmprc.gov.cn/web/ziliao_674904/zt_674979/dnzt_674981/qtzt/2030kcxfzyc_686343/.

[2] 上海证券交易所网站. http://www.sse.com.cn/disclosure/listedinfo/announcement/.

[3] 深圳证券交易所网站. http://www.szse.cn/disclosure/index.html.

[4] 中国企业社会责任报告编写指南. http://www.china-csr.org/bgzn/znjj/.